KB237199

OTAKU LES ENFANTS DU VIRTUEL

오타쿠 가상 세계의 아이들

OTAKU LES ENFANTS DU VIRTUEL

오타쿠 가상 세계의 아이들

오타쿠 가상 세계의 아이들

에티엔 바랄 지음 | 송지수 옮김

문학과지성사

2002

오타쿠 가상 세계의 아이들

초판 1쇄 발행_2002년 3월 29일
초판 3쇄 발행_2009년 5월 19일

지은이_에티엔 바랄
옮긴이_송지수
펴낸이_홍정선 김수영
펴낸곳_㈜문학과지성사
등록번호_제10-918호(1993. 12. 16)
주소_121-840 서울 마포구 서교동 395-2
전화_02)338-7224
영업_02)323-4180(편집) 02)338-7221(영업)
전자우편_moonji@moonji.com
홈페이지_www.moonji.com
ISBN 89-320-1322-5

이 책을 위해 만난 모든 오타쿠들에게,

"당신들의 문과 가슴을 열어준 데 대하여 깊이 감사드립니다."

서문

내가 오타쿠의 존재를 발견한 것은 몇 년 전의 일이다. 나는 각별한 애정을 품고 있는 일본에 대한 기사거리를 찾고 있었다. 여러 차례에 걸친 일본 여행 도중 나는 우연히 에티엔 바랄을 알게 되었다. 기자인 에티엔은 일본에 살며, 일어를 말하고 쓴다. 그의 일본 열도에 대한 식견은 탁월한 것으로서, 일본에 대한 그의 이야기는 마를 줄 모르는 샘과도 같다. 혹자는 그를 '다다미화'되었다고, 일본인보다 더 일본스럽다고 말할지도 모르지만, 나로서는 그저 그가 일본을 좋아하며 자기의 정열을 남들과 나누고자 할 뿐이라고 말하고 싶다. 그의 정열이 다소 격하게 느껴지는 때가 있다면 그것은 외국인들이 이 나라를 매도하려고 쉽게 동원하는 상투어들에 대해 그가 인내심을 잃을 때이다.

내가 난생 처음 오타쿠란 말을 들은 것은 에티엔 바랄의 입을 통해서이다.

에티엔이 어찌나 이야기를 재미있게 하는지, 나는 '오타쿠 현상'을 취재하기로 작정했다.[1]

석 달 동안 우리는 오타쿠들을 찾아 도쿄 지방을 쏘다녔다. 그들을 화면에 담으면서 나는 그들의 실체가 무엇인지, 그들의 환경은 어떠한지를 보다 잘 이해할 수 있었다. 오늘에 이르러

---

1 「오타쿠, 가상 제국의 아들 Otaku, fils de l'empire du virtuel」(1994). 장 자크 베넥스가 연출·제작한 다큐멘터리 필름이다.

에티엔 바랄은 오타쿠에 대해 가히 기조가 될 만한 작업을 내놓고 있다. 이 책은 매혹적인 만남을, 그리고 패럴렐 세계[2]에 대한 계시를 담고 있다.

오타쿠 현상은 우리 사회의 근본적 변화를 예고하는 전조인가? 그것은 새로운 가상 기술에 대한 인간의 적응 사례들을 보여주는가?

그것은 또한 목표도 가치도 없는 사회에서 출발한 젊은 세대, 너무나도 폭력적인 세상과 희망 없는 미래의 가공할 현실로부터 벗어나고자 하는 젊은 세대 나름의 대답이 아닐까? 오타쿠는 가상 제국의 첫번째 시민이자 '유목적nomade' 사회의 한 예시(豫示)가 아닐까?

울타리 안에서, 고치 안에서 오타구들은 세상 현실을 도외시한다. 오타쿠들은 자신의 꿈과 욕구 불만과 환상……에 맞추어 영웅들을 만들어낸다. 그러나 그들이 그토록 좋아하는 만화, 비디오 게임, TV 연속극에서 온 인물들은 사실 노동의 세계, 어른의 세계, 성(性), 그리고 위기에 대한 방패들이기도 하다. 유년과 환상의 세계 속에 기꺼이 남길 원하면서 오타쿠는 노동 시장, 실업률, 고용 투쟁, 혹은 경제 전쟁 속으로의 진입을 최대한 지체시킨다. 반항아이자 일종의 탈영병인 그들은, 스스로가 소속되길 거부하는 우리의 세계를 사용하여 자기 나름의 세계를 만든다.

오타쿠들은 컴퓨터, 만화, 첨단 기술 제품들의 중개를 통해, 그러나 자주 친구와 가족을 소홀히하며 의사 소통하고자 한다. 그들은 화상과 인공 세계의 관조 속으로, 또는 과도하게 미디어화된 세계의 심연 속으로 빠져들면서 안일 가운데 기계와 대

---

2 우리가 사는 현실 세계를 모델로 하여 구축된 가상 세계를 가리키는 말인데, 후자가 전자와 나란히 존재한다는 의미에서 "패럴렐"이란 말을 사용하고 있다.

결하는데, 비디오 게임기의 대가인 만큼 대결은 십중팔구 그들의 승리로 끝난다. 또래의 소녀들보다 화소 은하계 galaxie pixel[3]의 여주인공들을 더 좋아하는 그들은 첨예화된 컴퓨터 프로그램을 고안하는 한편 방을 비디오카세트로 가득 채운다.

이런 현상을 거대한 불안의 표현으로, 세기말 젊은 세대의 심리적 퇴화의 한 표현으로, 또는 사회적 삶의 거부로 간주할 수도 있으리라. 그러나 오타쿠들을 좀더 가까이에서 바라본다면, 그리고 그들을 직접 접촉해본다면, 이 모든 것을 오히려 생산적인 측면에서 고려할 수도 있을 것이다.

오타쿠 현상은 아주 오랜 역사의 현대적 표출, 다시 말해 성년으로의 이행, 또는 가치와 전범을 찾는 유년기의 그 어떤 욕망의 한 표출이 아니겠는가? 일본 사회는 오타쿠들을 조심스레, 아니면 불안스레 고려하는 경향이 있지만, 이 젊은이들을 다른 시각에서 바라보는 것도 불가능하지만은 않다.

어쨌거나 그들은 우리의 아이들이며, 그들의 기이한 탐색과 외설스런 의식(儀式)들은 사실 자기들을 낳은 바로 그 세계를 만나기 위한 시도들 이외에 다른 목적을 갖고 있지 않다. 전후 세대에 속하고, 수차례에 걸친 산업 혁명의 산물이며, 겉보기에 수동적인 그들은 사회에 대해 독특한 비판을 제기하는 한편 유목적 환경에 대해 놀랄 만한 적응력을 보여준다. 그들은 점점 더 광활한, 초미디어화된, 평화로운, 그리고 첨단 기술이 보급된 우주에 산다. 그들의 숱한 편집증적 행태들은 정작 세상과 접촉하려는, 지표를 찾으려는, 하여 그들의 아버지가 만들어준 사회에 적응하기 위한 그만큼의 시도들이다.

---

3 화소를 가리키는 픽셀(pixel)은 "Picture element"의 줄임말로서 도형이나 문자를 화면에 표시하거나 인쇄할 때 하드웨어나 소프트웨어가 제어할 수 있는 최소단위를 가리킨다. 모든 이미지는 따라서 픽셀로 구성되어 있다고 할 수 있다(옮긴이 주).

오타쿠는 어린 시절과 성년 사이에서 머뭇댄다. 그는 소프트 웨어 혁명이 낳은 새로운 풍경에, 후기 산업 혁명기의 현기증 나도록 빠른 변화에 적응하려 애쓰는 존재이다. 첨단 기술에 익숙한 그는 고안하고 검증하고 수집하면서, 종종 현재 우리가 살고 있는 사회의 이해에 필요한 열쇠를 제공하기도 한다. 겉 보기에 수동적인 오타쿠는 사실 우리 사회에 대해 날카로운 비 판을 제기하며, 유명한 '유목적' 의식들에 대해 놀라운 적응력 을 보여준다.

에티엔 바랄과 더불어 앙케트를 하는 동안, 나는 비범하고 매혹적이고 감동적이고 또 매우 인간적인 사람들을 자주 만났 다. 소프트웨어와 비디오 게임을 생산하는 기업들은 신제품 테스트 및 연구 기조 조성에 오타쿠들을 우선적으로 참여시키 고, 또 연구원으로 고용하기도 하는데, 그들의 선택은 옳았다. 오늘날 오타쿠들은 세가Sega, 소니, 전문 잡지, 새로운 첨단 기술을 지향하는 기업들, 음반 회사, 라디오 및 텔레비전 방송 국들에서 일하고 있다. 그 어떤 영역도 그들에게 낯설지 않으 며, 새로운 제품들과 새로운 경향들은 그들의 해박한 지식과 지칠 줄 모르는 호기심에 크게 빚지고 있다. 그들 덕분에 일본 은 이제 고부가가치 산업 수출국임은 물론 '문화' 수출국이기도 하다.

사람들이 혹시 그려낼 수도 있을 희화와 닮기는커녕 오타쿠 는 한 문화의 출현, 일본이 그 중심인 새로운 문화의 출현을 구 체화하는데, 그 물결은 벌써 오래 전에 일본 열도의 경계를 넘 었다. 오타쿠는 세계적 현상인 것이다.

에티엔 바랄은 전대미문의 앙케트를 통해 탁월한 작업을 수 행했다. 나로서는 오타쿠 현상을 발견하게 해준 그에게 크게 감사할 일이다. 우연한 이 발견과 더불어 나는 나 역시 오래전부터 오타쿠였음을 깨달았다! 한 오타쿠를 필름에 담으며 그에게 오타쿠의 정의를 내려달라고 하자 그는 이렇게 대답했다. "당신은 이미 그 정의를 갖고 계십니다. 왜냐하면 당신은 이 문제에 대한 다큐멘터리를 제작했으니까요." 그의 말이 정확히 무엇을 의미하는지 묻자 그의 대답은 이러했다. "「디바Diva」⁴에 나오는 우체부 쥘Jules은 오타쿠예요! 수집하기 좋아하고, 기술 좋아하고, 물신 숭배하고, 수줍고, 도용하기 좋아하는 사람은 오타쿠지요." 이 책을 읽으며 아마 당신은 나와 비슷한 발견을 하게 되리라. 그런데 혹시 당신은 벌써 오타쿠가 아닌지?

장 자크 베넥스 Jean - Jacques Beineix

---

4 이 서문을 쓴 장 자크 베넥스가 1981년에 감독한 영화. 이 영화말고도 베넥스는 「베티 블루 37.2° 37° 2′ le matin」(1985)를 통해 우리에게 잘 알려져 있다(옮긴이 주).

80년대 초반에 누군가 내게 오타쿠 현상에 대해 물었다면 나는 아마도 일본 미디어가 좋아하는 일시적 유행들 가운데 하나라고 대답했을 것이다.

그러나 시간이 흐른 지금에 와서는, 일시적 변덕처럼 보이던 그것이 실은 현대 일본 사회를 그것의 가장 영속적인 기능들 자체 속에서 질문하는 거대한 물결임을 인정해야겠다.

사실 일본만큼 교육과 정보와 소비를 강조하는 사회가 또 있을까?

오타쿠들이 문제삼는 것은 바로 20세기 말 일본 사회를 떠받치고 있는 이 세 지주이다. 오타쿠들은 이 세 분야에서 일본 사회의 과도함에 대해 일종의 촉매 구실을 하는 동시에 그로부터 비롯된 상처를 고스란히 떠맡는다. 아마 병든 것은 오타쿠들이 아니라 그들을 양산해낸 사회일 것이다.

오타쿠 1세대인 기리토시 리사쿠Kiritoshi Risaku는, 만약 중학교 때 친구들이 그를 따돌리고 배척하지 않았더라면 자기는 절대로 고질라Godzilla 같은 괴물들, 그가 텔레비전을 통해 빠짐없이 시청하던 그 고질라 같은 괴물들을 좋아하지 않았을 것이라고 말한다.

전형적인 오타쿠인 그는 연속극의 희생양인 괴물들과 스스로를 동일시했다. 그는 괴물들의 개입을 통해 자신을 경멸하는 학교와 도시를 파괴하던 자기의 환상을 오늘날에도 생생히 기억한다.

"저는 현실보다 상상 세계가 더 좋아요. 저를 인정해주지도 않는 사회의 규약들을 지켜서 무엇 해요"라고 지금도 그는 말한다.

오타쿠가 되는 것은 기리토시처럼 일본 사회 안에서 자리를 찾지 못하는 수백만 젊은이들에게 하나의 선택이다.

모두가 다 의도적으로 오타쿠가 되지는 않지만, 그들의 자세, 그들의 삶에 대한 선택, 그리고 그들 스스로 누에고치처럼 자아낸 가상 세계에 대한 그들의 선호는 그들이 일본 사회에 동화되기 위해 겪는 어려움을 표징한다.

이 책을 통해 나는 왜 점점 더 많은 젊은이들이 그들에게 주어진 길을 떠나 만화, 만화 영화, 비디오 게임, 그리고 젊은 스타 가수들로 구성된 가상 세계 속에 스스로를 유폐하는지 이해하고자 했다.

온 일본이 다 아는 격언이 있으니, "튀어나온 못은 두드려야 한다"가 그것이다. 이 격언은 "그룹에 이로운 사람은 그 구성원들에게도 이롭다"는 원칙에 근거하여 개인보다는 집단의 이익을 내세우는 일본 정신을 잘 보여준다.

내 논지는 그러므로 일본에게 있어 그룹이라는 이 문제적이고 편재적인 실체를, 일본 사회에 의해 배척된, 혹은 거기에서 스스로 이탈한 존재들을 통해 살피는 것이다.

끝으로, 슬프게도 유명한 사이비 종교 집단으로서, 인간 심리에 교묘히 밝은 교주가 일본 젊은이들의 병을 정확히 진단한 바 있는 옴진리교의 세계와 오타쿠 세계 사이에 공교로운 공동작용·synergies이 있음을 독자들은 확인할 수 있을 것이다. 오타쿠 세계에 온 것을 환영한다.

1999년 4월

에티엔 바랄

제1부 오타쿠 사회 속에서

오타쿠 사회 속에서

호모 비르투엔스의 꿈

“하루를 꼬박 비디오 게임 스크린 앞에서 보낸 뒤, 저는 밤에 제 매킨토시 쿠아드라 950과 사랑하는 꿈을 꾸었어요.

컴퓨터 앞에 알몸으로 선 저는 두 팔로 그것을 껴안고 마치 여자의 살갗을 애무하듯 매끄럽고 차가운 스크린을 애무하기 시작했습니다. 저는 손가락으로 디스켓 드라이브 입구를 조심스레 벌린 뒤 거기에 페니스를 삽입했어요. 디스켓 드라이브의 내부는 불처럼 뜨거웠습니다. 제가 그 속에 삽입된 페니스를 휘젓자 컴퓨터가 부드럽게 신음하기 시작했어요. 전자 회로들이 페니스 속으로 들어오며 저를 흥분시켰어요. 롬 메모리들은 마치 꽃꽂이 침봉처럼 페니스를 찔러댔어요. 제가 허리 운동을 계속하자 조금씩조금씩 제 근육들과 혈액, 구리선, 마이크로프로세서, 모터, 플라스틱들이 온통 하나로 녹아들기 시작했고, 저는 오르가슴을 향해 나아갔어요. 순간, 저는 잠에서 깨어났고, 격렬한 흥분 상태에 빠진 저를 발견했습니다.

저는 또 냉장고가 제 페니스를 빨고, 자동차가 저를 올라타고 사랑하는 꿈을 꾸기도 합니다.

처음에 저는 이런 망측한 꿈들이 부끄러웠어요. 그러나 친구들과 이야기하면서 거의 모든 게이머들이 이런 유형의 꿈을 꾼다는 것을 알게 되었지요.

사실 그것은 어머니나 누이를 강간하는 꿈, 또는 아버지를 살해하는 꿈과 크게 다를 게 없을 것 같아요. 무의식의 가장 깊

은 곳에 우리의 가장 은밀한 욕망이 자리잡고 있는데, 컴퓨터
와 항구적인 관계를 맺고 있는 우리에게 컴퓨터가 성적 환상을
유발하는 것은 자연스러운 일인 것 같습니다.

확신컨대, 가까운 미래에 인간과 기계는 특별하고도 강렬한
관계로 결합될 것입니다. 어쩌면 바로 그 이유 때문에 우리는
컴퓨터 게임에 그토록 끌리고 있는지도 모르지요."

어릴 때부터 비디오 게임기와 함께 살아온 와타나베 고지
Watanabe Koji는 자기가 꾼 꿈을 이렇게 이야기한다.

"나는 꿈을 갖고 있다 I have a dream"고 마틴 루터 킹은 말
했다. 머나먼 60년대에 평화주의자 목사는 백인이 흑인과 손에
손잡고 걷는 유토피아적 세상을 꿈꾸었다. 와타나베는 좀더 범
속한 차원에서 새로운 인간이 자기의 반려자와도 같은 기계와
손에 손잡고 나아갈 날을 꿈꾼다.

이 새로운 인간을 우리는 '호모 비르투엔스 Homo virtuens'
라고 부르련다.

와타나베 고지는 게이머이다. 그에게는 비디오 게임이 삶의
이유 그 자체라고 해도 과언이 아닐 정도이다. 1962년에 태어
난 그를 동료들은 전설적인 게이머로 평가한다. 그는 모든 비
디오 게임을 알며, 게이머들이 모이는 모든 PC방의 주소를 갖
고 있다.

많은 사람들 가운데 전설적 게이머를 어떻게 식별하는가?
쉽다. 전설적 게이머는 1초에 16번 '쏠' 수 있어야 한다. 다시
말해 엄지손가락으로 조이 스틱의 버튼을 16번 눌러 적들을 섬
멸할 수 있어야 한다. 한번 시도해보라. 하여 전설로 향하는 길
이 얼마나 먼지 가늠해보라. 와타나베는 자기의 평판이 지나치
다고, 이제는 더 이상 그렇게 빨리 쏠 수 없다고 말한다. 게이
머 세계에서는 일찍 늙는다.

와타나베 고지의 꿈이 아무리 괴상망측해 보인다 해도, 그것은 태어나면서부터 기술에 젖어 살아온 세대가 갖게 되는 성적 환상의 한 반영일 뿐이다. 미국에서 실험된 바 있는 사이버섹스, 혹은 가상 성교는 사실 일본의 게이머들이 꾸는 꿈의 소프트 버전에 불과하다.

호모 비르투엔스는 컴퓨터와 사랑을 하며, 뇌에서 뇌로 정보를 직접 입출력하는 접속interface 케이블을 통해 의사 소통한다.

비디오 게임 제작자로서 오타쿠 세계의 또 다른 전설적 인물 미우라 아키히토Miura Akihito는 이 통신 방식을 이렇게 옹호한다.

"말로 소통하는 것은 아주 어려워요. 많은 뉘앙스를 잃게 마련이지요. 책을 통해 취득한 어휘들로 얼마만큼의 감각들을 표현할 수 있을까요? 게이머들이 제대로 이해되지 못하는 것은 하나도 놀라울 게 없습니다. 그들이 체험하는 감각은 종종 소통이 불가능해요. 말을 통한 온갖 시도들은 불완전할 수밖에 없는 것 같습니다. '진정한' 소통을 위한 유일한 해결책은 따라서 한 뇌에서 다른 뇌로 어떤 자극에 대한 감각들 일체를 실제 시간 동안 전달하는 것입니다. 마치 한 컴퓨터 하드 디스크의 정보를 다른 하드 디스크에 복제하듯이."

그러나 20세기 말의 기술이 아무리 발달했다 해도 미우라에게는 불행한 일이지만 뇌와 뇌를 연결하는 접속 케이블은 아직 만들어지지 않았다. 이를 위해서는 아마도 호모 비르투엔스의 뇌에 접속하는 장치의 국제 규격부터 정해야 하리라.

이제 현장으로, 도쿄 한가운데에 위치한 PC방으로 가보자. 한 게이머가 의자에 앉아, 흉악한 얼굴의 두 거한이 맨주먹으로 대결하고 있는 스크린에 시선을 고정하고 있다. 앞에 놓인

PC방에서 게임에 몰입해 있는 일본 아이들

비디오 게임기의 단추들을 통해 그는 컴퓨터의 싸움꾼에 맞서 싸우는 자기 편 싸움꾼의 뇌가 된다. 펀치·스트레이트·발길질·공중 점프·방어·피하기 등등을 동원하여 각 싸움꾼은 상대를 약화시켜 쓰러뜨리려 애쓴다. 이 게임은 다름아닌「스트리트 파이터 II Street Fighter II」로서 일본의 비디오 게임 제작사 캡콤Capcom에 의해 처음으로 고안된 뒤 매년 여러 버전으로 갱신되며 전세계 PC방에서 대대적인 성공을 거두었다.

그를 둘러싼 10개 가량의 다른 비디오 게임기들이 내는 소음에 무심한 우리의 게이머는 디지털 싸움꾼과 혼연일체가 되어 있다. 그는 자기 싸움꾼의 입장에서 컴퓨터 쪽 싸움꾼의 공격을 피한다. 그의 온몸이 싸움에 참여하고 있다.

한 게이머가 바로 옆의 비디오 게임기에 와 앉아 기계에 100엔짜리 동전을 밀어넣는 것과 동시에 우리가 지금껏 관찰해온 게이머의 적수가 된다. 주먹질·발길질·공중 점프·방어·피하기가 시작된다. 서로 눈길 한번 주지 않고, 서로 인사조차 나누지 않고, 두 사람은 스크린의 싸움꾼들을 통해 냉혹한 대결을 펼친다. 그들 주위에 구경꾼들이 모여들기 시작한다. 주위의 반응에 무심해 보이는 그들은 모든 의지를 스크린에 집중한 듯하다.

대결이 끝나자 패자는 말 한마디 눈길 한번 주지 않고 의자에서 일어나 자리를 뜬다.

말해서 무엇하랴? 또 무슨 이야기를 한단 말인가?

우리는, 상대의 가장 깊은 생각까지 읽으면서도 철두철미하게 냉정한 대결을 벌인 두 젊은이를 보았다. 그들은 장기에서처럼 세 차례의 공격을 예측하여 상대의 허점을 파고들려 했다. 말 한마디 나누지 않은 그들 사이에는 일시적으로나마 일종의 공감 같은 것이 생겨난 듯싶다.

역설적인 것은, 사람들이 가상적으로 소통하면 소통할수록 현실적으로는 덜 만난다는 사실이다. 정보 고속도로는 사람들을 스크린 앞에 못박음으로써 현실의 고속도로를 텅 비게 만든다. 교통 관측에 종사하는 사람들은 조만간 다른 일자리를 찾아야 하리라. 그리고 에이즈 예방을 위해서는 콘돔보다 사이버 섹스가 더 효과적이리라.

다윈Darwin은 인간 진화의 계통수를 보완해야 할 것이다. 호모 사피엔스 위에, 목하 도래하는 호모 비르투엔스를 위치시켜야 하리라. 호모 사피엔스는 불의 발견 이래로 경험적 인식을 통해 진보해왔다. 그의 세계는 직접 접촉할 수 있는 현실의 세계, 곧 뉴턴, 코페르니쿠스, 데카르트의 세계였다. 경험은 지식의 근원이었다. 반면에 호모 비르투엔스에게는, 자주 골치를 썩이고 늘 중복적인 이 현실, 예컨대 지하철·일·잠 등과 같은 현실은 그 자체로서 도무지 소용에 닿지 않는다. 그는 경험이 꿈으로 통하는 문이라는 것을 발견했다. 우주 비행사·모험가·운동 선수 또는 플레이보이의 자리에 스스로를 위치시키기만 하면 그는 가상적으로나마 이 현대의 영웅들이 일상적으로 체험하는 온갖 감흥들을 전부 다 누릴 수 있는 것이다. 그렇다면 그는 어떻게 일상적 현실로 돌아가는가? 호모 비르투엔스는 대리적 삶을 산다. 그는 깬 상태에서 꿈꿀 권리를 요구한다. 그는 자기의 꿈들을 산다. 나르시스처럼 물에 비친 자기의 반영에 의해서가 아니라 TV나 컴퓨터 스크린이 제공하는 자기의 이미지에 의해 매혹된 이 가상 인간은 시험관에서가 아니라 멀티미디어 컴퓨터의 스크린으로부터 태어날 것이다.

그런데 내가 왜 미래형으로 말하는가? 현실보다 가상에 더 매혹된 이 새로운 인간은 벌써 존재하고 있는데. 일본에서는 그를 오타쿠라 부른다. 오타쿠들은 미디어와 관련한 온갖 변화들로부터 비롯된 상처를 고스란히 떠짊어지고 있는바, 아직은 불완전하나마 호모 비르투엔스의 첫 견본이다.

딸랑이 대신 리모컨을 쥐고 태어난 오타쿠들은 멀티미디어 1세대이다. 사람들은 그들을 호모 비르투엔스의 조상으로 기억하리라.

그들은 소비화 운동(모든 것, 심지어 꿈조차도 살 수 있다)과 학교에서의 극심한 경쟁을 낳은 고속 경제 성장 시대에 자랐다. 학교에서의 스트레스에 유난히 민감한 오타쿠들은 자기들 속에 갇혀 현실보다 만화 영화의 주인공들과 놀기를 더 좋아한다.

80년대에 생겨난 사회 현상으로서 2000년대의 젊은 세대를 예고하는 이 젊은이들은 일본 사회를 구성하는 세 가지 중심 요소, 곧 교육·정보·소비가 한데 섞여 과도한 방식으로 승화된 결과이다.

이 혼합은 폭발적이었고, 그로부터 결과된 빅뱅은 오타쿠들을 낳았다. 교육·집단·사회에 의해 학대당한 오타쿠들은 환상의 세계 속으로 도피하여 현대의 미디어들이 제안하는 이미지들로 허기를 채운다. TV · 잡지 · 만화는 그들의 일상이었고, 이제는 컴퓨터와 비디오 게임의 이미지가 그것들을 교대한다.

그렇다고 해서 그들이 속속들이 잘 아는 소비 사회와 모든 관계를 끊은 것은 아니다. 죽어가는 나무 위에 생겨나는 겨우살이처럼 그들은 일본 사회에 접목되어 아무런 대가도 치르지 않은 채 그것의 양분을 빨아먹기만 한다.

사회 부적응아가 된 그들은 인간 관계를 경계하며, 그들을 이해하려 하지 않는 인간들과의 교제보다는 만화와 만화 영화의 주인공들이나, 접근이 불가능한 TV 스타들과의 마음 편한 가상 교제를 더 좋아한다. 오타쿠란 낱말 그 자체도 사실은 이 젊은이들이 자기들끼리 사용하는 일종의 비인칭 존칭으로서, 다른 인간들과의 소통의 어려움을 단적으로 상징한다.

그들의 주요 통신 수단이 전자 통신망이나 인터넷이라는 것, 그리고 그들이 가명을 사용한다는 것은 의미심장하다. 이 통신망의 구축은 진정한 언더그라운드 문화의 창출로 이어지는바, 이 문화는 스스로의 기준과 결집점들, 그리고 전설과 언어를 갖고 있다.

주변적 현상이기는커녕, 오타쿠 및 그에 필적하는 존재들은 일본의 젊은이들, 곧 자신들의 열망(젊음의 꿈)과, (꿈의 여지를 도무지 허용치 않는) 사회 및 교육 현실 사이에서 동요하는 젊은이들이 겪는 일반화된 불행의 한 표현이다. 과도하게 민감한 오타쿠들은 자기들 불행의 근원을 파악하는 데 이르렀고, 상상적이며 가상적인 일종의 투명 장막 속에 들어가 이 불행을 회피하려 한다.

가공의 세계에 도피한 그들은 그 구석구석을 탐험하며, 그 어느 부분도 미지의 상태로 남겨두지 않는다. 그들은 자기들의 정열을 충족하는 데 모든 정력을 사용하면서, 그들로 하여금 현실을 벗어날 수 있게 해주는 온갖 실험들을 이렇다 할 목표 없이 계속한다.

인형 또는 젊은 스타 가수의 조립된 이미지에 매혹된, 비디오 게임에 '중독된,' 만화에 푹 빠진 그들에게 바깥 세상은 오로지 환상의 공급자로서밖에 존재하지 않는다.

수줍고 자신감이 결여된 그들은 수지로 만들어진 인형들, 만화 영화의 여주인공들, 그리고 조립된 스타들과 가상적인 사랑에 빠지면서 일종의 대리 만족을 느낀다.

멀티미디어 시대의 도래와 함께 첨단 분야의 모든 산업체들은 가상 세계에 강한 관심을 보인다. 닌텐도Nintendo · 세가 · 넥NEC · 애플Apple · 내셔널National 그리고 소니와 같은 기업들을 오타쿠들은 자기들 손바닥처럼 환히 알고 있는데, 왜냐하면 그들은, 조금씩조금씩 우리 거실에 들어오는, 그러나 벌써 오래전부터 자기들의 누에고치—방을 점유하고 있는 첨단 멀티미디어 기기들의 첫번째 소비자이기 때문이다. 점점 더 발달해가는 이 첨단 기기들은 오타쿠들이 포식하는 가상을 생성해낸다. 첨단 분야 산업체들에게 오타쿠들은 새로운 경향을 파악하는 데 있어 더할 나위 없이 소중한 존재들이다.

포스트모던 사회로서, 경제 위기에도 불구하고 여전히 부유한 2000년의 일본은 젊은 세대에게 무엇을 제의할지 모르는 채 스스로를 찾아 헤맨다. 분쟁이 생겨나기에는 너무나도 잘 기름칠된 사회에서 태어났고, 경제적 윤택을 고려할 때 이렇다 할 불평의 이유가 없는 일본의 젊은이들은 자기들의 불만족과 실존적 불행을 어떻게 표현해야 할지 모른다. 이러한 불행을 상징하는 것이 바로 오타쿠들인바, 그들은 가상 세계 속으로 들어가 마침내 그곳의 주인공이 된다.

오로지 일본적인 현상이라고 당신은 생각할 텐가? 오해하지 말라! 제일 먼저 일본에서 오타쿠들의 개화를 가능케 한 '지역적' 특성을 감안한다 해도, 미국, 스페인 그리고 프랑스에 벌써 그들의 동류가 존재한다는 사실을 잊어서는 안 된다. 멀티미디어가 행사하는 매혹은 국경을 모르며, 후기 산업 사회의 우리 젊은이들 역시, 일본의 젊은이들이 자기들에게 예정된 삶으로부터 벗어나려고 애쓰는 만큼이나, 실업과 퇴출의 어두운 현실로부터 도피하고픈 욕구를 느낀다.

우리 부모들은 쥘 베른Jules Verne의 소설 속으로 도피하여 네모Nemo 함장의 모험에 참여하곤 했다.

우리는 경이에 찬 눈으로 TV 화면에 나타나는 네모 함장의 모험들을 보았다.

우리 아이들은 비디오 게임 덕분에 네모 함장과 더불어 바닷속으로 들어갈 가능성을 갖고 있음에도, 우리는 그들이 얌전히 도서관에 가서 먼지 덮인 쥘 베른의 책을 찾길 원할 것인가?

원하건 원치 않건 시대가 바뀌고 있다. 구텐베르크의 시대는 지났다.

호모 사피엔스와 호모 비르투엔스 사이의 이음매를 다른 데서 찾으려 하지 마라. 오타쿠가 바로 그 이음매이다!

"오타…… 뭐라고?"

오타…… 뭐라고?

—약간의 어원 고찰

오타쿠란 말을 불어로 번역하는 것은 불가능하다. 미국에서 오타쿠들은 '너즈nerds'[1]와 동일시되는데, 사실 유희에 대한 그들의 생각 및 태도는 오타쿠들의 것과 제법 비슷하다. 그러나 이 미국 말조차도 오타쿠 현상 전부를 지칭하기에는 부족하다. 프랑스에서는 몇 차례에 걸쳐 다소 서툰 번역들이 시도되었지만,[2] 그 어떤 것도 일본 말이 지칭하는 것에 정확히 부합되지 않는다. 프랑스 아카데미 회원들과, 불어의 순수함을 지키고자 애쓰는 문화부 관리들은 불쾌하게 생각지 말기를 바란다. 언젠가는 가라오케나 망가[3] 같은 말처럼 오타쿠도 불어 사전에 받아들여야 할 것이다. 시대가 바뀌고 있다. 미국 문화의 지배에 이어 일본에서 발원한 한 문화의 파장이 우리 사전들에까지 전달되고 있는 것이다.

오타쿠(オタク)란 말은 두 개의 일차적 의미로 구성되는데, 이 두 의미는 오타쿠 현상이 출현하기 훨씬 이전부터 존재해왔다. 첫번째 의미는 집 또는 거주지를 지칭하는 한자들 가운데 하나인 '宅'의 의미와 상통한다. 두번째 의미는 첫번째 의미의 확장

---

1 멋도 매력도 사회성도 없고, 오로지 지적이거나 아카데믹한 일, 특히 컴퓨터에만 노예처럼 전념하는 사람들을 가리킨다.

2 월간지 『사바나 반향 *L'écho des savanes*』은 90년대 초에 발표된 오타쿠에 대한 한 기사에서 오타쿠를 "벽 안에 갇힌 사람들les emmurés"로 번역했는데, 이 번역은 너무 축소적인 게 사실이다.

3 프랑스에서는 유럽 및 미국의 '만화bande-dessinée'로부터 독특한 스타일을 지닌 일본만화를 구별하기 위해 '망가manga'란 단어를 사용한다.

으로서 일종의 존대 접두어인 'ォ'에 의해 전달되는데, 일본인들이 누군가에게 말을 건넬 때, 그러나 그와 각별한 관계를 발전시키길 원치 않을 때 사용하는 비인칭적이며 거리를 두는 '존대'이다. 그것은 우리가 (프랑스에서) 푸줏간 주인 또는 경찰에게 쓰는 말투를 연상케 하는바, 말하자면 이웃간의 존대말이다. 오타쿠는 따라서 '댁'을 의미하며, 우리 프랑스 사람들이 "댁에 제 안부 좀 전해주십시오," 아니면 "댁내 무고하십니까?"라고 말할 때의 그 '댁'과 같은 뜻을 지니고 있다.

오타쿠들을 지칭하기 위하여 이 말이 그토록 신속히 받아들여질 수 있었던 것은, 그것이 한 낱말 안에 문제되는 신드롬의 가장 중요한 두 가지 특징을 아우르고 있기 때문이다. 오타쿠들은 인간 관계를 발전시키기 싫어하며, 집에, 다시 말해 자기들의 정열을 충족시켜주는 것들로 가득 찬 방에 칩거해 있기를 더 좋아한다.

"모든 인간은 본능이 부서진 상태로 태어난다. 그는 어떤 방식으로건 정상일 수 없다"고 일본의 심리학자 기시다 슈 Kishida Shu는 주장한다. 그에 따르면 인간의 모든 욕망은 불가능한 단 하나의 욕망의 다양한 표현인바, 안정된 상태로의 복귀가 그것이다. 자아는 전능함의 헛된 꿈인 동시에 무기력의 경험이다. 바로 이 사실 때문에 자아는 불안정하다. 자연의 결함을 상쇄하기 위하여 인간은 문화를 창조하는데, 이 문화는 개인적이자 집단적인 헛된 꿈들의 총체일 뿐이다.

이 심리 이론은 현대 일본 사회에서의 오타쿠 현상을 이해하는 데 유용한 단서를 제시한다. 우리는 온갖 다양한 양상을 보이는 오타쿠들의 행태를 통해 그들의 삶의 방식의 중요한 특징들 가운데 하나를 엿볼 수 있으리라. 오타쿠가 되는 것은 바로 그 유일무이한 욕망, 곧 안정된 상태로의 복귀를 위험에 빠뜨릴 수도 있는 것일 텐데, 이 위험한 기도는, 포스트모던 사회에서 '부서진 본능'의 이름으로 인간을 의기소침케 하는 모든 것에 많건 적건 의식적으로 저항하려는 의도를 품고 있다.

다른 사람을 부를 때 쓰는 (그러나 그를 일정한 거리 밖에 두기 위해) 가장 비인칭적인 말인 '오타쿠'는, 일인칭 대명사 '나'와 동일한 의미를 지녔으며, '자기'를 지칭하는 'じぶん(自分)'에 대립된다. 그것은 자기와 떨어진 자리에 있는 상대방을 지칭하는 말이지만, 그렇다고 해서 이 가장 비인칭적인 '댁'이 상대방을 관계의 공간으로부터 배제하는 것은 아니다. 오타쿠들은 인도의 파리아paria[4] 같은 별도의 계급으로 구성되지 않는다. 그들은 그들을 집단에 이어주는 나름의 끈을 갖고 있다. 이 끈이 비록 미미한 것이라 해도 말이다. 일본 사회에서의 삶은, 개인에게 있어 생명적 버팀목이라 할 집단에 대한 고려 없이 생각할 수 없다. 집단으로부터 완전히, 그리고 결정적으로 분리되는 것은 일본에서는 자아를 잃는 것과 같다. 그것은 도저히 허용될 수 없는, 통용 불가능한 상황이다. 따라서, 비록 미미한 것이라 해도 어떤 끈이 남아 있어야 한다.

한편, 일본 사회로서도 어떻게 자기가 낳은 것을 버릴 수 있겠는가? 오타쿠들은 순전한 후기 산업 사회의 산물로서, 겉보기에 반사회적인 그들의 행태는 그들이 여전히 한 일원으로 남아 있는 이 사회의 온갖 과도함들을 요약한다고 말할 수 있다.

마약 중독자의 증가가 서구 사회의 기형적 측면을 고스란히 표현하는 것과 마찬가지로, 오타쿠들은 그들의 불행을 통해 일본 사회의 문제점들을 드러내기 때문이다. 의미심장한 것은, 얼마간의 유행적 현상에도 불구하고 일본에는 마약 중독자가

---

4 카스트제도에 못 드는 최하층민 계급.

별로 없다는 사실이다. 오타쿠들의 도피처인 가상 세계가 마약을 대신한다고 보아야 할 것이다.

현대 기술이 제안하는 최후의 약속은 단추만 누르면 우리가 세상의 주인이 되는 것이다. 오타쿠들은 기술 세계의 전위에 서 있다. 그들은 미디어를 당연한 것으로 여기며 자랐고, 오늘날 이 미디어를 그들의 욕망, 오로지 미디어가 제의하는 것들을 향해 열린 그들의 욕망을 충족시키는 데 필요한 구심점으로 삼는다. 오타쿠 세계의 시간적 특성은 언제건 거기에 들어갈 수 있고, 언제건 거기에서 나올 수 있다는 것이며, 바로 이 점 때문에 오타쿠들은 유행에 약하다.

그들은 자기들이 창조한 가상 세계 안에서만 편안함을 느낀다. 그들은 다른 사람과의 접촉을 찾지 않는다. 그들은 일본의 상징적인 제품인 워크맨 세대인데, 이 기계는 독립적 내밀감의 벡터로서 공공 장소에서도 자발적인 고립을 가능케 하며, 동시에 사회적 인식 지표의 역할을 하기도 한다. 젊은 세대가 그토록 좋아하는 이 워크맨을 통해 우리는, 공적 공간에서조차 스스로를 고립시키고자 하는 욕망이 얼마나 일찍부터 후기 산업 사회에 존재하고 있었는지를 가늠할 수 있다. 말하자면 워크맨이 상징하는 것은 현실 상황 속에 존재의 전부를 참여시키기를 거부하는 태도 바로 그것이다. 외부로부터 스스로를 단절하는 이 방식은, 우리를 공격하는, 아니면 우리에게 무심한 세상의 온갖 분쟁들로부터 벗어나기 위한 것이다. 이를테면 부랑아들과 자동차 경적 소리보다는 모차르트나 롤링 스톤스가 더 낫다는 것이다.

오타쿠란 말은 또한 고통의 거부를 의미하기도 한다. 오타쿠 세대는 타자와의 관계를 두려워한다. 그들은 고립된 방에 갇혀 사는바, 이 공간 속에서 그들은 TV와 비디오와 컴퓨터를 통해 섹스·죽음·고통 또는 폭력과 관련한 금기들을 위반할 권리를 얻는다. 그렇지만 그들은 이 위반을 대리적으로 살 뿐이다. 다시 말해, 아무런 위험도 겪지 않거나, 감히 그 위험에 실제로 맞서지 못한다!

사실 이미지는 '믿게 하는' 능력이 있고, 덕분에 오타쿠는 스스로에게 자기가 '산다고' 믿게 한다. 그러나 그는 대리적으로 살 뿐이다. 그는 그를 고통받게 할지도 모를 타자와의 관계를 철저히 피해 기술적 자폐의 세계 속에 스스로를 감금한다. 여기서 자아에의 칩거는 병리학적인 것이 된다.

1983년, 당시 23살이던 수필가 나카모리 아키오Nakamori Akio는 성인 만화 잡지 『부리코 Burrico』에 게재된 한 기사에서, 젊은 세대와 관련한 이 새로운 현상을 지칭하기 위해 처음으로 오타쿠란 말을 사용했다. 수줍은, 그러나 유행에 정통한 나카모리는 젊은 자기 세대의 풍속을 누구보다 잘 해부하기로 일본에서 유명하다. 그는 그가 유행시킨 오타쿠란 말 덕분에 모든 오타쿠들의 '대부'가 되었다. 뒤에 가서 우리는 그에 대해 다시 이야기할 것이다.

오타쿠란 말은 그것이 지칭하는 젊은이들처럼 오랫동안 어둠에 묻혀 있었다. 1983년에 출현하여 1989년에 빛을 보기까지 6년이란 세월이 흘렀다. 사실 오타쿠 현상은 활발했으나, 일본에서는 미디어로부터 만장일치의 각광을 받기 전에는 무엇이건 대중의 관심을 끌기가 힘들다.

오타쿠란 말로 하여금 반(半)은신 상태에서 벗어나도록 해준 미디어의 대대적인 관심은 공교롭게도 1989년에 시작되었다. 다시 말해 그것은, 4명의 소녀를 살해한, 그리고 미디어에 의해 전형적인 오타쿠로 소개된 27살의 한 청년이 연루된 엽기적 사건과 때를 같이한다. 신문과 TV에 의한, 살인자 미야자키 쓰토무Miyazaki Tsutomu와 그늘 속에서 조용히 살고 있던 수십만 명의 오타쿠들의 배합은 그야말로 찬물을 끼얹는 것이었다. 한순간에 오타쿠란 말은 낭만을 잃어버렸다. 오타쿠는 자기의 정열을 만족시키기 위해서는 그 어떤 범죄도 서슴지 않는 '잠재적 변태 살인범'과 동의어가 되었다.

사실 일본에서 오타쿠임을 자부하는 젊은이는 별로 없다. 오타쿠란 말은 훈장처럼 내거는 수식어가 아니다. 그것은 제삼자에게만 농담처럼, 비난처럼, 아니면 모욕처럼 쓰는 말이다. 미야자키 사건 직후 오타쿠란 말은 오타쿠 세계에서 금기가 되었고, 좀더 세련된 '오타키otakky'란 말이 등장했다. 가치를 높여주는 또 다른 말들이 시도되어 통용되면서, 저주받은 말을 대체하려 했다. 이 말들 가운데 '호비스트hobby-ist' 같은 것은 오타쿠 현상에 긍정적인 색깔을 주기도 하는 게 사실이다.

하지만, 미야자키 사건으로 인한 부정적 함의에도 불구하고, 오타쿠란 말은 가상적 꿈의 세계에 빠진 이 젊은이들을 지칭하기에 꼭 알맞기에 결국 그에 대한 온갖 공격들을 이겨냈다. 그것을 대신할 듯하던 다른 말들은 그것을 축출하는 데 이르지 못했다. 오타쿠란 말이 살아남을 게 뻔하기에, 그리고 미디어도 당사자들도 이제 그것을 숨기거나 더 긍정적인 것으로 대체할 수 없기에, 말의 이미지를 개선하기 위한 새로운 전략이 수립된바, 그것은 이 말을, 그게 무엇이건, 기벽을 가진 모든 사람에게 적용하는 것이다. 그 결과 이제는 '축구 오타쿠' '골프 오타쿠' '윈드 서핑 오타쿠' '다이어트 오타쿠,' 심지어 가능한 한 가장 건강하게 살기를 염원하는 '건강 오타쿠'까지 있다.

우리는 이 책에서 오타쿠란 말의 원래 의미를 주로 고려할 것이다.

미야자키 사건에 따른 미디어의 탄압 이후, 오타키즘

otakisme의 원래 개념과 아무런 상관도 없는 영역으로 오타쿠라 말이 확장된 것은, 미디어와 일본 사회 전반의 다소 의식적인 의지, 곧 통제할 수 없으며, 일본에서는 부끄러운 것으로 간주되는 한 현상을 더 막연한, 더 적당한 개념 속에 용해시켜 일반화하고자 하는 의지에 부합한다. 이는 이 나라에서 그토록 필요한 조화를 이룩하기 위한 한 방편이다. 사실, 더 이상 규범에 의해 은폐될 수 없는 성가신 존재들인 오타쿠들은 이제 일본에서, 늦게까지 어린이로 남아 있는, 부질없는 소일거리에 몰두하는, 그러나 마침내는, 비록 그것이 표면적인 것이라 할지라도, 사회에 동화될 존재들로 간주되고 있는바, 결국 사회에 정말로 중요한 것은 바로 이것일 터이다.

1992년 이래로 매우 활발한 이 오타쿠 현상의 일반화는 또한, 일본 사회를 부끄럽게 하는 이 세대의 출현을 가능케 한 심층적 이유를 묻지 않아도 되게 해준다. 부질없는 오락의 측면을 강조함으로써, 일본 사회는 스스로의 건강 상태를 질문하는 고역에서 벗어나는 한편 사회의 피라미드 속에서 제자리를 찾지 못하는 젊은 세대의 부끄러운 부위를 베일로 가린다.

그러나 일본에서 오타쿠 현상이 생겨난 게 80년대라고 한다면, 그것은 결코 우연이 아닌데……

약간의 역사

아마 세상의 그 어떤 나라보다도 빨리 일본은 준열강에서 초강대국으로 자리바꿈했다.

1945년의 전쟁 패배가 가져온 충격은 국가의 목표를 크게 뒤바꾸었다. 군국주의 체제에서 벗어난 일본은 '민주주의' 국가보다는 산업 국가가 되었다. 전시 동원으로, 이어 미국의 폭격으로 만신창이가 된 나라의 재건은 신속하게, 그리고 일본인 특유의 효과적인 실용성이 발휘되는 가운데 수행되었다. 일본이 선택한 길은 상식에 의거한 것인바, 초기에는 중공업(제철·조선)에, 다음에는 제조업(자동차·섬유·가전 제품)에, 나중에는 첨단 기술(전자·로봇·컴퓨터)에 전력 투구했다.

불과 50년 만에 각 산업 분야는 크게 다양해졌고, 이는 내수 시장의 수요에 부응하는 것이었는데, 이 시장은 60년대, 그리고 80년대의 급성장에 따른 생활 수준 향상에 힘입어 지구상에서 가장 소비가 왕성한 국민들 가운데 하나가 된 1억 2천 5백만의 일본인들로 구성되어 있다.

국제적으로 잘 알려진 한 일본 그룹이 이 변화를 상징적으로 요약한다. 전후에 마쓰시타Matsushita는 현대적인 것을 찾는 일본 가정들의 요구에 따라 생활 필수품들, 곧 다리미·세탁기·냉장고 등을 생산했다. 60년대 들어서면서 이 그룹의 생산품은 컬러 TV로, 70년대에는 하이파이 음향 시스템으로 바뀌었다. 80년대 들어 마쓰시타는 비디오 시장에 뛰어들었고, 그

자회사인 JVC는 VHS를 시장에 선보였다. 오늘날 이 그룹의 생산 분야는 컴퓨터, 도모틱domotique(인공 지능 주택), 합성 사진 부문에까지 확대되었다.

의미심장한 것은, 전세계에 걸쳐 26만 5천 명의 노동자를 고용하고 있으며, 1998년에 500억 달러의 매출을 기록한 마쓰시타 그룹이 90년대 초반부터 멀티미디어 부문으로 사업 영역을 넓혀가고 있다는 사실이다. 첫번째 단계는 1990년에 미국의 MCA 그룹(유니버설 영화사)을 80억 달러에 인수하는 것이었다. 한 해 앞서 콜롬비아 영화사를 인수한 소니와 마찬가지로, 거대 그룹 마쓰시타 역시 이미지 제작 분야에 발을 들여놓았고, 그 장부에 영화 목록이 새로이 추가되었는데, 거기에는 스티븐 스필버그의 영화들이 포함되어 있었다. 그러나 경제 불황이 마쓰시타의 영화 분야를 향한 야심에 제동을 걸었고, 1995년 마쓰시타는 시그램Seagram 그룹에 MCA를 매각해야 했다. 하지만, 그룹의 총수 모리시타 요이치Morishita Yoichi가 소리 높여 주장하듯, 마쓰시타는 멀티미디어 부문에서 여전히 건재하다. 가전 제품 회사에서 출발하여 전자 분야의 걸리버가 된 마쓰시타의 미래는 분명하게 그려져 있는바, 이 미래의 이름은 멀티미디어이며, 온갖 것을 다 포함하는, 그러나 일본의 전문 언론들에 따르면 그 매출액이 2000년에 90조 달러에 달할 시장을 갖고 있다.

마쓰시타 그룹을 통한 일본 경제사의 간략한 개괄은 50년 만에 일본 사회가 얼마나 크게 변했는지 가늠할 수 있게 해준다. 마쓰시타 그룹은 사회의 변화에 지속적으로 발맞추면서 (마쓰시타는 1964년 일본에서 처음으로 주 이틀 휴무제를 도입했다) 성장했고, 대부분의 경쟁 기업들과 마찬가지로 일본인들의 생활 수준 변화에 따라 끊임없이 생산을 조절했다. 주목할 만한 것은, 50년대에 필수 가전 제품에서 출발한 이 기업이 여가 산업 분야로 그 생산을 다양화했다는 사실인데, 이는 일본이 전반적인 부문에서 후기 첨단 산업 사회적 발전의 가장 완성된 형태에 도달했음을 보여준다.

우리 서구인들의 귀에 친숙한 소니 그룹 역시 1995년부터 이데이 노부유키 Idei Nobuyuki 회장의 주도 아래 개혁에 착수했다. 그룹의 슬로건으로서 모든 광고의 기조를 이루는 '디지털 드림 키즈 Digital Dream Kids'는 오타쿠의 세련된 동의어로 간주될 수 있을 것이다. 사실 소니는 항상 오타쿠 세계에 가까웠다. 일본의 만화 영화 애호가들 가운데 누가 아직도 베타맥스 Betamax 비디오를 갖고 있지 않은가? 1994년 말에 출시되어 불과 4년 만에 5천만 개가 팔린 비디오 게임기 '플레이스테이션 PlayStation'과 함께, 그리고 1998년에 출시된 첫번째 소니 컴퓨터와 함께, 오타쿠와 소니의 인연은 한층 더 분명해졌다. 1999년 3월, 소니 그룹 회장은 '플레이스테이션 II'의 출시를 알리면서, 속도에 있어 미국의 최우수 워크스테이션에 맞먹는 이 새 비디오 게임기는 이제 오락 부문에 있어 소니 그룹 전략의 주축이 되었음을 천명했다. '플레이스테이션 II'는 오타쿠

소니사의 대표적 비디오 게임기인 '플레이스테이션II'

들이 20년 전부터 예감하던 것을 구체화하는바, "21세기는 유
희적이리라. 그렇지 않으면 존재하지 않으리라……"가 그것
이다.

일본 가전 제품 기업들의 이 자연스러운 변화는 사실 일본
사회의, 그리고 다른 후기 산업 사회들의 변화에 맞춘 것이다.
TV 보유율이 워낙 높은 만큼 오늘날 통계의 대상이 되는 것은
얼마나 많은 가정이 TV를 보유하고 있는가가 아니라 한 가정
이 평균 몇 대의 TV를 보유하고 있는가이다. 일본 정부의 통계
에 따르면, 99.2퍼센트의 가정이 적어도 한 대 이상의 컬러 TV
를 보유하고 있는 가운데, 12세 미만 어린이들의 5.1퍼센트, 15
세 미만 청소년들의 12퍼센트, 18세 미만 청소년들의 21퍼센트
(남성의 경우 30퍼센트)가 그들만의 TV를 갖고 있다. 시사적인
것은, 각 가정이 평균 2.24대의 TV를 보유하고 있다면, 자전거
는 가정당 1.57대에 불과하다는 사실이다. 비디오 보유율은 77
퍼센트에 달한다.

이러한 변화의 또 다른 단서로서 이번에는 엥겔 계수를 살펴
보자. 엥겔 법칙에 따르면 한 사회의 풍요도는, 생활에 반드시
필요한 식료품 구입에 각 가정이 할애하는 예산이 가계 총지출
에서 차지하는 비율에 의해 측정되는데, 이 비율이 작으면 작
을수록 사회는 더 풍요하다. 이 엥겔 계수를 일본에 적용하면,
가정마다 집안에서 식생활에 지출된 (외식은 여가로 간주된다)
예산이 총지출에서 차지하는 비율은 1948년에 60.4퍼센트이던
것이 1998년에는 22퍼센트로 낮아졌다.

이처럼 불과 한 세대 만에 일본은 생활 필수품을 위해 싸워
야 하는 나라에서 초현대적인 나라로 탈바꿈했다(마쓰시타나
소니 같은 그룹들은 이 탈바꿈에 충실히 따랐다). 여기서 '초현
대적'이란 말은 첨단 기술 덕분에 단추 하나만 누르면 세상을

지배하는 것 같은 환상을 그 구성원이 느낄 수 있게 해주는, 극도의 풍요에 도달한 소비와 여흥의 사회에 적용될 수 있다.

과거에 눈길 한번 주지 않고, 자기를 돌아보기 위해 잠시 멈추지조차 않고 급격히 변화하는 이 사회 속에서 젊은 세대는 어찌 되는가? 1965년 이후 출생한 사람들은, 그 부모들이 전쟁을 겪지 않은 첫번째 세대인바, 이들에게 '제약'이란 말은 더 이상 아무런 의미도 없다. 그들은 평화로운, 또는 일본 젊은이들의 도덕적 해이와 정치 의식 결여를 개탄하는 사람들이 말하듯, '너무 평화로운' 일본에서 태어났다.

사실, 풍요 속에서 태어난 이 세대가 아는 슬로건이라고는 '소비하라'밖에 없다. 일본 사회를 이끌어온 주요 슬로건들을 살펴보면, 군국주의 시대가 끝났을 때 우선 '나라를 재건하자'가 있었다. 이어 고속 성장 시대가 왔고, 1960년 당시의 수상은 '10년 안에 나라의 수입을 두 배로 하자'란 슬로건을 내걸었다. 70년대에는 '서양을 따라잡자' 80년대에는 '국외 시장을 정복하자'란 슬로건이 있었다. 그러나 그뒤로 정부는 여론을 동원할 능력을 잃어버린 듯하다. 전쟁이 끝난 뒤 모든 정력을 경제 성장에 집중해온 일본은 이제 자기가 가진 힘으로 무얼 해야 할지 모른다. 어린이 만화에까지 등장하며 전후의 이데올로기를 떠받치던 '집단의 이익을 위한 개인의 희생'이란 슬로건은, 시상대의 가장 높은 곳에 마침내 도달했다고 생각하는 국민을 이제 더 이상 결집시키지 못한다.

70년대 말 일본에서는, 부모와 비슷해지느니 차라리 영원한 학생으로 남아 있길 원하면서 사회에 합류하길 거부하는 젊은 이들을 가리키는 한 유행어가 등장한바, 한편으로는 깔보면서, 다른 한편으로는 불안해하면서, 사람들은 그들을 '모라토리엄 닌겐moratorium ningen'이라고, 다시 말해 '유예된 젊은 세대'라고 불렀다. 이 말을 유행시킨 것은 심리학자인 오코노기 게이고Okonogi Keigo로서, 그는 일본의 젊은이들에게서, 사회로의 진입을 유예하기 위해 불필요하게 학업을 연장하는, 하여 대학이라는 안락한 고치에 더 오래 머무르려는 경향을 간파해냈던 것이다.

사실, 학생들에게 대학에서의 4년은 천국과도 같다. 입시 지옥 이후의 대학 4년은 거의 요식 절차에 불과하다. 대학생들은 별다른 노력을 안 해도 대기업에 의해 고용될 것이 확실하기 때문이다. 대기업들이 캠퍼스에까지 와서 졸업생들을 확보하려 애쓰는 마당이니까. 마음내키는 대로 시간을 사용할 수 있는 자유를 갑자기 발견한 이 젊은 일본인들 가운데 상당수가 대학에 가능한 한 오래 남아 있으려 하는 것, 그리고 이 유예 기간을 만끽하려는 것은 조금도 놀라운 일이 아니다.

오코노기에 따르면, 고도로 발달된 산업 사회들은 어른이 되기를 거부하는, 참여를 회피하는 젊은 세대를 양산해낸다. 부유하고, 자유롭고, 민주적이고, 평화로운 일본에서 자란 이 '유예된 젊은 세대'는 70년대 말을 상징한다. '응석받이'의 측면에 대해, 사회 의식의 결여에 대해 그들은 비난받을 수 있지만 그럼에도 불구하고 그들은, 마침내 평화 속에서 살며 성공의 몫을 만끽하고자 하는 한 시대의 상징이다.

경제적 번영의 시기에 자란 이 젊은 세대의 또 다른 특징은 연약함이다. 결핍을 감수해야 할 필요가 전혀 없는, 1960년 이후에 태어난 이 젊은 일본인들은 삶에 맞설 준비가 덜 되어 있다. 주위에 의해 과잉 보호된 그들은 살아남기 위해 투쟁하지 않아도 되고, 또 미래를 걱정할 필요가 없다. 그들은 일본 산업 사회가 거둔 성공의 첫번째 수혜자들이다. 그러나 이 표면적인 안락함에도 불구하고, 그들 역시 냉혹한 경쟁을 면할 수 없는

데, 자본주의 산업 사회 안에서의 모든 관계를 조정하는 이 경쟁은, 그들이 끊임없이 치러야 하는 시험의 얼굴을 하고 나타난다. 그들은 어른들의 생산 세계를 관리하는 규칙들을 의식한다. 그들 가운데 상당수는 이 사회의 피라미드에 들어갈 능력이 없다고 생각하고 자기들 속에 남아 있는 유년의 부분을 계속 유지하려 한다.

70년대 말의 '유예된 젊은 세대'에게서 벌써 그 맹아가 발견되는 어른으로서의 책임 회피를 살피는 것 이외에 매스미디어의 증대되는 힘과 소비 사회의 확립을 고려할 때 우리는 비로소 80년대 초반에 최초의 오타쿠들이 등장하는 것을 이해할 수 있게 된다.

최초의 오타쿠들 가운데 한 사람이며, 80년대 중반 오타쿠들에 의해 운영되는 첫번째 기업인 가이낙스Gainax의 설립에 참여한 바 있는 아카이 다카미Akai Takami는 젊은 세대 특유의 흥미있는 관점에서 전후 일본을 바라본다.

"전쟁이 일어나기까지 일본은 유교 질서에 의해 지배되었습니다. 어린이들은 어른들에게 아주 중요한 존재였고, 젊은이들은 연장자들을 존중했지요. 패전과 더불어 군국주의 이데올로기는 일소되었습니다. 그러나 이와 함께 많은 전통적인 사회적 가치들이 희생되었어요. 전쟁 직후의 세대는 그들을 전쟁 이전 세대들에게 직접 이어주는 끈들 덕분에, 일본 사회의 기초를 이루던 가치들의 혜택을 여전히 누릴 수 있었습니다. 제 부모의 세대는 전통에, 그리고 과거에 속한다고 느끼는 마지막 세대입니다. 60년대에 태어난 저희들이 어린 시절에 배운 것이라고는 과거에 대한 부정뿐이에요. 학교 선생님들은, 과거는 이제 존재하지 않는다고, 저희 부모와 조부모들이 살았던 사회는 더 이상 존재할 여지가 없다고 되풀이하여 말하곤 했습니다."[1]

그러나, '서양을 따라잡기'에 골몰했던, 이어 고속 성장에 도취되었던 60년대의 일본은 젊은 세대에게 새로운 사회 모델을 제시할 시간적 여유가 없었다.

막 태어나는 민주주의의 전면에 '자유 · 평등 · 박애'의 일본 버전을 적어넣어야 했지만, 일본의 젊은 세대는 '공부하라, 일하라, 소비하라'밖에는 아무것도 몰랐다.

"저희들은 패러디의 사회 속에서, 일관성 없는 눈속임 속에서 자랐습니다. 그런데 저희가 어떻게 거기에 참여할 수 있단 말입니까? 어떻게 그것을 믿는다는 말이에요? 이 빈자리, 저희는 그것을 저희 나름대로 메우려 했습니다. 다시 말해, 저희에게 남아 있는 아직도 신뢰할 만한 유일한 세계, 곧 유년기의 세계와 거기에서의 최초의 감동으로 메우려 했지요. 그런데 이 아름다운 시기에 저희들의 상상 세계를 채웠던 것은 만화와 TV 연속극 주인공들이었습니다. 오타쿠이건 아니건, 저는 저희 세대 젊은이들의 대부분이 그들의 내밀한 속으로는 몇 안 되는 어린 시절의 친구와 만화 영화 주인공들만을 신뢰한다고 믿습니다."

"당신에 따르면, 일본의 젊은이들에게는, 현실 사회의 인물들보다 TV에서 본 허구적 인물들과의 자기 동일화가 더 수월하다는 얘기인가요?"

"예. 앞서 언급한 몇 안 되는 어린 시절의 친구들을 예외로 한다면, 이 허구적 인물들과의 관계는 젊은 성인이 사회와 가질 수 있는 아직 허약한 관계보다 훨씬 더 강하다고 생각합니다.

제 생각에 오타쿠들은, 사회 속에서 권위를 대표하는 어른들

---

1 저자와의 대화.

이 결코 진지하지 못하다고 다소 막연하게 생각하는 젊은이들입니다. 앎에 눈을 뜨게 해주어야 할 교사들은 실상 상급 학교 입학 시험 성공률만 생각하고, 정치인들은 부패했고, 전쟁 이후로 군인들은 살인자 취급을 받고 있습니다. 이런 부정적 모델들을 보면서 어떻게 존경할 만한, 또 존경받는 어른이 되길 바랄 수 있겠습니까? 오타쿠들뿐만 아니라 대부분의 젊은 일본인들은 피터 팬처럼 성년으로의 이행을 최대한 늦추려 합니다. 그들은 유년기에 대한 향수를 가지고 있으며 이 유년기를 보존하려 해요. 오타쿠들은 빙산의 일각에 불과합니다. 교육을 통해 배운 것을 그들은 자기들 안에 남아 있는 어린이를 위해 사용하고자 합니다. 기술과 컴퓨터는 기계들이라기보다는 유희로서, 그들은 자기들 안의 어린이를 더 잘 보존하기 위해 이 유희 속에 빠져들어갑니다."

"당신은, 오타쿠들뿐만 아니라 당신이 속한 세대 전부가 이러한 유년기에의 향수에 빠져 있다고 말씀하시는 것 같군요?"

"예. 사실 저는 거의 대부분의 일본인들이 이 유년기에의 향수를 갖고 있다고 생각합니다."

"당신은, 컴퓨터 게임이나 가상 현실에 빠져드는 것이 젊은 일본인들, 특히 오타쿠들의 내성적인 성격과 관계가 있다고 생각하십니까?"

"제 생각에 증후와 원인을 혼동해서는 안 될 것 같습니다. 젊은이들이 가상의 차원으로 도피하고자 한다면 그것은 사회 환경에 의해 억눌려 있기 때문입니다. 저희 세대는 스스로에 대해 자부심을 느끼게 해주는 것이라고는 아무것도 없이 자라났습니다. 실제로 저희는 저희를 가치롭게 해주는, 저희가 필요 불가결한 존재라고 말할 수 있게 해주는 아무것도 갖고 있지 못해요. 제가 보기에 오타쿠들은 자신들의 인격을 확립하기 위

해 자기들에게 가까운 영역, 곧 만화 · 만화 영화 · 아이돌 · 컴
퓨터에 몰두하는 것 같습니다. 그들은 정체성을 확보하기를,
또래들 앞에서 존재한다는 느낌을 갖기를, 나아가 자기들의 자
아를 강화하기를 원하는 것이지요. 스스로에 대해 자부심을 느
낄 아무런 이유도 없이 사는 것은 힘들어요."

아카이가 지적하듯, 1960년 이후에 태어난 일본인들은 이상
(理想)이 없다는 느낌을 준다. 사회 시스템은 그들 없이 고안
되었고, 그들에게 요구된 유일한 것은 연장자들이 그들을 위해
수립한 절차들을 밟는 것이다.

그러나 가끔 기계 같은 이 시스템이 이상 반응을 보이는바,
하시모토 히로키 Hashimoto Hiroki의 경우가 그러하다.

저희 어머니에게 말하지 마세요……

"일본 최고의 명문 도쿄 대학교 의과대학을 나온 35살의 하시모토 히로키(가명)는 일본에서 엘리트 중의 엘리트이다. 의사는 일본에서 가장 존경받는 직업 가운데 하나이며, 그 어떤 대학의 졸업장도 도쿄 대학교 졸업장에 필적하지 못한다. 35살의 하시모토 히로키는 모든 것을 갖고 있다……"

잠깐!

처음으로 돌아가, 이야기한 것을 지우고 다시 시작하자. "도쿄 대학교 의과대학을 나온 35살의 하시모토 히로키는 줄곧 자기 방에 틀어박혀 비행기와 잠수함 모형을 만들며 산다."

어째서 그는 만인이 부러워하는 직업과 존경받는 사회적 지위를 버렸을까? 그는 태연히 대답한다. "명함과 크레디트 카드 없이, 저는 일본에서 아무것도 아닙니다." 하시모토 히로키는 비행기 모형의 동체나 미니 잠수함의 유선형 몸통을 섬세히 다루는 것을 그 무엇보다 더 좋아한다. 그의 세계에서는, 일본의 모든 샐러리맨들의 필수품인 명함과 성공한 사람들의 또 다른 전유물인 크레디트 카드가 아무런 소용이 없다. 하시모토 히로키의 세계에는, 60년대에 영국에서 제작된 TV 미니 시리즈로서, 어린 시절 그가 매주 보던 「선더버드Thunder-birds」밖에 없다. 국제적 차원에서 수행되는 선더버드의 구조 순찰은 그에게 이상 사회를 엿보게 한다. 사람들이 서로 돕는, 악한 자들이 단죄되는, 그리고 유명한 도쿄 대학교 입학 시험이 없는 사회를.

플래시백. 오사카 교외에서 태어난 어린 히로키는 어머니에 의해 아주 일찍부터 엘리트 교육 궤도에 올려졌다. "얘야, 너는 장래에 의사가 되어야 한다." 명문 대학에 들어가기 위해서는 희생이 필요하다. 중학교 1학년 때부터 히로키는 쉬고 놀 틈이 없었다. 공부하다, 복습하다, 시험 준비하다, 암기하다, 연습하다가 활용 가능한 유일한 동사들이었다. 이러한 프로그램은 당연히 히로키를 부지런한 모범생으로 만들었다. 청소년 시절을 잃어버린 대가로 그는 도쿄 대학교 입시 관문을 성공리에 넘었고, 그의 어머니는 그를 자랑스러워할 수 있었다.

사회적 성공의 궤도에 올라선 그가 탈선하기 시작한 것은 대학에 들어와서부터이다. 그는 차분하고 약간 수줍은 어조로 자기의 탈선을 이야기한다. 난생처음 스스로에게 맡겨진, 원칙적으로 공부밖에는 달리 할 것이 없는, 그러나 도쿄에 혼자 떨어진 히로키는 10년 만에 처음으로 자유 시간을 갖게 된다. 그는 '예전에,' 다시 말해 입시 지옥 이전에 그가 즐기던 전자 오락과 뜨겁게 재회한다. 동시에 8살 어린이가 그의 내면에 되돌아온다. 8살 어린이처럼 그는 축소 모형에 새로이 관심을 쏟게 되고, 그의 굵은 손가락에 잘 잡히지 않는 작은 플라스틱 부품들을 정성스레 색칠하며 세월을 보내기 시작한다. 그것은 마치 그가 3차 방정식을 풀며 보낸 10년을 괄호 안에 집어넣는 것과도 같았다. 그는, 예비 의사들의 일상을 이루는 해부학·화학, 또는 외과학 강의로 무엇을 해야 할지 모른다. 히로키는 가상의 정열을 한껏 살기 위하여 세상으로부터 스스로를 유리(遊離)한다. 그럼에도 불구하고 그는 관성에 힘입어 졸업 시험을 통과한다(일본에서는 입학 시험은 힘들지만 졸업 시험은 요식 절차에 불과하다).

자기 전문 분야를 선택할 시점에 히로키는 유치한 정열에 전넘하고자 의학을 버린다. 역설적이게도, 일생일대의 이 선택은 그가 어른으로서 행한 첫번째 선택이기도 하다. 가족에 의해 설계된 길에 들어서길 거부하면서 그는 처음으로 자주적인 인간이 된다. 그는 더 이상 자기가 해야 할 바를 어머니가 명령하는 것을 용납하지 않는다.

물론 히로키는 이런 선택이 쉽지 않았음을 인정한다. "제 대학 동료들은 모두 의사가 되었고 이제 부자들입니다. 그들은 저를 멸시해요." 문제를 극적인 것으로 비화시키지 않으면서 그가 내게 고백한다. "축소 모형 애호가들의 경우엔, 어떻게 제가 유치한 오락을 위해 의사의 길을 버릴 수 있었는지 이해하지 못합니다. 부모님들께는 모형 만들기를 한다고 말씀드릴 수 없었지요. 그들은 제가 기자인 줄 알고 있습니다. 저는 외톨이예요. 만약 어렸을 때 더 자주 모형을 갖고 놀 수 있었더라면, 저는 아마도 이런 결정을 하지 않았을 것입니다." 이렇게, 모형 작업을 위해 아직도 도쿄 대학교 배지가 달린 인턴 가운을 입은 히로키는 말한다.

하시모토 히로키는 오타쿠이다.

일본에서 경멸적인 것으로 간주되는 이 오타쿠란 말을, 거의 명백한 오타키즘 후보자 앞에서 사용할 때는 조심해야 한다. 이 말을 내세우고 또 그것을 교제의 바탕으로 삼는 이들도 있지만, 대부분의 경우, '그들이 오타쿠라는 것'을 암시하면 매우 언짢아한다. 저희 어머니에게 아들이 오타쿠라고 말하지 마세요. 그녀는 제가 현실 세계에 잘 적응하며 살고 있다고 믿고 있습니다.

그를 내게 소개한 그의 친구는 명백한 오타쿠였다. 하지만 그는 자기가 오타쿠라는 사실을 완강히 거부했다. "저는 아녜요. 하지만 친구가 하나 있는데, 예! 그는 진짜 오타쿠입니다!"

우리가 처음 만난 것은 그의 집에서 가까운 카페에서였는데, 왜냐하면 어린이 만화(!)를 그리는 그의 부인이 아파트를 보여 줄 만해지기 전에는, 다시 말해 "바닥에서 천장까지 산처럼 쌓여 있는 모형 상자들이 정리되기 전에는," 그 누구도 집 안에 들이기를 거부했기 때문이다.

내가 히로키의 집에 갔을 때, 그의 작업실은 거의 정리되어 있었다. 그러나 부엌을 겸한 식당엔 커다란 흰 천이 선반에 들어가지 못한, 히말라야의 안나푸르나 봉우리 같은 모형 더미를 부끄러운 듯 가리고 있었다. 보통 신발이 정리되어 있게 마련인 입구부터 모형 상자들이 바닥에서 천장까지 쌓여 있었다. 같은 모델이 세 상자나 되는 경우가 종종 있었다. "하나는 조립하기 위해, 다른 하나는 조립되지 않은 상태 그대로 간직하기 위해, 나머지 하나는 다른 것과 교환하기 위해서지요"라고 완벽주의자인 히로키는 설명한다.

매킨토시 컴퓨터 옆 선반에 진열된 몇 개의 완성된 모형이 그가 어떤 주제를 선호하는지 알 수 있게 해주는바, 그것은 로켓·잠수함·미사일이다. 히로키 역시 순순히 인정하길, 이 모형들은 남근(男根)을 상징한다. "제게 이것들은 힘을 형상화합니다. 학교 다닐 때, 반에서 일등이라는 이유로 저는 급우들로부터 왕따당했어요. 그들은 저와의 학력 편차가 견딜 수 없었나봅니다." 그는 힘의 상징인 모형들을 통해 복수함으로써, 어릴 때부터 그를 괴롭혀온 왕따를 상쇄한다.

그의 출신 대학이 다른 사람들의 것과 너무나 큰 차이가 나는 까닭에 히로키는 모형 제작자들의 세계에서 배제되었지만, 그의 정성을 다한 모형들은 그를 예술가의 반열에 올려놓았고, 전문 잡지들은 기사에 사진을 첨부하기 위해 모형이 필요할 때마다 그에게 도움을 요청한다. 그 자신 이런저런 새 모형들을 소개

일본인 축소 모형 애호가 하시모토 히로키

하기 위해 짤막한 기사를 쓰는가 하면, 시중에 판매되는 모형을 그 모델이 된 비행기나 잠수함들과 비교하는 연구를 하기도 한다. 이러한 작업들은 그가 아내와 함께 세 든 도쿄 근교의 초라한 방 두 개짜리 아파트의 집세를 그럭저럭 낼 수 있게 해준다.

그러나 그의 걸작이자 그의 자부심은 「선더버드」와 관련한 작업이다. 1965년 영국의 제리 앤더슨Gerry Anderson과 그의 동료들이 만든 이 미니 시리즈는 전세계에 방영되었다. 천재지변과 핵 사고에 맞서 지구를 구하기 위해 싸우는 각진 얼굴에 커다란 파란 눈을 가진 이 인형들은 히로키에게 이상적 실존을 형상화한다.

물론 그는 미니 시리즈가 처음 나왔을 때 출시된 모든 모형들을 갖고 있고, 「선더버드」만을 다룬 『모델 아트*Model Art*』 특집호를 혼자서 쓰고 편집했다.

이 잡지에서 히로키는, 미니 시리즈에 나오는 인물들, 미래형 교통 수단, 그리고 32개에 달하는 에피소드들을 남김없이 소개할 뿐만 아니라 런던에 가서 직접 취재한 미니 시리즈 제작자들에 대한 기사와 인터뷰까지 게재하고 있다. 잡지의 후반부에서 히로키는 아주 진지한 태도로 픽션의 세계와 현실의 세계를 화해시키려 하면서, 치안과 자연 재해 예방을 맡은 일본의 여러 기구들에 대한 취재를 곁들이고 있다. 그는 또한 외국 정부들에 의해 취해진 조치들을 분석한 뒤, 결론을 대신하여 일본의 자위대는 「선더버드」의 정신을 본받아야 한다는 희망에 찬 호소를 한다.

히로키는 자기의 신념을 이렇게 밝힌다. "사실, 제 꿈은 선더버드와 동일한 수단과 목적을 지닌 구조 순찰대를 창설하도록 일본 정부를 납득시키는 것입니다."

어느 날 아침 신문을 보던 나는 놀라움 속에서 아사히신문에 히로키가 기고한 짧은 글에 맞닥뜨렸는데, 그는 자위대가 정규 유니폼을 지겨운 카키색보다 한결 더 보기 좋은 강렬한 색깔의 유니폼으로 보완하여 구조 작업 때 병사들에게 착용시킬 것을 제안하고 있었다. 그가 쓰길, "민간 구조 작업은 가능한 한 공개적으로 수행되어야 하는 데 반해 카키색은 은폐를 돕는다. 구조 작업을 수행하는 병사들은 그들의 행동에 대해 자부심을 느껴야 한다. 내 생각에, 눈에 잘 띄는 밝은 유니폼은 구조대원들뿐만 아니라 국민들에게까지 좋은 심리적 효과를 낳을 것이다. 현재의 자위대 유니폼은 전쟁의 암울함을 느끼게 한다."

일본의 '중산층'을 대변하는 신문을 통해 히로키가 나라 전체를 향해 던지는 이 상징적 호소는 결국 사회에 의해 인정받기 위한 몸짓인 것 같다.

아! 이로 인해 그의 어머니가 그를 자랑스러워할 수 있다면……

인형의 사랑을 위하여

"모든 사람은 사랑할 수 있습니다. 저 같은 사람조차도 사랑을 할 수 있어요. 어려운 것은, 누군가에 의해 사랑받는다고 느끼는 것입니다."

확실히 말할 수 있는 것은, 가와모리타 유Kawamorita Yu란 이름의 내 대화 상대자는 자신감이 결여되어 있다는 사실이다. 나는 이 사실을 그가 사랑에 대한 자기 생각을 말하기 전에 이미 알 수 있었다. 눈길을 피하면서도, 목소리를 높이기 위해 무진 애를 쓰면서도, 가끔 속삭이듯 말하면서도, 그는 나와의 인터뷰에 동의해주었다.

36살의 가와모리타 유는 100여 개에 달하는 인형 컬렉션과, 그가 이 인형들과 맺는 관계로 오타쿠 세계에서 유명하다. 그가 자기의 유년기와 청소년기에 대해 이야기하는 동안, 그를 둘러싼 인형들은 그의 말에 귀를 기울이는 듯했다. 나는 속으로 이 인형들에게 감사했다. 만약 인형들이 그에게 자신감을 불어넣어주지 않았더라면, 그가 내게 자기 속을 내보일 용기를 과연 가질 수 있었을까?

홋카이도의 하코다테Hakodate에서 태어난 그는 학교에 다니는 내내 이사를 했고, 그때마다 어렵게 만든 친구들을 잃어야 했다. 외아들인 데다가 몸이 허약한 그는 호흡기 질환 때문에 또래 아이들의 놀이와 운동에 낄 수 없었다. 게다가 때 이른 근시는 유치원 때부터 그를 친구들의 웃음거리로 만들었다. 그는 인간 관계에 관련된 모든 콤플렉스를 갖추는데 필요한 요소들을 충분히 지니고 있었다. 다행히 TV가 있어 시간을 죽일 수 있었다. 어린 유의 친구들은 따라서 울트라맨Ultraman이나 우주 소년 아톰Astro-boy처럼 당시에 방영되던 TV 연속극과 만화 영화에 나오는 주인공들이었다.

친구들의 경멸을 상쇄하기 위해 어린 유는 모든 어린이들을 열광시키는 분야들 가운데 하나, 곧 괴물 이야기에서 최고가 되기로 결심한다. 그는 TV 미니 시리즈 주인공들을 담은 사진들과 함께 인형들을 수집한다. 그러나 초등학교를 졸업할 무렵, 그의 어머니는 인형은 다 큰 사내아이를 위한 게 아니라고 선언하면서, 그의 인형 컬렉션을 이웃집 여자 아이에게 준다.

유는 회상한다. "그것은 마치 제 일부를 잃어버리는 것 같았어요. 그 무렵 저는 제 몸에 혹시 여자의 피가 흐르고 있는 게 아닐까 자문하기도 했지요." 그는 고전적인 성(性) 구조에 더 적합한 컬렉션, 곧 로봇 모형과 공상 과학 만화 주인공들의 컬렉션 쪽으로 방향을 돌린다.

인형들은 나중에, 훨씬 나중에 그에게 다시 돌아올 것이었다.

그는 24살이었고 막 도쿄에 정착한 참이었다. 그는, 만화 영화 · 영화 · 비디오 게임 · 장난감들을 소개하는 기사를 만들어 어린이 잡지들에 제공하는 한 소기업에서 일하고 있었다. 그가 이 일을 찾은 것은 그가 모형 제작자로서 얻은 명성 덕분이었다. "사실, 모형을 그다지 좋아하지 않는 제가 모형 제작자가 된 것은 80년대 초에 큰 성공을 거둔 만화 영화 시리즈「건담 Gundam」때문이었어요"라고 말하며, 그는 자기가 모형 제작을 하게 된 경위를 설명한다.

그는 회상한다. "첫번째 인형, 저는 그것을 당시에 제가 일하던 잡지들에 그것이 소개되길 원하는 한 회사로부터 받았어요. 일본식 바비Barbie라 할, 윤기 흐르는 검은색 긴 머리를 지닌 그 인형은 무척 귀여웠지요."

그는 곧 그의 첫번째 인형 컬렉션을 떠올렸다. 물론 그는 플라스틱으로 된 이 인형의 자태에 매혹되기도 했다. "그녀는 애원하는 듯하기도 하고 약간 겁먹은 듯하기도 한 작은 시선을 갖고 있었고, 저는 그녀를 보호하고 싶다는 느낌이 들었어요." 상자 안에 얌전히 누워 있는 자기 첫사랑을 향해 애정이 가득한 시선을 던지면서 그가 말한다. 세심하게 주의하지 않으면 잠든 미녀들은 금방 먼지투성이가 된다.

만약 유가 도쿄라는 거대한 도시에서 그토록 외롭지 않았다면 인형에 대한 이 열정은 거기서 멈추었을 것이다. "이 도시 안에서는 다른 사람과의 소통을 잃어버리기 십상입니다. 아무에게도 말을 건네지 않고 지내는 날이 허다합니다. 저에게는 도쿄가 안 맞는 것 같아요. 저는 지방을 더 좋아합니다. 사람들이 더 따뜻할 뿐만 아니라 이방인임을 덜 느끼게 됩니다. 도쿄에서는 주정뱅이 하나가 고주망태가 되어 보도 위에 누워 있다 한들 아무도 그를 걱정하지 않습니다. 당신이 보기에, 이게 말이나 됩니까?"

고독한 유는 고독을 좋아하지 않는다. "가끔 어쩌나 외로운지, 걷잡을 수 없는 슬픔과 함께 형언하기 어려운 절망 같은 것을 느끼게 됩니다."

외출을 한다? 사람들을 만난다? 여자들을 사귄다?

"오, 아니 될 말이에요. 저에게는 그럴 만한 용기가 절대로 없어요. 저는 그녀들에게 무슨 말을 해야 할지 몰라요. 한 여자의 관심을 끌기 위해서는 엄청난 노력을 해야 하는데, 그것은 제 능력 너머에 있는 것 같습니다. 게다가 저는 콤플렉스를 갖고 있어요. 저는 제 자신이 한심해 보입니다. 저는 집에 있는 게 더 편해요. 거기에선 적어도 편히 숨쉴 수 있지요.”

숨을 쉰다? 그렇다. 하지만 혼자서.

혼자서?

그렇지 않다. 왜냐하면 그의 첫번째 인형 ‘란제 Ranze’가 언제나 정숙하게 그가 직장에서 돌아오길 기다리고 있기 때문이다. “저녁마다 저는 서둘러 집에 돌아오곤 했습니다. 그녀가 저를 기다리고 있었어요. 그녀는 제 여자 친구였지요. 저는 그녀에게 말을 걸고, 제 하루를 이야기했습니다. 물론 그녀는 말을 할 수 없지만 제 상상이 대신 대답했지요. 가끔 저는 그녀의 목소리를 듣는 것 같기도 했는데, 제가 그녀의 침묵을 메웠던 것이지요.”

실패, 또는 한술 더 떠 배반으로 귀결될 수 있는 현실에서의 만남을 위해 애쓰느니 유는 이미 그 열쇠를 쥐고 있는 공상 세계에서 확실한 것을 모색하길 더 좋아한다.

하지만 란제에 대한 사랑에도 불구하고, 유에게는 바람기가 있다. 그는 장난감 가게 진열창과 전문 상점에서 추파를 던지는 인형들에게 저항하기 위해 어찌해야 할지 모른다.

첫째, 그리고 둘째, 셋째, 넷째…… 매번 앞의 것보다 더 예쁘고 더 다정하다. 새로이 정복한 인형은 이상적 여인에 한층 더 가깝다. “사실, 저는 그들의 귀여운 얼굴과 커다랗고 슬프고 막연한 눈을 좋아합니다.” 유는 인형의 집만큼이나 좁은 방에 산다(이 무슨 우연의 일치란 말인가). 자기의 정열이 지나치게 커지지 않도록 하기 위해, 그는 자기 전문 분야를 공상 과학 만화 영화의 여주인공들에 국한한다.

정복한 여자들의 목록을 늘려가듯, 플라스틱으로 된 슬픈 눈빛의 소녀들을 수집하면서 유는 돈 후안이 된다. 10년 만에 그는 200명이 넘는 작은 애인들을 갖고 있다. 아니, 내가 과장을 하고 있다. 어떤 인형들은 얘기 상대에 불과하고, 또 어떤 인형들은 하루 저녁의 풋사랑일 뿐이다……

"인형과 더불어서는 현실의 여자와는 불가능한 소유 감정을 느낄 수 있어요. 특히, 그녀는 저를 배반할 수 없습니다. 그녀는 저를 비웃지도 않고, 또 저를 버릴 수도 없습니다." 이런 장점들을 갖고 있는 인형들은 살과 감정으로 이루어진 현실의 라이벌들을 두려워할 필요가 없다.

그러나 어느 날 저녁 그는 한 여자와 데이트를 했다. 단 한 번. 그것도 벌써 여러 해 전에. 영화관, 식당…… 예비 플레이보이의 전형적인 코스를 훑었다. "아주 피곤한 일이었죠. 신경 쓸 것이 워낙 많다 보니 도무지 자연스러울 수가 없었어요. 제가 그녀를 사랑하게 되면 행여 상처를 받을까 겁이 났어요. 하지만 그녀는 저를 이해하는 것 같았습니다. 저를 도와주려 했죠." 그뒤로 그는 한 번도 여자를 만나본 적이 없다. "어쨌거나 저는 인형들을 더 좋아해요. 그녀들은 인간보다 더 순수하거든요."

'인간보다 더 순수하다.' 중요한 말은 이미 발설된 셈이다. 이 말이 증발되기 전에 나는 서둘러 유에게 묻는다.

"이상적인 여자란 어떤 존재입니까?"

"귀엽고 친절한 여자요!" 조금도 주저하지 않고 그가 대답한다(비록 대답이 극히 진부하긴 하지만, 그는 이 질문에 대해 오래 생각한 것 같다).

"하지만 그런 여자들은 쉽게 찾을 수 있을 텐데요, 안 그래요?"

"그런 여자들이 존재한다고 믿으세요?" 그가 의심스런 표정으로 대꾸한다. "어디에요? 요즈음 여자들이 입에 담는 말이라고는 독립밖에 없습니다. 그녀들이 남자에게 기대하는 것을 충족시켜주기란 너무 힘든 것 같아요. 귀엽고 친절한 여자들은 이제 더 이상 현실 세계에는 존재하지 않습니다."

어조는 아주 단호하다.

"현실적 삶이 아닌 다른 곳에는요?"

"거기엔 존재해요. 가령 TV나 영화 · 만화 영화 · 만화 · 소설에 나오는 여자들은 훨씬 더 이상형에 가깝지요."

이렇게 우리는 문제의 핵심에 왔다. 중요한 것은, 상상에 의한 재현이 현실을 압도한다는 사실이다. 현실은 이상에 적합하지가 않다. 그것은 이상적 순수함에 어긋난다.

다른 젊은이들처럼 유는 태어나서부터 이미지(그림 · 화상 · 사진 등)의 '오아시스'에서 살아왔다. 잡지에 나오는 여자들은 어찌나 생기발랄하고 예쁜지. 만화 영화의 여주인공을 구하러 날아가고픈 욕구는 또 얼마나 큰지. 물론 이 여자들은 실제가 아니다. 물론 비단 손수건으로 그들의 눈물을 닦아줄 수 없다. 하지만 '백마 탄 왕자'가 된 자신을 상상하는 것은 어찌나 달콤한지.

재능 있는 시나리오 작가들의 상상력에서 태어난 환상들이 유의 가슴속에 쉽게 자리잡는 것은 하나도 놀라울 게 없다. 아…… 남자가 되는 것, 진짜 남자가 되는 것! 만화 영화에 나오듯이, 귀여운 란제를 악당의 손아귀에서 구출한 뒤 자기의 불타는 사랑을 서슴없이 고백하는 주인공 같은 멋진 남자. 아! 그 순간 란제의 눈빛이라니…… 고마워하는 그녀는 사랑에 빠져 있었다. "여자란 바로 이런 것입니다. 그녀가 바로 이상적인 여자예요."

지하철에서 엇갈리는 여자들은 어째서 감동적인 시선을 갖고 있지 못할까? 무감각한 여자들, 영혼이 없는 여자들, 무기력한 여자들! 그들은 란제가 아니다!

"저는 그녀를 보호하고 또 위로해주고 싶습니다. 그녀의 시선은 얼마나 애틋한지!"

사무실의 여자 동료와 시간을 낭비해서 무엇 한단 말인가. 당신을 배반하고, 당신을 진짜 고통에 빠뜨릴 수 있는 여자, 당신을 결코 '백마 탄 왕자'로 봐주지 않는 여자를 만나기 위해 애쓸 필요가 무엇이란 말인가. 그러나 이런 여자 역시 TV를 보고 만화를 읽는 까닭에, 유나 그 또래의 다른 남자들과는 거리가 먼 분명한 이상적 남성형을 갖고 있다.

만화 「전영 소녀—비디오 걸 아이」

이러한 인식은 오타쿠 세계의 기반을 이룬다. 불어로 번역되기도 한, 아주 인기 있는 만화 하나는, 모델이 된 현실의 소녀에 대한 가상 소녀의 우월함을 다루고 있다. 이 만화의 제목은 「전영 소녀—비디오 걸 아이 Den-ei Shojo—Video Girl Ai」로서, 디지털 세계로부터 온 여주인공이 또래의 소녀들 앞에서 매우 서툰 한 고등학생의 사랑에 응답한다는 이야기를 담고 있는바, 이 만화는 「카이로의 보라색 장미 La Rose pourpre du Caire」의 오타쿠 버전이라 할 수 있다.

이렇듯, 영원히 만나지 않는 두 평행선 같은 젊은 남녀들은 만남을 욕망하기가 점점 더 힘들다.

만화, 만화 영화, 그리고 청소년을 겨냥한 프로그램들을 통해, 미디어는 캐릭터들을 신화화하는(혹은 신비화하는) 한편 상투성을 강화한다. 영리한 이들은 여기에 저항한다. 그러나 오타쿠들은 보이는 그대로의 이미지들에 사로잡힌 나머지, 음극(陰極) 요정들의 유혹에 저항할 욕구마저 잃는다. 그녀들은 아주 애틋한 눈빛을 갖고 있다.

"인형이 사진보다 낫지요. 왜냐하면 그것은 3차원에 속하니까요. 그것은 축소된 '진짜' 여자예요." 유가 힘주어 말한다.

그것을 확인하기 위하여 우리는 우리를 둘러싼 인형들을 검토한다.

"이것은, 시중에 판매되는 것을 모델로 해서 제가 직접 만든 것입니다. 원래는 서 있었는데, 제가 무릎을 꿇게 했지요." 그는 높이가 20센티미터 가량 되는, 사과색 기모노를 입고 무릎을 꿇은 인형을 조심스레 집어 내게 보여준다. 그녀는 두 손을 모아 황토색 작은 찻잔을 들고 있는데, 가벼운 재 맛이 도는 녹색 음료를 드리는 게이샤 같기도 하고 다도 의식 집행자 같기도 하다.

내가 인형 마무리 솜씨에 감탄을 연발하자 자신을 얻은 유가 말한다. "저는 이것과 똑같은 모양의 찻잔을 갖고 있어요. 물론 그 잔으로 차를 마시지요." 그는 인형이 든 작은 잔과 같은 모티프들로 장식된 진짜 찻잔을 내게 보여주며 자랑한다. "이것은 교토에 머무르다 온 친구가 선물로 준 것이에요. 이걸 모델로 해서 인형이 들고 있는 잔을 만들었지요." 내가 묻기도 전에 그가 설명한다.

요즈음, 저녁때 그가 돌아오길 얌전히 기다리는 것은 바로 이 인형이다. 완벽한 진짜 아내처럼, 그녀는 다도에 의거하여 차를 준비한 뒤 무릎을 꿇고 남편을 맞는다. 그녀는 진정한 여자들이 그래야 하듯 귀엽고 친절하다. 유는 결코 진보주의자가 아니다!

유가 외부의 판단에 처음으로 마주친 것은 일본의 미디어들이 미야자키(소녀들을 죽인 오타쿠) 사건으로 떠들썩하던 무렵이다. 오타쿠에 대해 기사를 준비하던 한 잡지에 의해 접촉된 유는 신중하지 못하게 자기의 인형 컬렉션을 보여주고, 당시 미디어들에 의해 일반화된 등식 '미야자키 = 오타쿠 → 오타쿠 = 미야자키. 증명 끝'의 희생자가 된다.

"그것은 제게 커다란 충격이었어요." 그는 회상한다.

언론에서 그리고 사람들의 머릿속에서 미야자키의 범죄가 그의 상상 세계와 동일시된다는 사실을 확인한 것은 유에게 하나의 중요한 전환점이 되었다. 그는 처음으로 이때껏 무해한 심심풀이에 불과했던 것에 대해 진지하게 생각하기 시작했다.

"수집광들, 다시 말해 저처럼 대리적 삶을 사는 사람들이 어떤 콤플렉스를 갖고 있다는 것은 사실입니다. 가슴에 어떤 공허가 있을 때, 수집은 이 빈 곳을 채워줍니다. 근심 없이 살 수 있으면 저같이 되지는 않겠지요" 하고, 그는 분석한다.

미야자키 사건 후, 그는 "스스로가 점점 더 이상해진다"고 느끼는가 하면, 현실의 사람들보다 인형들과 노는 것을 더 좋아한다는 사실이 그를 다른 사람들과 다르게 만든다는 생각을 하곤 했다. "그러나 모든 게 제게 너무나도 당연했기 때문에 구태여 제 삶의 방식을 바꾸려 노력할 필요는 없었습니다."

"가끔 저는, 도쿄에 올라오는 대신 지방에 머물러 있었더라면 종내에는 저를 알아주는 여자를 만났을지도 모른다는 생각을 합니다. 그러나 저만

에로틱한 모델 인형

의 세계 속에 안온히 있는 지금에 와서 다른 곳으로 떠날 수는 없는 노릇이에요. 게다가 지방에서는 다른 사람들로부터 스스로를 보호할 수가 없어요. 거기에선 아무것도 숨길 수 없답니다."

만화 영화와 장난감에 관련된 그의 일이, 자기의 상상 세계에 대한 지나친 질문으로부터 벗어나는 데 필요한 알리바이를 제공해준다. 그의 컬렉션은 그를 일상으로부터 보호해주는 방파제와도 같다. 비록 그는 이 보호의 한계를 잘 의식하고 있지만 말이다. 스스로 건설한 세계 안에 감금된 그는 그것의 유리벽을 부술 만한 힘이 자기에게 없다고 생각한다.

인형 컬렉션을 던져버리고 이러한 삶의 방식에 마침표를 찍는다? 대답에 앞서 유는 잠시 생각에 잠긴다. "저도 그걸 생각해봤어요. 하지만 그것은 제 일부를 도려내는 것과 같습니다. 제게 인형들은 이제 더 이상 가게에서 산 물건들이 아녜요. 왜냐하면 그것들 속에는 저의 일부가 들어 있기 때문이지요."

그는 결론짓는다. "제가 거기에 대해 과도하게 생각한다면 저는 아마도 저 자신을 파괴하게 될 것입니다. 결국 저는 삶이 오는 그대로 받아들이기로 했습니다."

유의 옆에서는 무릎을 꿇은 게이샤가 언제나처럼 그에게 차를 올리고 있다. 어제와 같은 차를 내일과 같은 눈빛으로. 오타쿠는 늙지 않는다……

인형의 왕국에서

──키트의 상상력

매년 여름 개최되는 인형 수집가들과 모형 애호가들을 위한 여러 행사는 이 현상이 얼마나 광범위한지를 알 수 있게 해준다. 모형 키트 시장은 급격히 성장하고 있다. 이 분야의 전문가들은 1998년 매출액이 1억 5천만 달러에 이를 것으로 추산한다. 허구적 인물을 3차원적으로 재현하는 것이 유행하면서, 모형 제작 회사들은 애호가들(대부분 오타쿠)이 한데 모여 최신 상품들을 접하고 컬렉션을 보완할 수 있는 컨벤션을 개최하거나 지원한다.

가장 유명한 '원더 페스티벌Wonder Festival(1984년에 시작된 이 페스티벌은 매년 두 차례에 걸쳐 3만 명 가량의 방문객을 받는다)'과 '자프콘Jaf – Con(Japan Fantastic Convention. 1992년에 시작)'으로 대표되는 이 컨벤션들은 또한 전문 상점들에게 '한정 상품'을 내놓을 기회를 주는데, 이 상품들은 컨벤션 기간 동안에만 살 수 있다. 이러한 기획이 수집광들을 끌어모으고 오타쿠들을 밖으로 나오게 하는 데 결정적인 기여를 한다는 것은 굳이 말할 필요가 없다.

자프콘은 7월 말 주말 동안 2만 명 가량의 수집광들을 모은다. 호비 저팬Hobby Japan 그룹과 반다이Bandai 그룹에 의해 출범된 자프콘은, 아리아케Ariake에 위치한 도쿄 박람회장 안에 있으며, 매년 코미케Comike[1]가 개최되기도 하는 거대한 격

---

[1] 1년에 두 번 열리는 팬진fanzine 동호인들의 대회로서 입장객은 무려 50만에 달한다.

납고들 가운데 하나에서 열린다. 만화 분야의 저 유명하고 거대한 선배와 마찬가지로, 자프콘은 아마추어 모형 제작자들에게 작품을 전시하고 판매할 기회를 제공한다.

모형 애호가들은 이제 자기들의 정열을 '개라지―키트 garage―kit'라 부른다. 그들은 시중에서 파는 폴리우레탄으로 된 부품을 사다가 자기들의 영감에 따라 조립하고 닦고 색칠한다. 로봇과 인형의 수많은 부분들을 조립하는 세밀한 작업은 매순간 엄청난 주의를 요구한다.

오타쿠들이 신제품의 동향을 감지하고자 자기들의 방에서 나와 모여드는 자프콘과 그 밖의 다른 컨벤션들에서 무엇보다 두드러지는 것은 획일성이다.

거기에서 평균 연령은 18세와 25세 사이에 위치한다. 비록 30대의 베테랑들이 적지 않지만 말이다. 몇몇 예외를 제외한 모든 방문객들은 비슷한 청바지에 비슷한 셔츠를 입고 있고, 새로이 확보한 보물들을 쑤셔넣는 커다랗고 검은 비슷한 색 sack을 메고 있다. 그리고 같은 쇠테 안경, 같은 방만한 머리, 얼굴 위의 같은 여드름, 운동 부족에서 온 비만.

오타쿠들은 자기들이 '지저분한 얼굴'의 대명사가 되어 다른 젊은이들에게 부끄러운 존재가 되는 것에 대해 분개한다. 하지만 외모를 개선하기 위해 자기들이 아무 노력도 하지 않는다는 점을 그들은 인정해야 할 것이다.

그러나 사실 이보다 더 당연한 것은 없다. 그들에게 있어 옷에 투자하는 돈은 곧 그만큼의 낭비, 구체적으로 말해 그들의 방에 들어오는 대신 가판대에 남을 그만큼의 만화, 그만큼의 비디오카세트, 그리고 자프콘에서 쳐다보기만 하고 사지는 못할 그만큼의 모형을 의미한다. 이러한 딜레마 앞에서 오타쿠들은 오래 주저하지 않는다. 언제나처럼 색 바랜 청바지와 면 셔

츠만 입어야 한다면 유감이지만 괜찮다. 어차피 누군가를 유혹
하는 것을 포기한 지 오래다. 그리고 그것이 그들을 진부한 상
투어의 희생물이 되게 한다 해도 어쩔 수 없다.

수백 평방미터에 달하는 거대한 홀을 메운 진열대들 위에는
TV 연속극에서 금방 나온 듯한 로봇, 전차와 비행기, 우주선들
이 줄을 잇고 있다. 많건 적건 몸을 노출한 여주인공들의 코너
는 물론 가장 인기 있는 코너들 가운데 하나이다. 모든 장르가
출품되어 있는 덕분에, 이 전시는 한 세대의 상상 세계 속으로
들어가 유년기 동안 그들을 꿈꾸게 했던 미니 시리즈 주인공들
을 발견하기에 더할 나위 없이 좋은 축소판이다.

내가 처음으로 한 개라지—키트 컨벤션을 방문했을 때, 나는
젊은이들이 만든 상상의 로봇들이 보여주는 복잡하고도 절묘
한 기술에 크게 놀랐다. 일본 기업들의 뛰어난 기술은 혹시 젊
은이들이 기계와 맺는 자유분방한 온갖 관계들에 그 연원을 두
고 있지 않을까?

사실 생각해보면 어린이들을 위한 수많은 만화 영화들에는
경이로운 괴물들처럼 무한히 변조할 수 있는 기계와 교통 수단
들이 나온다. 평범해 보이는 오토바이가 순식간에 우주선이 되
는가 하면, 무적의 로봇이 웅웅대는 헬리콥터로 변모한다.

이쯤에 오면, 나는 "얼간이 같은 일본 만화"의 만성적인 적
들이, "우리 귀한 금발 어린이들의 머릿속을 기괴한 환상으로
가득 채우는 '변화무쌍한' 만화 영화들의 어리석음"에 대해 그
들의 판에 박힌 비판을 되풀이하는 것을 듣는 것 같다. 불순한
피여, 우리의 밭이랑을 적셔라![2]

---

2 이 문장은 "(적의) 불순한 피가 우리의 밭이랑을 적시도록 전진하자! 전진하자!"로
그 1절이 끝나는 프랑스 국가 「라 마르세예즈」를 아이러니컬하게 패러디하고 있다
(옮긴이 주).

그러나 도대체 뭐가 문제란 말인가? 동화 속에서 호박은 마차로 변하고, 이 점에 대해서는, 신데렐라의 불행이 끝나는 것을 듣기 위해 졸음과 싸우는 아이에게 이야기를 해주는 그 어떤 부모도 이의를 달지 않는다.

정신을 마비시키는 일종의 성스러움을 떨쳐버리고 무한한 상상력의 마술만을 간직하는 기술은 일본의 어린이들로 하여금 일찍부터 기계적인 것의 가짜 난해함에 대한 콤플렉스에서 벗어나게 해주는가? 객관적 사물의 논리, 움직이지 않는 대상의 논리가 어릴 때부터 미래의 엔지니어의 머리에서 일소되었기에 그는 나중에 데카르트적 정신을 소유한 서구의 과학자들 눈에 거의 초현실주의적으로 보이는 기계들을 아무런 문제 없이 고안할 수 있는가?

사람들은 종종, 원래 골프와 클래식 음악을 화해시키기 위해 태어난 잡종 기계인 워크맨의 발명에 대해 이야기한다. 이번에는 우리와 좀더 가까운 예를 들어보자. 독일에서 발명된 팩스는 서구에서 이제 더 이상 쓸모 없는 것으로 판정된 바 있다. 왜냐하면 텔렉스가 그 역할을 완벽하게 대신하는 듯했기 때문이다. 그러나 이 불쌍한 팩스의 잠재력을 알아본 것은 일본의 엔지니어들이었고, 덕분에 팩스는 이제 빼놓을 수 없는 생활 필수품으로 커피 머신 옆에 확고한 자리를 찾았다.

개라지—키트의 테마들은 물론 유행과 밀접하게 맞물려 있다. 울트라맨이나 고질라 같은 인물들이 언제나 잘 팔리는 것이라면, 「쥐라기 공원 Jurassic Park」의 선사 시대 괴물들이나 미니 시리즈 「세일러 문 Sailor Moon」의 여주인공들은 시황에 따라 판매가 변한다.

상상력과 연결된 기술은 가끔 걸작들을 낳는다. 그 예로서 나는 고질라를 들겠는데, 고무로 진짜처럼 만든 그것은 적외선 모

니터로 완벽하게 조종될
수 있다.

오타쿠들이 좋아하는
것으로 장르를 바꾸어
합성 수지로 만들어진
여주인공들을 잠깐 살펴
보자. 이들을 수식하기
에 가장 알맞은 표현은
아마도 '변태적 순진함'
이리라. 대부분의 인형
들은 섹시하면서도 깜
짝 놀란 자세로 무언가
를 질문하는 듯 커다란
눈을 크게 벌리고 있다.

만화 영화 「세일러 문」의 인형 콜렉션

마치, 짧은 속옷만 걸치고 있다가 대담한 시선에 들키기라도 한
것처럼. 개라지—키트를 생산하는 기업들은 손님들을 잘 안다.

각각 비너스 · 주피터 · 머큐리 · 마르스 · 문이라는 이름으로
불리며 고등학교 교복을 입은 「세일러 문」의 다섯 여주인공들
은 애호가들의 눈길에서 벗어날 수가 없다. 노출이 심한 짧은
옷을 걸친 여고생 가와이 이쿠코 Kawai Ikuko(그녀의 성[姓]인
'가와이'는 '귀여운'이란 뜻을 갖고 있다)와, 자신의 마스코트인
표범 무늬 비키니를 입은 장난꾸러기 라무 Ramu도 마찬가지로
인기가 좋다. 성적 환상을 노골적으로 표현하는 것을 장르가
허락하는 만큼, 포탄처럼 뾰족한 유방에 치마가 허리까지 찢어
진 인형들은 열광적인 호응을 얻는다.

젊은이들 사이에서, 특히 오타쿠들 사이에서 개라지—키트
가 이토록 큰 성공을 거둔다면, 그것은 그들이 합성 수지로 된

인물에 자기들의 몫을 덧붙일 수 있기 때문이기도 하다. 조립 부품이 몇천 개씩이나 팔린대도 상관없다. 각자 자기 솜씨에 따라, 그리고 얼마나 정성스레 문지르고 칠하느냐에 따라 다른 인물을 얻는다.

여기서 우리가 상기해야 할 것은 오타쿠를 단순한 마니아나 수집가로부터 구별하는 것이 무엇인가 하는 것이다. 오타쿠는 상품으로 만족하지 않는다. 그는 상품을 초월하고, 변형시키고, 적응시킴으로써 그것을 충분히 자기 것으로 만든다. 그가 자기는 시스템에 기만당하는 대신 그것을 이용하고, 개선하고, 나아가 창조적인 작품으로 만든다고 말할 수 있게 해주는 것은 바로 시중에서 판매되는 상품에 그가 부여하는 이 새로운 탄생이다. 그러나 인정해야 할 것은 많은 오타쿠들에게 이것은 현실로서보다는 경건한 바람으로 남아 있다는 사실이다.

사탄, 천사 그리고 아이 같은 여인

개라지-키트는 세심함과 인내를 요구하지만 그 결과는 깜짝 놀랄 만큼 멋진 것일 수 있다. 전시된 대부분의 모델들이 잘 알려진 연속극의 주인공이나 교통 수단들로부터 영감을 얻고 있다면, 어떤 이들은 자기들의 걸작을 남들에게 보이기 위해 자프콘에 참가하기도 하는데, 독창적인 몇몇 작품들은 현대 문화 박물관이나 정신 병원 대합실에 진열되기에 조금도 손색이 없을 정도이다.

팬터지 소설들에서 양분을 끌어올리는 상상 세계가 낳은 몽환적 작품인 개라지-키트는 그 창조자로 하여금 자기의 환상과 두려움을 3차원으로 표현하게 해준다.

「사이렌의 춤」이라 이름 붙여진 엔쿠 아키히로Enku Akihiro의 멋진 작품이 그 좋은 예이다. 높이 64센티미터의 이 작품은 2년 동안의 작업을 요구했다. 그것의 모델은 만화의 대가 나가이 고Nagai Go의 대표작 가운데 하나인 「데빌맨Devilman」[1]에서 왔다. 유럽에서 아주 큰 성공을 거둔 「로봇 골도락Goldorak」의 아버지인 나가이는 다른 한편으로 성인들을 위해 숱한 작품을 쓰기도 했다. 많은 팬들이 그의 작품에서 특히 좋아하는 것은 인간의 가슴속 가장 깊은 데 자리잡고 있는 충동들, 이를테면 삶·폭력·사랑·죽음과 같은 것들의 빼어난 우화적 연출인바,

---

1 한국에서는 「그랜다이저」로 소개되어 인기를 끌었다(옮긴이 주).

날카롭고도 절제된 유머가 이 모든 것에 맛을 더한다.

「사이렌의 춤」을 통해 엔쿠는 나가이의 세계를 멋지게 뛰어넘어 하나의 독창적인 작품을 만들었다. 나는 그것을 묘사하는 기쁨을 억누를 수가 없다.

투명하고 감동적인 나체의 우화적 여인들이 우툴두툴 혹이 난 뿌리들을 땅속에 박고 있는 어둡고 불안한 나무 등걸로부터 도망쳐나온다. 나무 등걸은 사방으로 복잡하게 뻗은 껍질로써 호리는 듯한 시선에 사마귀 같은 얼굴을 한 우주 괴물의 형상을 띤다. 꽃부리 모양의 섬세한 입술을 가졌으며 세로로 찢어진 괴물의 입은 여자의 성기이다.

이 죽은 나무 등걸 안으로 젖가슴이 오만하게 곤두선 네 여인의 상체가 보이는데, 그들의 빨강색·흰색·파랑색·은색 머리칼들은 서로 뒤섞이며 엉켜 있다. 한 나무 등걸에서 난 그들은 몸이 붙은 쌍둥이들처럼 서로 등을 붙이고 있다. 여인들은 서로 다른 표정을 짓고 있다. 고통스러워하는가 하면 사랑에 빠져 있고, 아파하는가 하면 육감적이다.

나무 등걸의 꼭대기에서 채 피지 않은 연꽃이 태어나고 있는데, 이는 석가상의 연꽃을 연상시킨다.

아직 우리는 작품의 3분의 2밖에 이야기하지 않았다.

연꽃의 한가운데에 '사탄'이 서 있다. 아니다. 너무 성급히 결론짓지 말도록 하자. 갈라진 발굽의 붉은 악마를 상상하지 말기 바란다. 선악 이원론은 여기서 통용되지 않는다.

엔쿠의 사탄은 벌거벗은 금발의 천사이다. 그의 등에는 햇살 같은 네 쌍의 장엄한 날개가 돋아 있고, 이 날개들은 그의 몸을 감싸 보호한다. 그의 이마에는 사탄의 뿔이 돋은 대신 또 다른 한 쌍의 작은 날개가 왕관처럼 펼쳐져 있다. 섬세하고 여성스런 그의 얼굴은 평온하다.

그는 자기 가슴에 기대어 몸을 쪼그린 채 마치 태아처럼 평화로이 잠자는 '아이 같은 여인femme-enfant'을 다정하게 안고 있다. 짙푸른 하늘빛의 날개가 그녀의 벌거벗은 육체의 창백함을 두드러지게 한다. 그녀의 얼굴은 세운 무릎 위에 얹혀 있고, 동그란 젖가슴은 허벅지에 부드럽게 눌리고 있다. 아이 같은 여인의 얼굴엔 기쁨도 고통도 없고 그저 평화로운 무(無)의 표정이 있을 뿐이다. 그러나 그녀의 이마에선 벌써 두 개의 작은 파란색 뿔이 돋고 있다. 천진무구해 보이는 이 연약한 피조물이 천사가 아니었단 말인가?

엔쿠 아키히로의 작품, 「사이렌의 춤」

「사이렌의 춤」에서 배어나오는 이 양면성은 오타쿠들의 자기 동일성 추구를 상징하지 않겠는가?

탄생 혹은 죽음? 아름다움 혹은 추함? 환상 혹은 악몽? 관능 혹은 공포?

사탄·천사·아이 가운데 누가 선이고 누가 악인가? 이 선이니 악이니 하는 말들은 우리가 일반적으로 그것들에 부여하는 의미를 갖고 있는가? 천진한 얼굴로 잠든 미인은 마성(魔性)을 품고 있지 않은가?

"내 여자 친구는 너를 서게 하지 않니?"

바비 쓰유키[1]는 자칭 '바비 인형 연구가'이다.

오타쿠 세계에서는 아무도 이 칭호를 위해 그와 겨루려 하지 않는다. 쓰유키는 그만한 자격을 갖추었다고 하겠다. 그는 『바비의 육감적인 사진들』이란 팬진을 자비로 간행하고 있으며, 이 팬진은 코미케에서 큰 성공을 거둔 바 있다.

처음부터 끝까지 쓰유키에 의해 편집된 이 팬진의 내용은 바비 애호가들의 마음을 끌 만했다. 쓰유키는 자기 바비 인형의 성행위를 상상하면서 『카마수트라』에서나 볼 수 있는 체위들로 연출하여 사진을 찍은 뒤 그것을 작은 앨범으로 꾸몄고, 거기에 바비가 주인공으로 등장하는 단편 만화를 덧붙였다.

쓰유키의 팬진은 상대적으로 협소한 코미케의 범위를 넘어 상업 출판계에까지 얼굴을 내밀었고, 일본에서의 바비 독점 이용권을 보유한 다카라Takara사(社)는 쓰유키를 상대로 소송을 제기하기에까지 이르렀다. 그러나 이 모든 것은 이제 옛날이야기가 되었다.

자기의 바비 인형에게 쓰유키는 '제니Jenny'라는 새 이름을 주었다.

"귀엽지 않아요? 그녀가 왜 제 맘에 드는지 딱 부러지게 말하기 힘들군요. 당신을 끄는 여자에 대해 당신이 느끼는 바를

---

1 바비 쓰유키의 말들은 1990년 JICC출판사에 의해 일어로 출간된 『오타쿠들의 책 *Le Livre des otaku*』에서 발췌한 것이다.

말로 표현하기란 쉬운 일이 아니지요. 저도 마찬가지예요. 무슨 말을 해야 할지 모르겠어요. 제가 제니에게 야한 포즈를 취하게 한 뒤 사진을 찍어 팬진에 발표할 때, 저는 그녀를 친구들에게 자랑하는 것 같은 느낌이 듭니다. '내 여자 친구 멋있지, 응? 너를 서게 하지 않니?' 제가 제니의 사진을 발표하는 것은 바로 이렇게 자랑하기 위해서입니다."

영화 배우 마릴린 먼로를 소재로 한 바비 인형

쓰유키가 제니에게 반한 것은 그가 고등학교에 다닐 때였다. "저는 첫눈에 반했어요." 그때까지 그는 만화와 만화 영화를 좋아했다. 그러나 제니에게 느끼는 감정은 차원이 다른 것이었다. "그녀의 경우, 저는 만질 수 있고, 움직이게 할 수 있으며, 또 걷게 할 수도 있습니다. 저는 그녀에 대해 사랑을 느껴요. 물론 이것은 짝사랑이지요. 언젠가 제가 싫증을 느끼게 된다면 우리의 사랑은 거기서 끝나겠지요. 하지만 저는 싫증이 나지 않습니다. 오히려 그 반대예요. 시간이 흐르면 흐를수록 저는 더욱더 그녀를 사랑합니다."

서른이 넘어서까지 인형을 가지고 놀다 보니 쓰유키는 여성화되었을 것이라고 생각하지 말라. 가죽옷을 입고 오토바이를 타고 다니는 그는 차라리 영화 「이지 라이더 Easy Rider」의 엑스트라처럼 보인다.

아주 어릴 때부터 쓰유키는 언제건 죽을 준비가 되어 있다고 생각해왔다. 초등학생일 때 그는, 적의 전함을 침몰시키기 위해 자기의 생명을 희생하는 2차 세계 대전 당시의 전투기 조종사들 같은 가미카제가 되길 꿈꾸었다. 내일을 전혀 확신할 수 없는 가미카제에 그가 이끌린 것은 역사책과 비행기 모형들을 통해서였다.

중학생이 되어 70년대의 일본에는 더 이상 가미카제가 존재하지 않는다는 사실을 알았을 때, 그는 자기의 꿈이 산산조각 나는 것을 느꼈다.

그의 삶이 별안간 의미를 잃어버린 것 같았다. 그는 이제 자기가 이 땅에서 아무 소용에도 닿지 않는 존재라고 느꼈다. "모범생이었던 저는 싸우기 좋아하는 불량 학생이 되었습니다. 그러나 다행히도 몇 달 뒤 백화점 장난감 코너에서 제니를 만났지요."

제니와 사랑에 빠진 이후로 그는 삶의 의미를 되찾았고, 죽음에의 취미를 잃었다.

충실한 쓰유키는 오로지 한 인형의 남자이다. 그의 가슴속에는 제니의 라이벌이 없다. 그러나 모든 인형은 죽을 수밖에 없기에 쓰유키는 똑같은 세 개의 인형을 예비해놓았고, 이들은 처음의 제니가 세월에 지쳤을 때 그녀를 대신할 것이다.

"우리가 만난 지 곧 10년이 됩니다. 사실 이 기간 동안 우리의 관계는 많이 발전했어요. 처음에 저는 그녀가 그저 귀엽다고 생각했습니다. 그러나 이제는 우리가 한 가족을 이루고 있다는 생각이 듭니다. 저는 그녀에 대해 책임을 느껴요.

만약 제가 죽는다면 그녀는 어찌 될까요? 그녀에겐 저밖에 없어요. 다른 모든 이들에게 그녀는 단지 인형에 불과합니다. 제 방을 정리하면서 그녀를 쓰레기통에 던져버리겠지요." 제니가 이런 불행한 최후를 맞지 않도록 하기 위해, 그는 며칠 동안 집을 비워야 할 때마다 그녀를 친구에게 맡긴다.

쓰유키는 제니와의 관계에서 안정된 가정에 대한 무의식적인 열망을 본다. "제가 제니와 사는 것은 현실의 여자와는 그런 관계가 불가능하기 때문이 아닙니다. 어릴 때, 저는 여자 아이들한테 인기가 좋았어요. 저는 애인이 있었고, 같이 자기도 했어요. 그러나 사람과 함께 있을 때는 항상 상대방의 감정을 고려해야 해요. 그것은 피곤한 일이고, 그러느니 짝사랑이 한결 낫지요."

장난감 코너의 여고생

바비 인형이 안고 있는 문제는 비록 그것에 제니라는 새 이름을 붙였다 해도 어쨌거나 그것은 상점에서 파는 인형에 불과하다는 사실이다. 오로지 쓰유키의 넘치는 상상력만이 그것에 영혼과 역사를 부여하고, 또 그것을 일상의 정경 속에 편입시킬 수 있다.

공상 과학 만화의 여주인공을 재현하는 개라지─키트 인형만 해도 벌써 한결 낫다. 여러 부품을 조립하기 위해 인형의 몸통을 어루만지며 오랜 시간을 보내다 보면 인형 애호가는 일종의 자기화 감정을 갖게 되고 나아가 인형이 완성되었을 때에는 인형과 같은 과거를 공유한다는 느낌마저 경험할 수 있기 때문이다. 유가 그의 게이샤에 대해 그러했듯, 모델을 부분적으로 변형시키고, 새로운 요소를 추가하고, 또 자기의 취향에 맞는 색을 칠하는 것은 애착심을 더하여 인형의 자기화를 한결 용이하게 한다.

그럼에도 그것은 상상 세계에서 온 허구적 인물일 뿐이다. 인형의 자기화는 만화 영화 속에서 태어난 여주인공을 모형 제작자─조물주가 얼마나 강한 신념을 갖고 자기의 여자 친구로 만드느냐에 달려 있다. 그러나 이는 설득력 있는 해결책이 아니다. 인정할 것은 인정해야 한다.

거기에는 오타쿠가 어떤 식으로건 해결해야 하는 실존적 문제가 개입되는바, 오타쿠는 겉보기와 달리 진정한 관계를 지향한다. 문제는 그가 이 관계를 극도로 이상화한 나머지 현실의 인간 존재와 대면하기를 회피한다는 데 있다.

현실의 인간들을 대신해주는 인형과 아이돌idole들은 오타쿠로 하여금 넘쳐나는 사랑을 표출할 수 있게 해준다. 그는 자기의 감정을 가상적인 관계를 통해 승화하는 것이다.

따라서 인형이 현실의 재현에 충실하면 충실할수록 젊은 오타쿠로서는 자기에게 삶의 의미를 주는 사랑의 감정을 투사하고 경험하는 게 더 용이해진다. 쓰유키가 말하는 것이 바로 그것이다.

사람들은 아이돌을 재현한 개라지—키트 인형에서 해결책을 찾았다고 생각했다. 이 해결책은 사실 많은 이점을 갖고 있었다.

우선 우리는 허구의 영역을 떠나 실제 소녀들의 세계로 들어갔다. 차이는 분명했다.

이어, 그것은 개라지—키트의 세계에 새로운 부류의 오타쿠들, 곧 아이돌 오타쿠들을 끌어들였다. 좋아하는 아이돌의 아주 하찮은 사진마저 놓치지 않는 이 사랑에 빠진 수집광들이 그녀를 3차원적으로 자기화할 수 있는 그 좋은 기회를 그냥 지나칠 리 만무했다.

인형을 생산하는 기업들에게 아이돌 개라지—키트는 거의 기적에 가까운 해결책이었다.

제일 먼저 개라지—키트 인형이 나온 아이돌은 모리타카 치사토Moritaka Chisato였다. 인형은 금방 실제 인물보다 더 큰 인기를 얻었고, '미디어 담당 공식 오타쿠'인 다쿠 하치로Taku Hachiro는 이 인형을 자기의 문장(紋章)embléme으로 삼았다.

다쿠에 대해 한마디. 그는 '오타쿠 평론가'를 자처했다. 살아 있는 희화(戱畵)caricature인 그는, 오타쿠 현상이 막 등장했을 때 선천적으로 남의 이목 끌기를 싫어하는 오타쿠들을 미디어 쪽에 대변하는 '대표 오타쿠'였다. 다쿠의 유명세는, 살인자 오타쿠 미야자키 쓰토무의 검거로부터 시작하여 미디어에 의해 오타쿠 복권 작업이 끝날 때까지 지속되었다.

자기의 역할에 충실한 다쿠는 미디어의 한 도구로서 오타쿠에 관련된 모든 것들을 자기에게 결부시켰고, 거기서 모리타카 치사토 인형이 결정

자신의 개라지―키트 인형을 제일 먼저 선보였던 아이돌 스타 모리타카 치사토

적인 소품 구실을 한 것은 말할 필요조차 없다.

모리타카 치사토 인형의 기대했던 성공에도 불구하고, 아이돌 인형 현상은 결국 일시적인 것에 머물렀는데, 왜냐하면 아이돌 매니지먼트 회사들 가운데 개라지―키트 제작자들에게 자기들이 관리하는 참신한 얼굴을 인형으로 만들어 팔도록 허락해주는 곳이 드물었기 때문이다.

우리는 여기서, 젊은이들이 인형을 가지고 노는 것이 일본 사회에서 어떻게 받아들여지고 있는가를 본다. 아이돌 매니지먼트 회사들이 돈이라면 사족을 못씀에도 불구하고 이 새로운 유행에 부정적 태도를 취했다면 그것은 오타쿠들과 인형들 사이에 있을 수 있는 변태적 관계를 의식했기 때문이다. 일부 오타쿠들의 인형 컬렉션에는 아이돌 개라지―키트가 적잖이 발견된다. 그러나 이것들은 상업화되지 않은 하나밖에 없는 인형들이다.

아이돌 인형이 좋은 아이디어가 아니었던 만큼 이 분야의 전

문 중소기업들은 새로운 돌파구를 찾아야 했다. 최선의 해결책을 찾은 것은 장난감과 모형을 도매 취급하는 한 작은 회사였다. 1993년 5월, 레즈Reds라는 이름의 이 회사는 비키니 차림의 여고생을 6분의 1 크기로 재현한 개라지—키트 2천 개를 시장에 내놓았다.

여고생이 선택된 것은 결코 순수하지 않다. 유년기 소녀들에 대한 끌림이 세상 그 어느 곳보다 강한 곳이 아마 일본이리라. 세일러복을 입은 여고생은 일본 남성들의 성적 환상의 결정(結晶)이다. 그것은 또한 처음으로 성에 눈뜰 무렵 대부분의 고등학교들이 남녀 공학이 아닌 탓에 많은 소년들이 또래의 소녀들에게 말을 붙여볼 기회가 없었기 때문이기도 할 것이다. 교복을 입은 여고생을 감싸는 신비적 후광은, 그토록 갈망하는, 하지만 그토록 멀기만 한 이 반(半)여성들에 대한 소년들의 호기심과 관심을 증폭시킨다. 어쨌거나 세일러복은 항상 막대한 효과를 불러일으키며, 그것을 걸친 여배우들이 나오는 포르노 영화들은 별도의 장르를 구성할 정도이다.

여고생 개라지—키트는 따라서 우연의 산물이 아니었고, 오타쿠들은 이 인형을 좋아할 것이었다.

안녕하세요. 제 이름은 요시다 유에Yoshida Yue예요. 저는 15살입니다.

저는 제가 가고 싶어하던 공립 고등학교에 단번에 합격했습니다.

중학교에 다닐 때 담임 선생님은 제가 이 고등학교 입학 시험을 문제 없이 통과할 거라고 말씀하셨고, 저는 별걱정 없이 시험을 치렀지요.

현재 저는 일주일에 두 번씩 입시 학원에 가서 대학 입시를 준비해요.

그러나 가끔 저는 학원 수업을 빼먹고 친구 집에 가서 놀기도 합니다. 그래도 저는 학교에 결석하거나 지각한 적이 단 한 번도 없어요. 그러니까 가끔 숨을 돌리는 것도 괜찮지 않겠어요?

제가 그렇게 작은 비키니를 입은 것은 물론 처음이에요. 처음엔 사실 그걸 입기가 뭣했어요. 특히 엉덩이 사이의 느낌이 좀 이상했지요. 그러나 습관이 들면서 부끄러움도 줄어들었답니다.

만약 아버지나 담임 선생님이 비키니를 입은 저를 본다면 아마 기절하실 거예요.

하지만 저는 포기하지 않을 거예요. 전 공부말고도 하고 싶은 게 얼마나 많은지 몰라요!

개라지-키트 상자에는 비키니를 걸친 순진한 여고생 유에의 사진말고도 평소의 그녀를 보여주는 5장의 사진이 있고, 뚜껑에 씌어진 글귀가 상황을 요약한다. "저는 이런 차림으로 아빠 앞에 설 수 없을 거예요."

당신이 직접 판단해보라.

짧은 머리에 육감적인 큰 입을 지닌 유에는 먼저 교복을 입고 나타난다. 가방을 들고 발목까지만 오는 짧은 흰색 양말을 신었으며, 허벅지를 반쯤 드러낸 감청색 치마 위에 작은 흰색 블라우스를 입고 세일러 칼라 둘레로 감청색 목도리를 둘렀다. 모든 여고생들에게 공통된 복장. 일본에서는 이를 세일러복이라 부른다.

측면에서 찍은 다음 사진에서 유에는 대형 여객선 위에 다리를 쭉 뻗고 누웠는데, 벌써 풍만한 젖가슴이 솟아오르기 시작하는 부분을 드러내는 한편 엉덩이 윗부분까지 올라간 원피스

수영복이 몹시 도발적이다.

세번째 사진은 빨간색 인조 가죽으로 된 미니 비키니를 입은 유에를 정면에서 보여주고 있는데, 비키니는 젖꼭지와 음부를 겨우 가릴까말까 할 정도이다.

네번째 사진은 뒤에서 찍은 것인데, 유에가 걸친 것이라곤 엉덩이 사이의 스트링뿐이다.

다섯번째 사진에서 유에는 가벼운 여름 차림, 즉 진 핫팬츠에 어깨끈 없는 분홍색 브래지어를 걸친 채 다리를 꼬고 앉아 있다.

각각의 사진이 보여주는 미소는 귀엽고, 매혹적이고, 자연스럽고, 건강한 소녀의 미소이다. 유에는 수많은 여고생들의 전형이라 할 수 있다.

수영복 차림의 여고생 모델과 그녀의 인형

그러나 개라지—키트 상자에 유에의 필체 그대로 인쇄된 몇 줄의 텍스트를 번역해야만 비로소 그림이 완성될 것이다. 이 텍스트를 통해 유에는 가장 중요한 질문들에 응답하고 있다.

요시다 유에

도쿄 고등학교 2학년.

3월 22일생. 별자리는 흰염소자리.

혈액형: A형.

몸매: 키 162센티, 가슴 88센티, 허리 58센티, 엉덩이 86센티.

내가 좋아하는 남성 유형: 친절하고 이기적이지 않은 남자.

성격: 아마도 나는 약간 지나치게 조용하다.

취미: 요리말고 이렇다 할 취미 없음.

좋아하는 색깔: 빨간색.

장래의 꿈: 나는 사업가가 되고 싶다.

내 인형에 대한 소감: 보기와 달리 나는 그리 대담하지 못하다.

여기에 집약되어 있는 온갖 정보들 덕분에 유에는 수많은 외로운 영혼들의 가상적인, 그래도 어쨌거나 만질 수 있는 여자 친구가 된다.

그러나 상자 안으로 들어가면 귀여운 유에는 덜 이쁜 모양을 하고 있다. 매혹적인 미소의 여고생은 8개의 석고색 플라스틱 조각일 뿐이다. 유에는 아직 채 가상적이지 않다. 입술도 손바닥만한 비키니도 아직 빨간색이 아니다. 머리 하나, 몸통 하나, 두 다리, 두 팔, 두 발. 조각들을 모아 붙이든가 아니면 그녀가 전기톱에 희생되었다고 생각해야 할 지경이다.

다행히 조립 설명서에 반라의 여고생을 보여주는 3장의 새로운 사진이 첨부되어 있다. 정말이지 그녀에겐 빨간색이 아주 잘 어울린다.

이제 유에의 몸 조각들을 자르고, 갈고, 맞추고, 붙이고, 닦고, 칠하고, 화장하여, 그녀를 탄생시켜야 한다.

작업이 진행되는 동안 미래의 남자 친구는 어린 유에의 통통한 몸 위로 섬세하게 손가락을 놀리면서 개라지―키트 상자 위에 묘사된 그녀의 인성(人性)에 흠뻑 젖어들 수 있을 것이다.

바비! 유감스럽지만 너는 결코 유에의 적수가 못 돼!

유에 또는 다른 여고생. 왜냐하면 빨간색 미니 비키니를 입은 유에의 성공에 고무된 레즈사가 미니 비키니 차림의 또 다른 여고생 인형들을 시장에 내놓았기 때문이다. 1년 만에 레즈 사는 약 2만 개의 인형을 팔았는데, 고객의 특수성을 감안할 때 놀라운 실적이 아닐 수 없다.

현재 이 여고생 인형은 두 달에 한 개꼴로 나온다. 앞서 만든 여고생들의 접착제와 페인트가 채 마를 틈이 없을 정도이다.

부끄럼 모르는 여고생들이 전문 상점 장난감 코너에서 단돈 50달러(레즈사가 제작한 개라지—키트의 가격)에 팔리고 있다. 이번에는 여고생 교복을 입은 유에의 두번째 인형이 1994년 봄에 출시되었다.

머지않아 오타쿠들은 교장(校長)이 된 스스로를 상상할 수 있으리라. 새로운 성적 환상이 예상된다.

변태 사진 작가는 자기 패를 잘도 감추었다

나는 인조 가죽 비키니 차림의 유에를 촬영한 사진 작가를 만났다. 여고생은 그의 전문 분야이다. 10년 동안 도시아키 소노다Toshiaki Sonoda는 4천 명이 넘는 여고생을 사진에 담았고, 이런 사실은 사진계에서 그에게 어떤 정통성 같은 것을 준다.

사진 작가로서 소노다는 여고생을 선택했는데, 왜냐하면 그는 여고생들이 발산하는 자연스러운 여성성을 사진에 담고 싶어하기 때문이다. 그는 그들을 가상 세계 속에 연출하기를 거부함으로써 이 자연스러움에의 추구를 확인시키기도 한다.

"그들은 알려지지 않은 평범한 소녀들입니다. 따라서 저는 그들을 아이돌들처럼 촬영하길 원치 않습니다. 하물며 포르노 비디오 배우들처럼 촬영하는 것은 더더욱 원치 않지요. 그들은 본래의 자연스러움을 간직하고 있어야 하고, 저는 일상 속의 그들을 있는 그대로 사진 찍습니다. 하여 저는 그들에게 화장하지 말 것을, 머리는 평소대로 할 것을, 그리고 평소에 입는 것 같은 옷을 입도록 요구합니다. 그러나 만약 결과가 일상에서 흔히 볼 수 있는 자연스런 소녀의 현실에서 멀어져 하나의 허구가 된다면 그것은 사진이 부과하는 제약 때문입니다." 내가 혹시 빨간색 인조 가죽 비키니가 유에의 평소 옷차림에 포함되느냐고 묻지나 않을까 염려하는 듯 소노다가 선수를 친다.

소노다의 여고생들은 일본에서 크게 유명해졌고, 이 사진 작가(예술가 10퍼센트, 사업가 90퍼센트)는 온갖 종류의 파생 상품을 만들어냈다. 사진 앨범은 물론, 우리가 이미 알고 있는 개라지—키트 인형 이외에 시디롬까지 만들었다.

소노다는 10만 부 가량의 사진 앨범을 팔았는데, 고객의 대부분은 오타쿠들이다. 지금까지 모두 8권의 앨범이 발간되었다. 그는 또 비키니 차림 사진 촬영 장면을 담은 비디오카세트도 출시했다. 이 비디오카세트는 비키니 차림의 여고생뿐만 아니라 그녀의 일상적인 모습들, 예컨대 거품 속에서 목욕하는 장면이라든가 학교에서의 모습이라든가 친구들과 어울리는 광경을 보여준다. 비디오의 마지막 부분에 가서 여고생은 사진 작가의 질문에 대답한다.

이는 인형을 구입한 사람들에게 커다란 선물이 아닐 수 없다. 그들은 자기들의 가상적 애인이 움직이고 말하는 것을 보고 들을 수 있을 뿐만 아니라 자기들 성적 환상의 대상을 이루는 소녀의 일상 속에 스스로를 투사할 수 있는 것이다.

비싼 가격에도 불구하고(개당 100달러), 소노다는 통신 판매를 통해 각 비디오마다 약 천 개씩이나 판다.

소노다는 또한 자기 여고생들을 디스켓에 담아 팔기도 한다. 가상 애인은 스크린 세이버로 대기하고 있다가 컴퓨터가 5분 이상 작동하지 않으면 화면 위에 나타난다. 하지만 이것은 더할 나위 없이 비생산적이라고 할 텐데, 왜냐하면 꿈의 여고생이 화면에 나타나는 것을 보고픈 마음에 컴퓨터를 계속해서 비작동 상태로 유지하려 할 것이기 때문이다.

마지막으로 여고생들의 사진으로 꽉찬 시디롬들이 있다. 이 시디롬들은 온갖 약속으로 충만한 멀티미디어 숭배를 위해 매킨토시 컴퓨터를 구입한 수많은 사람들을 겨냥한 것이다. 모니터를 통한 인간과 컴퓨터의 대화interactivité 덕분에 새로운 차원이 열린다. 다시 말해서 자기가 고른 여고생과 소통할 수

있는 것이다. 사실 시디롬에 들어 있는 그녀로 하여금 미리 설
정된 질문에 '라이브'로 대답하게 하고, 또 마우스로 화면을
클릭하여 그녀를 옷 벗기는 것만큼 간단한 것도 없다. 가능성
은 무한하다. 소노다는 기회를 놓치지 않았다. 그는 미니 비키
니 차림 여고생들의 사진과 비디오카세트를 인기 시디롬으로
전환시켰다.

"우리는 현재 컴퓨터가 더 이상 기계가 아닌 시대에 들어서
고 있습니다. 그것은 일상 생활에 어찌나 밀접하게 연관되어
있는지 이제는 자기 고유의 개성을 갖게 되었습니다. 많은 사
람들에게 컴퓨터 화면 앞에 앉아 있는 시간이 다른 사람들과
더불어 있는 시간보다 더 많지 않습니까? 제가 만든 프로그램
을 컴퓨터에 입력해놓으면 컴퓨터를 켜는 순간 유에의 얼굴이
화면에 나타나 '안녕! 잘 지내니?' 하며 인사하고, 컴퓨터를 끌
때는 유에가 다시 나타나 '나는 너를 그리워할 거야' 혹은 '빨
리 돌아와야 해!'라고 말합니다. 컴퓨터는 유에의 화신이 되지
요. 아니 그것은 이제 더 이상 일련 번호가 붙은 기계가 아니라
유에가 됩니다." 소노다가 거창하게 이론화한다.

여고생들을 이용한 멀티미디어 부문에서의 자기의 성공을
이처럼 상세히 이야기하는 소노다의 말에 귀를 기울이면서 나
는 한순간 그가 시장을 냉혹하게 이용한다고 느꼈다. 그러나
여고생 사진들의 수익성 높은 상업화는 그로 하여금 그의 감
추어진 정열에 투자할 수 있게 해주는바, 이 정열은 바로 자연
보호이다.

소노다의 또 다른 면모를 알게 되면서 나는 그에 대해 호감
을 갖게 되었다. 문득 내가 도쿄를 이리저리 걸어다니다 우연
히 만난 한 일본인이 떠올랐다.

그는 도기를 만드는 사람으로 내가 보기에 재능이 없지 않았

으나 연명하기 위해 오래되어 퇴색하고 먼지 낀 야한 달력과 비디오들을 파는 수밖에 다른 방도를 찾지 못하고 있었는데, 이 달력과 비디오들은 아사쿠사Asakusa의 오래된 관광 구역 가두리 한 골목에 그가 벌써 수십 년 전에 차린 작은 목조 가게의 진열장을 가득 메우고 있었다.

내가 그의 삶의 이유가 위치한 장소에 들어간 것은 산처럼 쌓인 벗은 여자들 사이를 지나서였다. 도기 제작실은 그의 자부심의 전부였다. 거기서 그는 내게 차를 권하면서 그의 삶을 이야기하고 또 그의 작품들을 보여주었다. 나는, 자기 예술을 저질 포르노에 희생시킬 수밖에 없었던 그 노인, 음란하지만 돈이 되는 벗은 육체들의 진열에 의해 명예가 실추된 듯 보이는 그 노인의 쓸쓸함을 결코 잊을 수 없다.

내가 소노다에게서 느낀 쓸쓸함은 노인의 것에서 그다지 멀지 않다. 소녀들의 야한 사진으로 유명한 이 사진 작가는, 현재의 자본주의 체제 속에서 반라의 여고생 사진들을 상업화하고 판매하는 것이 사람들에게 환경 위기를 알리도록 미디어를 촉구하는 것보다 훨씬 쉽다는 것을 인정한다.

소노다는 소비 사회가 양산한 오타쿠들에게 흥분을 제공하기 위해 사용하는 것과 동일한 무기로써 소비 사회를 비판하는 환경 비디오를 직접 제작하여 배포한다. 이 무슨 반어ironie적 태도란 말인가!

"미디어는 그들의 막강한 스폰서를 언짢게 할 자료를 절대로 방영하지 않을 것입니다. 그들은 포르노에 대한 공식 검열보다 훨씬 더 철저한 자기 검열을 수행합니다. 포르노의 경우 공식 검열이 있다 해도 사람들은 금지를 어기면서 여전히 돈을 벌지요. 다행히 통신 기술의 발달 덕분에 이제는 독립 통신망을 통해 검열되지 않은 정보를 배포할 수 있습니다. 종내에는 멀티미디어가 스스로의 고상함에 값할 수 있길 저는 바랍니다."

나는 나의 대화 상대자를 다른 눈으로 바라보기 시작했다. 정말이지 이 나라에서는 단순한 게 아무것도 없다. 겉모양은 자주 실제와 다르게 나타난다. 그러나, 이제 갓 피어나는 소녀들을 주위에 만연한 관음증voyeurisme으로부터 보호하는 대신에 나무들을 보호하는 게 진정 환경을 보호하는 것인가?

그 나름대로 중요한 이 여담일랑 이쯤에서 접고 여고생들에 대한 대화로 되돌아가보자.

"제 생각에, 일본 남성들이 여고생들에게 끌리는 이유는 이들이 진정한 감정을 상징하기 때문입니다. 다시 말해, 정직한 영혼에의 추구로부터 어린 육체에 대한 끌림이 온다 하겠습니다.

어른이 되었을 때 그들은 다른 모든 일본인들처럼 사회 규약의 틀 안으로 들어가면서 그들이 원래 갖고 있던 온전한 성격을 잃어버리게 될 것입니다. 주위가 부과하는 제약을 겪으며 그들은 순응주의에 빠져 그들의 매력을 잃을 것입니다.

표준화된 일상의 레일에 얹혀 살아가는 어른들은 그러나 유소년 시절의 자유에 대한 향수를 간직하고 있고, 바로 이것 때문에 그들은 여고생들에게 끌립니다. 하지만, 활짝 피어나는 신선한 육체에 대한 성적인 끌림 또한 무시할 수 없는 요소라는 점을 저는 인정합니다."

소노다는 모델 경험이 없는 여고생들만 뽑는다. 선발 기준은 몸매와 ─ "미디어 시스템 때문에 이렇게 할 수밖에 없어요"라고 말하면서, 그는 예쁜 소녀들만 뽑는 것을 변명한다 ─ 카메라 앞에서의 자연스러움이다.

"직업 모델이나 아이돌들은 절대로 찍지 않을 것입니다. 그들은 더 이상 소녀들이 아니라 상품일 뿐이에요. 그들에게는 조금의 자연스러움도 없고, 그들의 눈엔 조금의 순수함도 없어요."

그의 설명에 따르면, 그의 사진 앨범을 사는 젊은이들은 자기 진정성을 찾는 사람들이다. 그들은 자기들과 비슷한 삶을 사는 정상적인 소녀들에 대해 꿈꾸고 싶어한다. 그들은 아이돌들의 세계가 얼마나 불순하지 잘 알고 있다.

그러나 어째서 사진 앨범과 비디오와 시디롬들을 던져버리고 길에 나가 삶을 배우지 않는 걸까? 어째서 그들은 미디어라는 프리즘을 통해서만 만남의 욕구를 해소할 수 있는 걸까?

"그것은 아마 가상 소녀들이 더 고분고분하고 시간이 많기 때문일 것입니다. 그들은 언제나 그 자리에, 손 닿는 곳에 있어요. 그 누구도 방해하지 않고 언제건 그들과 가상적 관계를 맺을 수 있습니다. 청소년들은 미디어를 통해 아무 소란 없이 아무도 귀찮게 하지 않으면서 감정 교육을 받지요. 롤 플레잉 게임과 비디오는 청소년들에게 그들이 나중에 실제 남녀 관계 속에서 경험하게 될 것을 마치 거기에 직접 참여하는 듯 색깔과 이미지를 정해가며 미리 체험할 수 있게 해줍니다. 그들은 이렇게 해서 그들의 감성적 성숙에 필요한 지식들을 얻게 되지요."

문득 나는 컴퓨터 게임, 대화 시디롬, 개라지—키트 인형, 포르노 비디오 그리고 성인 잡지가 멀티미디어 시대의 현대적 방식을 통해, 예전에 큰형이 막내를 창녀에게 데려가면서 수행했던 성년식의 기능을 맡고 있을지도 모른다는 생각을 했다.

만약 이 가상적 성년식이 다른 어느 곳에서보다 일본에서 활발하다면 그것은 이 잘 정돈되고 단정한 사회가 성의 체득으로부터 비롯될지도 모를 무질서를 그 어떤 사회보다 견뎌내지 못하기 때문이 아닐까? '아무도 귀찮게 하지 않고'라는 표현을 쓰면서, 소노다는 이때껏 내가 파악치 못하고 있던 일본 사회의 한 양상을 꼭 집어 지적한 셈이다.

사회의 틀에 얽매인 일본의 청소년들은 그들의 자연스런 성적 표출이 사회에 의해 수립된 질서를 뒤흔들지나 않을까 무의식적으로 겁내고 있는 걸까? 그 때문에 비난을 받으니 차라리 어른들을 덜 '귀찮게 하는' 다른 길을 찾는 게 더 낫다고 생각한 것일까?

역설적으로, 미디어의 시대에, 통신의 시대에, 그들은 침묵의 포로가 되었다.

소노다는 계속한다. "우려되는 것은 발달에 발달을 거듭한 기술이 현실에서 인간이 경험하는 감정을 아예 대체해버리지나 않을까 하는 것입니다. 그리 되면 청소년들은 현실의 소녀들을 만나고자 하는 욕망을 완전히 잃어버리게 될 것입니다."

오타쿠들을 생각하면서 나는 이 현상이 이미 시작되었다고 속으로 말했다.

또 다른 질문 하나가 한참 전부터 내 입술을 근질거리게 한다. 도대체 어떻게 소노다는 여고생들이 자기 카메라 앞에 서도록 설득하는가?

모델의 상당수가 이미 그의 카메라 앞에 섰던 다른 모델들에 의해 그에게 소개된다. 그들은 옛 모델들의 동생이기도 하고 또 단짝 친구이기도 하다. 소노다는 그들에게 신뢰를 불어넣을 줄 안다.

그들에게 신뢰를 주는 소노다의 비결은 오빠가 되어 그들의 말에 귀를 기울이고 이해해주는 것이다. 이 부분에 있어 그는 탁월한 재능을 갖고 있다고 말할 수 있다. 비록 그의 오빠 역할이 아주 쉽고 안전한 부분에만 국한된다는 사실을 인정해야 하지만.

부모도 교사도 어린 소녀들의 말에 귀를 기울여줄 시간이 없다. 게다가 주위의 어른들은 사회 체계에 완전히 종속되어 있는 탓에 어린 여고생들은 자기들만의 비밀이나 삶에 대한 의문들을 털어놓을 엄두를 내지 못한다.

대학생을 대상으로 실시되어 청소년 백서에 발표된 한 여론 조사에 따르면, 일본 청소년의 95퍼센트가 부모와 깊이 있는 대화를 나누지 않는다.

"이해 없이 성장하는 것은 참으로 큰 문제입니다. 저를 보러 오는 소녀들은 스스로를 좀더 잘 알고자 하는 깊은 욕망을 갖고 있어요.

강대국의 대열에 낀 이래로 일본은 항의의 감정을 표현하기 어려운 나라가 되었습니다. 세월이 너무 평화로워요. 젊은 세대의 자연스러운 불만은 사회적 항의에서는 출구를 찾기가 힘든데, 왜냐하면 젊은 세대에 대한 일본 사회의 대답은 체계적이고 냉엄하기 때문입니다. '너희들은 전쟁도 전쟁 뒤의 가난도 알지 못해!' 또는 '별노력 없이도 원하는 모든 게 손 닿는 곳에 있는데 어찌 감히 투덜대느냐?'가 그것이지요." 어린 소녀들에 관한 일이라면 매혹적인 미소뿐만 아니라 모든 것을 다 아는 듯한 소노다가 결론짓는다.

나는 이제 더 이상 질문을 하지 않고 그가 떠들도록 내버려둔다.

"사실 일본의 청소년들은 혜택받은 존재들입니다. 그들은 용돈도 넉넉하고, 원하는 곳에 갈 수 있고, 원하는 것을 말할 수 있으며—비록 아무도 들어주지 않지만—, 미래에 대한 걱정이 상대적으로 적습니다. 그들은 이를 의식하고 있어요. 하지만 그들은 막연하게나마 삶이 고작 이것에 국한될 수는 없다고 느낍니다. 안타까운 것은, 어떻게 하면 그들의 삶에 의미를 부여할 수 있는지 아무도 그들에게 가르쳐주지 않는다는 사실입니다. 사실 일본의 청소년들이 무엇보다 원하는 것은 대화예요."

이 말을 나는 일본의 여러 사회학자들의 말과 글을 통해 다시 확인할 수 있었다. 그러나 내가 보기에 그 말을 가장 잘할 수 있는 사람은 여고생들을 촬영하고 또 그들의 속내 이야기도 들어주는 소노다인 것 같다.

그의 앞에서 여고생들은 육체뿐만 아니라 마음까지 벗는다. 판단하려 하지 않고 오빠처럼 부드럽게 이야기를 들어주는 대가로 빨간색 인조 가죽 비키니를 걸치는 것은 대답 없는 질문들로 머리가 꽉찬 15살 소녀에게는 어찌 보면 하나의 선물일 수도 있겠다.

17살, 비키니 차림으로 카메라 앞에 서다

내가 사진 작가인 소노다와 이야기하는 동안 털어놓을 속내 이야기로 가득한 한 여고생이 아무 말 없이 우리에게 귀를 기울이면서 대화가 흥미있는 듯 이따금 고개를 끄덕이곤 했다.

마키 사토Maki Sato라는 이름의 그녀는 방금 소노다를 위해 포즈를 취한 참이었다. 그녀 역시 유에처럼 인형이 될 참이었다. 그러나 이번의 인조 가죽 미니 비키니는 초록색이었다.

또 한 번의 상세한 묘사는 피하겠다.

처음으로 카메라 앞에 선 그녀는 17살이었고 아마추어 모델을 찾는 광고를 통해 소노다를 만났다. 수년 전부터 마키는 스타가 되기를 꿈꾸는 소녀들을 겨냥한 잡지 『데뷔 *Début*』를 읽고 있었다. 길고 검은 머리에 수줍은 미소를 띤 17살의 마키가 지닌 단 하나의 꿈은 배우가 되는 것이었다.

"물론 저는 탤런트(일본에서는 '탈렌토')가 되고 싶어요. 사진은 유명해지기 위한 과정에 불과합니다."

그녀가 어찌나 '물론'이란 낱말에 힘을 주었던지(마치 그것이 당연 그 자체이기라도 하듯) 나는 놀라지 않을 수 없었다.

"처음엔 배우가 되길 원했어요. 왜냐하면 저는 다른 누군가가 되기를, 저 자신 속에 숨은 다른 누군가를 연기하기를 원했기 때문이죠. 우상들은 저를 꿈꾸게 합니다. TV에서 그들은 보배처럼 사랑받지요. 저는 연기 강의를 듣기 시작했어요. 그러나 행운이 따르지 않으면 재주 있는 사람들조차 성공하지 못한다는 사실을 금방 깨달았어요.

그래서 행운을 불러오기 위해 저는 이 사진을 찍기로 했습니다. 혹시 알아요? 이렇게 해서 누군가의 눈에 띌지."

그녀 역시 음극(陰極)의 신기루에 현혹되었다. 정말이지, 프로듀서들의 장래는 아주 밝다. 그들은 언제나 효과적으로 풋내기 스타들을 끌어모을 수 있다.

"소노다 씨가 비키니 차림 사진 시리즈를 제의해왔을 때 저는 약간 망설였어요. 한 번도 그런 비키니를 입어본 적이 없거든요. 게다가 저는 너무 통통했어요. 그러나 저는 문제를 가볍게 받아들이기로 작정했어요. 설사 이 사진들이 제 장래에 아무런 도움이 안 된다 해도 그것들은 제 젊은 시절의 기념으로 남을 것이라고 저는 속으로 생각했지요."

"젊은 것이 그리도 중요해요?"

"예."

"그러나 나이가 이제 겨우 17살밖에 안 되니 비키니 차림으로 사진을 찍으려면 부모님으로부터 허락을 받아야 하지 않나요?"

"네. 어머니께 이 사실을 말해야 했지요. 누드 사진을 찍는다고 말씀드렸어요. 어머니는 제가 벗은 채 사진 찍는 것을 탐탁지 않게 생각하셨겠지만, 제 꿈은 배우라는 걸 익히 알고 계셨어요. 소노다 씨는 믿을 만한 분이라고 말씀드려 설득했지요."

"그가 어머니를 만났나요?"

"아뇨. 전화로 충분했어요."

"아버지께서는? 그분은 찬성하시나요?"

"천만에요. 아버지는 제가 배우가 되고 싶어한다는 걸 잘 아세요. 하지만 사진을 보여드릴 수는 없었어요. 창피해서요."

"돈은 얼마나 받았나요?"

비키니 차림의 여고생 모델들을 찍은 사진과 그들의 인형

"200달러요."

"마키 사토 양, 당신의 인형을 보면 어떤 생각이 드나요?"

"이런 기회는 아무에게나 주어지지 않는다고 생각해요. 저는 자부심을 느낍니다. 친구들에게 자랑할 거예요……"

"당신이 생각하기에 가상적 현실은 어떤 소용이 있겠습니까?"

"그것은 컴퓨터를 통해 인간에게는 강요할 수 없는 감정들을 체험할 수 있게 해주고, 또 컴퓨터로 하여금 인간이 듣고 싶어 하는 것을 말하게 하는 것 같아요."

"당신 말은 인간들 사이에 직접적으로 소통하는 것이 불가능 하다는 건가요?"

"네. 가령 인형은 사람들에게 그들이 감히 애인에게 요구하 지 못하는 것들을 상상할 수 있게 해준다고 생각해요. 사람들은 누구나 다 사디즘과 마조히즘을 갖고 있지만, 그것을 현실 속에서 표출하기는 힘들어요. 만약 인형과 컴퓨터를 연결하면 우리의 모든 성적 환상을 마음껏 체험할 수 있을 겁니다.”

인형이 완성되었을 때 나는 마키를 또 한 번 볼 기회를 가졌다. 나는 진짜 마키의 미소를 더 좋아한다.

나는 그녀를 TV에서도 보았다. 그녀는 버라이어티 쇼를 진행하는 남자 탤런트들에게 자기 인형을 소개하고 있었다. 그들은, 배우가 되고 싶어하는 여고생을 옆에 앉혀두고 인형을 세세히 뜯어보며 한참 동안 떠들어댔다. 스튜디오의 분위기는 음탕함으로 끈적대는 것 같았다.

초록색 인조 가죽 비키니 차림의 미니 마키를 실컷 만지작거린 남자 탤런트들은 오리지널 마키를 향해 힐난하는 듯한, 그러나 위선이 풍겨나는 어조로, 청소년들이 이 인형을 어디에 사용할지를 알고 있느냐고 물었다.

마키는 어색한 미소를 지으며 몇 마디 횡설수설했다.

탤런트들이 결론지었다.

“정말이지, 요즘 청소년들은 무슨 생각을 하고 있는지 모르겠군요. 자, 잠시 전하는 말씀 있겠습니다……”

디지털 인형의 시대

살아 있는 여고생들을 재현했다고는 하나 인형은 움직일 수 없는 무기력한 플라스틱 조각에 불과하다.

병적 강박증으로 쉽게 변질될 수 있는 상상의 노력에 의해서만 인형은 일종의 인격을 얻어 이상적 사랑의 초록빛 낙원에 들어갈 수 있다.

우리가 사는 시대는 더 나은 것을 제공할 수 있어야 한다. 그러나 안심하기 바란다. 그것은 이미 이루어졌다.

3차원의 세계를 떠나 컴퓨터 화면으로 들어가보자. 「프린세스 메이커 Princess Maker」는 컴퓨터용 시뮬레이션 게임으로 가이낙스 Gainax사에 의해 고안되었다. 잠시 역사를 살펴보면, 가이낙스는 '오타킹 otaking(오타쿠들의 왕)'을 자처하는 오카다 토시오 Okada Toshio와 그의 주위에 모인 제1세대 오타쿠들에 의해 1985년 설립된 기업인바, 오타쿠들이 설립한 일본 최초의 기업이라는 특성을 갖고 있다. 물론 이 기업은 만화 영화와 컴퓨터 게임을 생산하며, 오타쿠들에게 우선적으로 제공되는 전자 통신망을 운영한다. 경제난에도 불구하고 급성장하고 있는 이 기업은 1998년 1,500만 달러의 매출액을 기록했는데, 이는 1997년 모든 관중 동원 기록을 깨며 3억 달러를 벌어들인 만화 영화 「에반게리온 Evangelion」 덕분이다. 이 엄청난 성공은 오늘날 일본에서 오타쿠가 영상 매체 산업의 핵심을 장악하고 있으며, 청소년들의 관심을 끌 수 있는 요소들을 그 누

일본 가이낙스사의 대표적 만화 영화, 「에반게리온」의 에로틱 CD-ROM홍보 포스터

구보다 잘 배합할 줄 안다는 사실을 증명한다.

한 패의 친구들이 차고에 모여 시작한 이 회사는 오늘날 66명의 사원을 고용하고 있는데, 사원들 대부분이 오타쿠이다. 오타쿠를 가장 잘 이해하는 것은 오타쿠이다. 가이낙스의 한 자매 회사는 가이낙스가 생산한 만화 영화와 컴퓨터 게임에 근거하여 개라지—키트를 제작하고 보급한다. 이 부분에 대해서는 나중에 다시 이야기할 것이다.

「프린세스 메이커」는 시뮬레이션 게임에 속한다. 시뮬레이션 게임의 원칙은 우리가 알고 있는 그대로이다. 사용자에 의해 결정된 데이터에 입각하여 컴퓨터는 화면을 통해 한 가상 세계가 발전하는 것을 보여준다.

서양에서 가장 잘 알려진 시뮬레이션 게임으로는 한 도시의 성장을 흉내내는 「심 시티 2000 Sim City 2000」, 개미의 생활을 보여주는 「심 앤츠 Sim Ants」, 동식물들의 성장을 재현하는 「심 라이프 Sim Life」, 지구를 경영하는 법을 가르쳐주는 「심 어스 Sim Earth」, 그리고 건물들 사이를 달리는 복잡한 철도망을 관리하는 사람의 고충을 흉내내는 「에이—트레인 A—Train」을 들 수 있다.

이 모든 프로그램은 미국 회사인 막시스 Maxis에 의해 고안되고 각색되었다(비록 「에이—트레인」의 원래 프로그램을 만든 것은 일본인이지만).

「심 시티 2000」에서 게이머는 한 마을의 시장이 되어 예산을 운영하면서 마을을 확장시켜야 한다. 최종 목표는 이 마을을 거대 도시나, 살기 좋은 휴양 도시로 만드는 것이다.

마을이 잘 운영되면 기업가들이 몰려올 것이고, 이들은 고용을 창출하여 더 많은 사람들을 부를 것이며, 이렇게 모여든 사람들은 세금을 통해 마을의 예산을 불릴 것이고, 시장은 이 예산으로 사회 간접 자본을 확충할 수 있을 것이다.

「심 시티 2000」은 얼마나 세밀한지 병원·학교·대학·경찰서·소방서 등은 말할 것도 없고 전기·수도·도로·철도·교외까지 편성하고 관리할 수 있다. 심지어 시장—게이머 자신의 동상을 세울 장소까지 결정할 수 있는데, 시민들이 그의 시 운영에 감사해하는 경우 이런 존경의 표지를 갖는 것도 무리가 아니다.

「프린세스 메이커」 역시 동일한 원칙에 의거하여 고안된 프로그램이다. 그것의 첫번째 버전은 1991년에, 두번째 버전은 1993년에 나왔다. 그래픽은 만화 영화의 것에 가까운데, 이는 그래픽에 매우 민감한 오타쿠들을 유혹하는 데 있어 결정적인 요소이다. 자기 고객을 잘 아는 가이낙스는 20년 전부터 나온 모든 만화 영화를 섭렵한 청소년들이, 그래픽이 완벽하지 않은 게임을 좋아하지 않을 것이라는 사실을 명심하고 있다.

이 게임 속에서 당신은 10살짜리 소녀의 아버지이고, 그녀를 성년까지 양육해야 한다. 8년이라는 긴 세월 동안 그녀를 잘 먹이는 것은 물론 그녀가 건강한 몸에 건강한 정신을 지닌 요조숙녀로 성장하도록 잘 교육해야 한다.

만약 아버지인 당신이 예절과 피아노와 체육을 잘 가르친다면, 또 그녀의 애교를 잘 다스려 주위 사람들에게 귀여움을 받

시뮬레이션 게임 「프린세스 메이커」의 홍보 페이지

을 수 있도록(사내아이 같은 처녀가 되는 대신에) 한다면, 그녀가 18살이 되었을 때 왕국의 왕자가 청혼을 해올 것이고, 당신은 행복한 아버지가 될 것이다.

만약 그와 반대로 당신이 그녀를 당신의 방탕한 생활에 끌어들이면서 그녀를 잡초처럼 자라게 한다면, 당신이 양육을 책임졌던 순진한 어린 소녀는 결국 타락하여 몸을 파는 처지로 전락할 것이다. 성년이 된 그녀는 당신에게 결코 감사하지 않을 것이다!

이 두 극단 사이에 위치하는 100여 종류의 운명이 어린 소녀를 기다린다. 비록 3차원적이며 반나체라 해도 인형의 눈을 바라보는 것에 비해 이 얼마나 짜릿한가?

컴퓨터 게임으로서는 다소 비싼 가격인 150달러에 팔리는

「프린세스 메이커」는 5만 명의 오타쿠를 가상적인 아버지로 탈바꿈시켰다. 컴퓨터 게임 분야에서의 최고 판매 기록이 약 8만 개 정도인 만큼 이 게임의 성공은 대단한 것이라 하겠다.

이 게임이 가이낙스 같은 오타쿠의 둥지에서 고안되었다는 사실은 매우 시사적이다. 이 게임의 고안자이며 가이낙스의 공동 창립자 가운데 하나인 아카이 타카미Akai Takami는 '역사적' 오타쿠에 속한다. 1961년에 태어난 그는 원래 만화 영화 전문가였지만 지금은 컴퓨터 게임을 고안하는 데 몰두하고 있다.

「프린세스 메이커」와 관련해서는 아무런 의문의 여지가 없다. 구매자의 다수를 이루는 것은 오타쿠들이다. 아카이는 색깔을 분명히 한다. "「프린세스 메이커」는 컴퓨터를 통해 인형놀이를 할 수 있게 해줍니다. 제가 이 게임을 만든 것은 여자라는 신비의 존재에 대해 청소년들이 갖고 있는 호기심을 충족시켜주기 위해서이지요. 「프린세스 메이커」를 통해 그들이 여자의 심리를 더 잘 이해할 수 있게 되길 저는 바랍니다."

한편 그는 오타쿠들이 가상적 사랑에 의해 이끌리는 이유를 이렇게 설명한다. "일본의 많은 젊은이들은 여자를 유혹할 자신이 없어요. 가상 세계는 더 안전하고 힘이 훨씬 덜 듭니다. 이 게임은 대부분의 경우 외톨이인 오타쿠로 하여금 게임의 중개를 통해 사회와의 어떤 유대를 재구성하게 해준다고 생각합니다. 현실 사회와의 유대가 가장 미미한 표현으로 축소되어버린 그는 이 게임 안에서 비록 허구적이나마 그를 받아줄 한 사회를 발견하는 것이지요. 무방비 상태로(다시 말해 오타쿠인 그보다 더 약한 존재로서) 그의 앞에 나타나는 어린 소녀의 교육을 책임지면서 그는 자기가 그룹에 반드시 무용하지만은 않으며 경우에 따라서는 현실 사회 속에서 자기 자리를 찾을 수 있다고 생각할 수 있습니다. 혼자서는, 사회가 없이는 아무도 살 수 없지요."

물론 디스켓 소녀들에 대한 열광에서 득을 본 것은 가이낙스만이 아니다. 시장은 통과 제의적 원칙에 입각한 '대화형 interactif' 게임들로 넘쳐나고 있다. 게이머는 주어진 상황 속에서 프로그램이 제안하는 길들 가운데 하나를 선택해야 한다. 이 선택에 따라 시나리오는 이 방향 아니면 저 방향으로 진행되고, 게이머는 모든 상황을 손안에 쥐고 있는 듯한, 스스로의 운명의 주인인 듯한 느낌을 갖는다.

예컨대, 바에서 한 아가씨를 만났을 때 세 가지 선택이 제시된다.

1. 그녀에게 한잔할 것을 제의한다.

2. 그녀에게 호텔로 갈 것을 제의한다.

3. 미소를 지으며 그녀를 쳐다본다.

이 단계에서 두번째 안을 선택하면 당신은 곧장 탈락될 것이고, 세번째 안을 선택하면 너무 수줍은 사람으로 간주될 것이다. 시나리오의 모든 단계마다 당신은 예쁜 아가씨가 다른 사람의 품을 향해 떠나는 것을 볼 위험을 안고 있다.

일본의 만화나 만화 영화에서 흔히 보듯 게임 고안자들은 일상과 아주 가까운 상황을 선택함으로써 게이머가 인물과 스스로를 동일화하는 것을 용이하게 한다. 이를테면, 여고생이 속내 이야기를 하기 위해 한 교사를 찾아온다거나(그녀를 유혹할 것인가, 아니면 책임 있는 사람으로 처신해야 할까?), 또는 한 소년이 두 달 전에 자기를 떠난 소녀로부터 전화를 받는다(그녀를 받아줄 것인가, 아니면 '남자답게' 무시하고 잊어버리는가?).

게임이 진행되면서 게이머의 선택 능력은 점점 더 '예리해'진다. 호텔이나 여주인공의 방에 마침내 들어갔을 때, 게이머는 다음과 같은 딜레마에 직면한다.

1. 키스를 하면서 밀어를 속삭인다.

2. 반항하건 말건 그녀를 침대 위에 쓰러뜨린다.

3. 함께 샤워하러 갈 것을 제의한다.

여러 상황을 보여주는 그래픽은 시뮬레이션이 게이머에게 주는 쾌감을 북돋운다. 개라지—키트 여주인공들과 마찬가지로 이 게임들에 등장하는 소녀들은 대부분 슬픈 듯한 커다란 눈에 긴 다리를 갖고 있다. 빼놓을 수 없는 요소인 에로티시즘은 게이머로 하여금 시나리오가 진행되는 동안, 절세의 미녀들이 그 앞에서 옷을 벗는 플레이보이가 되게 한다. 그러나 자기의 가상적 유혹 능력에 만족한 지금에 와서 새삼스레 이론을 현장에 적용하려 애써 무엇 한단 말인가?

디스켓의 형태로 출시된 에로틱 게임은 모든 컴퓨터 기종을 막론하여 1,000개가 넘는다. 노골적인 제목의 관련 잡지들, 이를테면 『컴퓨터 게임 여주인공 파노라마』 같은 것들이 정기적으로 가판대에 등장하여 최근 유행하는 새 여주인공들에 대한 정보를 에로틱 게임 애호가들에게 알려준다. 사진을 넉넉히 곁들인 이 잡지들은 미래의 에로틱 게임 구매자들에게 그들이 게임으로부터 얻어낼 수 있는 흥분의 정도를 미리 가늠할 수 있게 해준다. 게임 하나에 80달러 정도 하니 만치, 모두들 구매에 신중을 기한다.

그러나 벌써 디스켓 연애의 유행은 한물갔다. 대신에 탁월한 이미지 저장 능력을 갖춘 시디롬이 이상적 여인을 향한 추구에 새로운 활력을 불어넣었다. 게다가 재능 있는 만화가의 연필에서 태어난 귀여운 여주인공들과의 비교를 불허하는 살〔肉〕과 픽셀로 이루어진 소녀들이 등장했다. 1993년 여름부터 컴퓨터 가게들에는 선정적인 제목에 야한 재킷을 입은 시디롬들이 밀려들어왔고, 그 결과 가끔 컴퓨터 가게가 아니라 섹스 숍에 들어와 있는 듯한 느낌이 들 정도이다.

그리하여 이제는 「가상 애인들Virtual Loves Friends」「디지털 에로티카」「닥터 아무르Amour(사랑)」 또는 「맥 바이블Mac Bible」 같은 것들이 회계나 워드프로세서 프로그램들과 나란히 진열되어 있다. 에로틱 게임이 얼마나 많은지, 에로틱 시디롬을 소개하는 전문 잡지만도 여러 종류가 있다.

"일본에서 포르노 프로그램의 인기는 언제나 상당한 것이었습니다. 포르노 비디오 제작자들은 누구보다도 먼저 시디롬의 유행을 탄 축에 속하는바, 이 매체는 그들에게 새로운 활로를 찾게 해주었지요. 컴퓨터 구매가 가족의 차원에서 이루어지는 유럽이나 미국에서와는 달리, 일본에서 이 새로운 기기를 산 사람들은 아르바이트 덕분에 일찍부터 경제적으로 독립한 오타쿠들이었습니다. 프로그램의 내용을 보면 잘 알 수 있지요. 유럽에서 멀티미디어 컴퓨터의 구매를 촉진한 게 교육이나 예술 관련 시디롬이라면("어린이들을 위한……"), 일본에서 멀티미디어 컴퓨터의 판매를 증가시킨 것은 에로틱 시디롬입니다." 일본 시디롬 시장 전문가이자 뫼비우스Möbius 상(賞) 심사위원이기도 한 리오넬 데르소Lionel Dersot가 분석한다.

가상 섹스를 담은 시디롬의 대표적 예로서 「망간 젠세키Mangan Zenseki」를 들 수 있는바, 그것은 게이머를 사도마조히즘의 성(城)으로 초대한다. 그가 거기서 할 일은 경제 위기로 파산한 남편의 빚 대신 성에 와서 노예가 된 여자를 고문하는 것이다. 그는 먼저 마우스를 이용하여 젊은 여자를 채찍질한 뒤, 무방비 상태에 있는 여자의 육체를 손가락, 입, 채찍 등으로 자극하여 사정하게 하는데, 오르가즈모 미터기(!)라는 게 있어서, 발가벗긴 채 줄에 묶인 여자가 몸부림치는 화면 위로 게이머가 얼마나 능란하게 마우스를 클릭하는지 측정하게 해준다. 여자 노예를 오르가슴에 도달시키고 나면 '주인'은 짧은 포르노 시퀀스를 상으로 받는다. 전문 잡지들은 이렇게 권한다. "왼손으로 마우스 다루는 것을 연습하라……"

에로틱 프로그램이 다량으로 생산되고 있다는 사실은, 일본에서의 시디롬 유행이, 직접 참여하지 않는 가상적 성(性)에 대한 오타쿠들(스스로 인정하건 인정하지 않건)의 관심에 상당 부분 덕보고 있음을 잘 보여준다.

마찬가지로, 시디롬 해독기가 장착된 매킨토시 컴퓨터의 괄목할 만한 판매 증가가 사실은, 제목과는 달리 흑백인 「옐로우즈Yellows」란 시디롬의 등장과 맞물려 있다는 것은 일본에서 익히 잘 알려져 있다.

애초에 「옐로우즈」는 사진 작가 아키라 고미Akira Gomi의 평범한 사진 앨범이 될 예정이었다. 그의 계획은 50명에 달하는 여자들(우연인지 아닌지 그들은 모두 젊고 예쁜 편이다)이 아무런 감정 표현 없이 전라로 서 있는 것을, 약간 경찰 자료 사진처럼, 정면에서, 뒤에서, 그리고 측면에서 촬영함으로써 일본 여자들의 육체 형태에 대한 '인류학적' 흔적을 남기는 것이었다. 그러나 체모를 적나라하게 드러내는 것을 금지하는 당시의 엄한 검열 때문에, 사진 앨범이 인쇄되기 불과 며칠 전, 고미의 인류학적 계획은 중단될 수밖에 없었다.

자기의 작품을 출간할 길을 찾던 사진 작가는 검열을 피할 방법을 생각해냈는데, 그것은 사진을 종이에 인쇄하는 대신, 아직 잘 알려지지 않은, 따라서 검열이 미치지 않는 매체, 곧 시디롬에 입력하는 것이었다. 1992년 초 「옐로우즈」의 시디롬 버전이 나왔고, 광고 문구는 이랬다. "시디롬 해독기만 있으면 금지된 작품을 보실 수 있습니다."

사진 작가는 자기가 얼마나 똑 떨어지게 잘 말하는지 몰랐다. 여자의 성기를 집요하게 가리며 실망을 자아내는 지긋지긋한 모자이크 없이 한껏 눈요기를 할 수 있다는 가능성은 「옐로우즈」를 시디롬의 베스트 셀러로 만들었다. 그것은 불과 몇 달만에 4만 개 넘게 팔렸다.

이 성공에 고무된 사진 작가이자 인류학자 아키라 고미는 1993년 말, 이번에는 100명의 일본 여자들을 컬러로, 그러나 여전히 여러 각도에서 찍은 「옐로우즈 2」를 내놓았다. 이어 1994년에는 「아메리칸즈Americans」「브라질리언즈Brazilians」「러시언즈Russians」, 그리고 중국·한국·필리핀 젊은 여자들의 '형태를 다룬'「옐로우즈 3」이 차례차례 나왔다. 일본에서는 한번 노다지를 발견하면 끝까지 간다.

사실 고미는 염치없는 상인들에 의해 추월당했는바, 이들은 그보다 먼저 「화이츠Whites」란 시디롬을 만들었던 것이다. 그러나 이 시디롬은 음모가 모자이크에 의해 가려진 천박한 포르노 사진을 담고 있을 뿐이었고, '인류학 연구자들'에게 아무런 관심도 유발하지 못했음은 물론이다.

시디롬 붐은 닭이 먼저냐 아니면 달걀이 먼저냐 하는 철학적 문제를 새로이 제기한다. 다시 말해, 집단으로부터 스스로를 유리하는 한편 동류들에게 뽐낼 수 있게 해줄 새로운 어떤 것을 늘 찾아 헤매며, 기술이라면 사족을 못쓰는 오타쿠를 기계가 유혹하였는가? 아니면 그들의 성적 환상이 이 새로운 매체를 선택하였는가?

호모 비르투엔스로서 새로운 미디어에 정통한 고지 와타나베에게 있어 문제는 분명하다. 비록 현실은 그의 생각을 부정하는 듯하지만, 그는 주저 없이 단언한다. "에로티시즘이 새로운 미디어를 육성하는 게 아니라, 새로운 미디어가 에로티시즘에 새로운 지평들을 여는 것입니다."

한 가지는 분명하다. 만약 오타쿠가 관심을 보이지 않았다면 1993년에 시디롬 해독기가 그렇게 많이 팔리지는 않았을 것이다. 전자미디어진흥협회가 추산한 바에 따르면, 1993년 한 해 동안 일본에서 30만 개의 시디롬이 팔렸는데, 이는 1992년에 비해 54퍼센트가 늘어난 것이다. 1997년에는 3억 개의 시디롬이 생산되었고, 시장 규모는 46억 달러에 달한다. 이 시장의 76퍼센트를 점유하고 있는 것은 비디오 게임이다(소니의 '플레이스테이션'은 시장이 커지는 데 결정적인 기여를 했다). 컴퓨터 시디롬 분야를 살펴보면 성인용 시디롬은 시장의 13퍼센트를, 교육 및 오락 프로그램은 약 26퍼센트를 차지하고 있다.

시디롬 생산의 경향을 알려주는 몇 가지 분명한 단서가 있다. 포르노적 성격을 지닌 시디롬과 마찬가지로 오타쿠를 겨냥한 시디롬 목록이 급속하게 불어나고 있다. 오타쿠 세계의 주요 영웅들은 아주 일찍 시디롬에 들어갔다. 그리하여 「우주 소년 아톰」을 낳은 만화가 데즈카 오사무 Tezuka Osamu의 작품들에 대한 시디롬이 있는가 하면, 「마징가Z」의 아버지인 나가이 고의 만화들에 대한 시디롬이 있다. 물론 혹성들 사이를 오가는 TV 연속극 주인공 울트라맨에 대한 것도 있고, 핵 폭발에서 태어난 전설적 괴물 고질라에 대한 것도 있다. 이제 시디롬 덕분에 모든 오타쿠의 으뜸가는 계명——자기만의 영역 안에서 남들과 거리를 취한다——을 오타쿠 아닌 사람들까지 실천에 옮길 수 있게 되었다.

"바라건 바라지 않건, 에로티시즘이 새로운 기술을 증진하는 데 있어 최상의 원동력인 것은 사실입니다." 시디롬 제작자들이 어색한 투로 인정한다. 위선적인 그들은 이 점 때문에 심히 걱정이라고 말한다. 하지만 속으로는 자기들이 만든 기계의 성공에 쾌재를 부르고 있을 뿐이다.

어쨌거나 전문 언론들은 에로틱 시디롬의 등장을, 70년대 말 비디오 판매에 큰 영향을 미쳤던 포르노 비디오카세트의 등장에 비교한다. 이 시기에 벌써 여자의 엉덩이는 최상의 판촉 수단이었던 것이다.

일본인들은 섹스의 강박증에 사로잡힌 사람들인가?

그럴 수도 있다. 그러나 공식적으로 집계된 오타쿠가 단 한 명도 없는 프랑스에서 80년대에 미니텔Minitel[1]이 그토록 큰 성공을 거둔 것은…… 성인용 사이트 덕분이었다는 사실을 잊지 말자.

---

1 프랑스 체신부가 개발한 정보 통신 단말기. 전화선에 연결된 단말기를 통해 문자와 그래픽으로 이루어진 정보를 제공받는 한편 정보를 입력할 수도 있다. 원시적 형태의 인터넷이라고 보면 된다(옮긴이 주).

네 아이돌이 누군지 말해봐,
그러면 네가 어떤 사람인지 말해주지

프랑스에는 없는 개념인 '아이돌'은 역설적이게도 불어에서 왔다. 영어식으로 발음되는 이 말은 60년대에 프랑스를 강타한 '예예yé-yé'[1]에서 빌려온 것인바, 이 유행은 실비 바르탕 Sylvie Vartan이 나오는 영화 「아이돌을 찾아라 Cherchez l'idole」를 통해 일본에 전파되었다.

일본 대중 문화에 대한 실비 바르탕의 영향은 아이돌이란 낱말에만 국한되지 않는다는 사실을 지적하자. 슈퍼 히어로인 '울트라맨'의 적수로서 게의 집게발을 가진 괴물들 가운데 하나는 프랑스 여가수를 따라 '바르탕'이라 이름 붙여졌다. 1965년 일주일에 한 에피소드꼴로 방영된 이 미니 시리즈는 매번 새로운 괴물을 창안하여 울트라맨과 대결하게 했다. 미니 시리즈의 시나리오 작가들이 해결해야 했던 주요 문제들 가운데 하나는 따라서 매주 새로운 괴물의 이름을 만드는 것이었다. 상상력이 달리는 마당에, 프랑스 여가수의 노래들이 일본에서 대성공을 거두는 것을 본 시나리오 작가들은 바르탕의 이름을 빌리기로 했다. 그녀에게 기분 좋은 일이 아니었을까?

가수와 광고 모델을 겸한 일본의 아이돌은 쇼 비즈니스의 차원에서 명확한 존재 이유를 갖는다.

---

1 1964년부터 1966년에 이르는 기간 동안 프랑스 젊은이들 사이에서 크게 유행한 미국풍의 음악과 춤, 나아가 그것에 결부된 행태를 가리킨다. 엘비스 프레슬리의 영향이 이 유행에 결정적인 색깔을 부여했다(옮긴이 주).

거대한 스튜디오들이 할리우드를 지배하던 양차 대전 사이의 기간 동안, 영화계는 '스타 시스템'이란 걸 만들어냈다. 일본에서는 TV가 '아이돌 시스템'이란 걸 만들어냈다. 두 시스템 사이의 중요한 차이는 시스템을 만들어낸 두 미디어의 차이에서 온다. 영화관은 매주 모여든 관객들이 신화적 인물들을 숭배하는 일종의 성소이다. 에바 가드너, 마를렌 디트리히, 마릴린 먼로는 이 성소의 여신들이었다.

TV는, 사람들이 뭐라고 하건, 세속적인 미디어이다. 그것은 거실의 탁자 위에 놓여 있고, 아무때나 켤 수 있으며, 전화가 오면 그것의 음량을 줄인다. 그것은 일상의 일부를 이룬다. 식사와 가족들 사이의 말다툼을 동반한다. TV 스타들은 절대로 영화 스타와 같은 후광을 누릴 수 없을 것이다(적어도 지금으로서는). 하지만 그들은 더 친숙하고 더 가깝게 여겨진다. 그들은 우리의 일상을 덜 따분하게 만든다. 그리하여, 아이돌은, 범접할 수 없는 여신과도 같은 영화 배우와는 달리, 누나 같거나 아니면 유명한 상상의 애인 같다. 그들을 떠받치는 발판의 높이는 그들을 유명하게 한 미디어의 크기에 비례한다.

따라서 아이돌은 가정에 TV가 등장하면서 생겨났다고 할 수 있다. 그때까지 쇼 비즈니스는, 시스템의 규칙을 처음부터 끝까지 일방적으로 부과하는 음반 회사와 영화사에 의해 거의 독점적으로 지배되고 있었다.

그러나 TV가 등장했을 때, 이 새로운 미디어가 제공하는 기회를 재빨리 움켜쥐면서 음반 회사들에 대해 우위를 점한 것은 프로듀서들이었다. 미국 모델을 채택한 프로듀서들은 60년대 들어 연예인 수입의 일정 비율을 취하는 시스템을 정착시킨 뒤, 상업 TV 방송국들에게 쇼 프로그램과 연속극에 출연할 가수 및 탤런트들을 제의하는 것은 물론 자기 회사에 전속된 탤런트·가수·음악가들을 동원하여 독자적으로 쇼 프로그램을 기획하고 제작하여 방송사에 제공하기도 했다.

쇼 비즈니스를 지배하는 것은 이제 음반 회사가 아니라 프로듀서들이었다. 그들 없이는 이제 그 어떤 쇼 프로그램도 불가능했다. 이 프로듀서들의 횡포에서 벗어나기 위해 상업 TV들이 고안해낸 것이 바로 스타 발굴 프로그램을 통해 스스로의 스타들을 육성하는 것이었다. 일반에게 공개된 이 프로그램에서 탄생한 대표적인 아이돌로 우리는 야마구치 모노에 Yamaguchi Monoe와 핑크 레이디 등을 들 수 있다.

TV를 위해 태어난 그들은, 그들을 정상에 올려놓은 매체와 마찬가지로 모든 가정에 존재할 의무를 갖고 있다. TV 세계의 첫번째 규칙은 모든 사람의 마음에 드는 것이다. 아이돌이 노래를 못한다거나 레퍼토리가 미니 TV 수상기만큼이나 협소하다 해도 문제 될 게 없다. 아이돌에게 중요한 것은 그녀가 예쁘고 귀여우며, 번쩍이는 장식물과 우스꽝스런 모자를 걸치기 전에는 이웃에 사는 평범한 소녀였다고 시청자들이 느끼게 하는 것이다.

아이돌들은 남자 아이들에게 있어 그들이 꿈꾸는 첫번째 소녀들이고, 여자 아이들에게 있어서는 친구들이거나 아니면 그녀들이 그렇게 되길 꿈꾸는 언니들이다. 80년대의 가장 유명한 아이돌인 세이코 마쓰다 Seiko Matsuda가 머리 모양을 바꾸면 수천 명의 소녀들이 흉내를 내었고, 1986년 4월엔 18살의 유키코 오카다 Yukiko Okada가 실연의 아픔을 이기지 못해 자살하자 수십 명의 소녀들이 자기들의 삶을 비관하며 고층 아파트에서 뛰어내렸다.

1986년은 청소년들의 자살로 기억될 해인데, 이 해에 자살한 770명의 청소년 가운데 114명(유키코 오카다의 죽음 이후 하루

2000년대 일본 내 최고의 인기를 누리고 있는 아이돌 스타인 다나카 레나

평균 4명꼴)이 유키코의 뒤를 따르기 위해 자살했다. 몇몇은 경비원의 감시를 피해 어린 유키코가 자살한 바로 그 옥상에서 뛰어내리기까지 했다. 어린 팬들이 아이돌에 대해 갖는 친근감은 이토록 무서운 이면을 갖고 있다.

한 인기 연예 잡지에 따르면 1998년 현재 활동 중인 아이돌은 1,234명에 이른다. 또 프로페셔널들이 추정하기로는 매년

200명에 달하는 아이돌이 데뷔한다. 이 어린 아이돌들은 중고생 시절에(심지어는 아주 어릴 때에) 전문 에이전시에 의해 선발되고, 에이전시는 그들에게 필요한 것들을 가르친 뒤 미디어의 경연장에 내보낸다.

1987년 나는 유코 니토Yuko Nito라는 이름을 가진 15살짜리 어린 아이돌의 데뷔를 볼 기회가 있었다. 그녀는 7만 명의 여고생이 참가한 호리프로덕션Hori Productions(일본에서 가장 큰 연예 에이전시로 1998년에 8,840만 달러의 매출을 올렸다) 주최 전국 오디션에서 다른 4명의 소녀들과 함께 선발된 행운아이다. 1986년 가을부터 그녀는 가족을 떠나 도쿄에 와서 호리프로덕션이 아직 미성년자인 예비 아이돌들을 위해 마련한 한 주택에 정착했다. 매일 학교 수업이 끝나면(그녀의 시간표는 특별히 조정되었다), 그녀는 3시간 동안 노래와 춤을 연습했다. 첫 음반이 나오는 것과 발맞추어 그녀가 드디어 언론에 공개된 것은 8개월 뒤인 1987년 6월이다. 마침내 호리프로덕션은, 이 어린 아이돌이 버는 돈의 70퍼센트 내지 90퍼센트를 취함으로써, 지금까지 투자한 돈을 회수할 수 있게 된 것이다.

그녀가 밟아나가야 할 과정은 갓 데뷔한 다른 아이돌들의 것과 거의 동일하다. 백화점 옥상에서의 미니 콘서트, 첫번째 싱글 CD(45회전 디스크의 후예), 연속극 출연, 첫번째 광고 계약, 첫번째 TV 고정 출연, 첫번째 대형 콘서트. 이 모든 관문을 통과하고 나면 광고 계약이 쇄도하기 시작하며, 이는 아이돌을 선발하고 육성한 연예 에이전시의 궁극적 목표이기도 하다. 아이돌과 광고의 관계가 얼마나 긴밀하고 복잡한지는, 아이돌들이 출연하는 광고를 소개함으로써 짭짤한 수입을 올리는 격월간 잡지가 있다는 사실 하나만으로도 가늠할 수 있다.

물론 매년 데뷔하는 200여 명의 신인들 가운데 상당수는 TV

에 얼굴조차 내밀 수 없을 것이다. 스타의 자리는 한정되어 있으며 스타로 향하는 길에는 위험한 함정들이 도사리고 있다. 한 해에 약 20명 정도의 아이돌만이 전국적인 명성을 얻는다(아이돌 시스템이 정점에 달했던 1988년에는 40명의 새 아이돌이 전국적인 명성을 얻었다).

광고에 등장하는 남성 스타들의 경우엔 그 직업이 다양하고 폭넓다. 배우들은 말할 것도 없고 운동 선수, 코미디언, 록 가수 등이 있다. 우리는 광고에 가장 많이 등장하는 유명인들을, TV가 시청자들에게 제시하는 모범적인 사회적 역할의 표본으로 간주할 수 있는바, 이 표본에서 끌어낼 수 있는 결론은 아주 간단하다. 사내아이들은 축구 선수·야구 선수·배우·록 가수·코미디언이 될 수 있는 반면에 여자아이들은 젊고 예쁜 것으로 만족해야 한다.

기업들 사이의 치열한 경쟁은 일단 제품의 질과 완성도를 고르게 했다. 그러나 최신 모델의 '혁신적' 장점을 더 이상 기대할 수 없게 되자(왜냐하면 경쟁 업체에서 곧 따라붙기 때문에), 일본 기업들은 점점 더 광고의 인위적 이미지를 통해 판매를 증진하려 애쓰게 되었다. 이제 아이돌은 종종 그가 선전하는 상품의 유일한 특징이 되기에 이르렀다.

"도대체 영감이 떠오르지 않아요!" 광고 에이전시 덴쓰Dentsu 소속이며 최고의 광고 감독들 가운데 하나로서 1988년 미놀타 광고를 준비하던 신키치 오스기Shinkichi Osugi가 내게 어려움을 토로해왔다. 미놀타는 광고 모델로 고토 구미코Goto Kumiko만을 원했다. "그녀는 이미 기모노, 교복, 청바지, 낭만적 분위기의 원피스, 쇼트 팬츠 등, 상상할 수 있는 모든 옷을 입고 광고에 출연했어요. 저로서는 어떻게 해야 그녀가 새 광고에서도 사람들을 사로잡을 수 있을지 도대체 모르겠군요!"

  광고 감독은 계속한다. "고쿠미 Gokumi는 어찌나 많은 광고에 나왔던지 시청자들은 그녀가 스미토모 쓰리엠사 Sumitomo 3M의 스카치 Scotch 비디오카세트 광고에 나왔는지, 미놀타 광고에 나왔는지, JR(Japanese Railways) 광고에 나왔는지, 아니면 다른 어떤 광고에 나왔는지 기억할 수 없을 정도입니다." 고쿠미란 애칭으로도 불리는 고토 구미코는 이 당시 14살밖에 안 되었지만 벌써 오랜 경력을 뒤로하고 있었다.

  고쿠미는 10살 때, 어린 스타들의 발굴로 유명한 연예 에이전시 오스카프로모션에 의해 48,600명의 예쁜 소녀들 가운데 선발되었는데, 이 에이전시가 그녀를 뽑은 것은 참으로 잘한 일이었다. 다른 어린 예비 스타들과 마찬가지로 고쿠미는 모델 수업을 받았고, 몇몇 광고를 찍은 뒤 시청률 높은 연속극에 출연하기 시작했다. 어린 아이돌들은 연기를 못한다는 나쁜 평판에도 불구하고 일은 순조롭게 풀렸다. 1987년 1월 NHK의 역사극에 나온 뒤 그녀의 광고 출연은 점점 더 많아졌다. 2년 동안 그녀는 15개에 달하는 회사의 상품 광고에 출연하는 한편, 10개 정도의 연속극에 출연했고, 3개의 음반을 취입했으며, 2개의 라디오 방송에 고정 출연하면서, 2권의 사진 앨범과 1권의 책을 발간했다. 미디어들에 따르면, 2년 동안 그녀는 2,480만 달러를 벌었다 한다.

  당시, '일본 최고의 소녀 미인'이란 듣기 좋은, 그러나 감당하기 어려운 엄청난 칭호를 누렸던 고쿠미는 오늘날에도 여전히 '잡지 표지 동시 출연' 기록을 보유하고 있는바, 그녀는 같은 기간에 23개의 표지에 나왔다. 어쨌거나 중학생인 그녀는 학교와 스튜디오를 오가며 일주일에 80시간을 일했지만, 적어도 카메라 앞에서는 미소를 잃지 않았다.

  1989년 4월 그녀는 은퇴를 선언했다. "고등학교에 들어가기 위해서"였다. 그러나 그녀의 팬들은 금방 안심했으니, 1990년 1월 그녀는 「도라상」[2]의 41번째 에피소드에 여주인공으로 나와, 아쓰미 기요시Atsumi Kiyoshi의 상대역을 맡은 여배우들을 그리 부르듯, '마돈나'의 반열에 올랐다(그녀는 1991년 1월의 두번째 출연 뒤에도 두 번이나 더 나왔고, 이렇게 해서 「도라상」에 4번이나 출연한 유일한 마돈나가 되었다). 이후 몇 년 동안 그녀는 활동이 뜸했다. 그러나 1995년 봄, 프랑스 출신의 포뮬러 1 Formula 1 레이서 장 알레지Jean Alesi와의 약혼에 즈음하여 전세계 언론의 주목을 받았다가 다시 잊혀졌다. 이제 그녀는 1999년 아이돌 순위에서 겨우 399번째 자리를 차지하고 있다. 이 무슨 추락이란 말인가!

그러나 고토 구미코의 화려한 경력은 판도라의 상자를 연 셈이 되었다. 그녀의 성공 이후 연예 에이전시들은 점점 더 어린 소녀들을 선발한다. 그들은 유치원 방문을 서슴지 않는다. 이렇게 해서 생겨난 것이 '차일드child'와 '아이돌idoles'을 합성하여 만든 '차일돌childoles'이란 신조어이다. 이 말은 1996년에 나카모리 아키오Nakamori Akio에 의해 지어졌는데, 이 사람은 1983년에 오타쿠란 말을 만든 바로 그 사람이다. 정말이지 나카모리는 유행어를 짓는 데 있어 타고난 재주를 지닌 것 같다. 그 이름이 암시하듯, 차일돌은 3살에서 15살 사이의 어린 아이돌이다. 어린이들을 위한 방송 프로그램 및 출판의 증가에 발맞추어 비교적 최근에 생겨난 현상인 차일돌은 이제 일본의 쇼 비즈니스에서 빼놓을 수 없는 분야가 되었다. 전문 에이전시들이 있고, 캐스팅이 잇따르며, 심지어 아기들을 스타로 만드는 비결을 알려주는 잡지들까지 생겨났다. 도쿄에만도 30

---

2 원제는 「남자는 괴로워」인데 주인공 이름이 도라지로인지라 흔히들 "도라상"이라 부른다. 온 일본인들의 사랑을 받는 시리즈 영화이다.

개가 넘는 연예 학교가 어린이들을 교육하고 있는데, 자기들이 누리지 못했던 영예를 아이가 누리길 바라는 수많은 '스테이지 마마stage-mama'들이 아이와 함께 그곳을 찾는다.

1984년에 태어난 노무라 유카Nomura Yuka는 1999년 현재 가장 유명한 차일돌이다. 그녀는 3살 때 활동을 시작했으며 1998년까지 100개가 넘는 광고에 출연했다. 그녀는 자기 또래 소녀들 세대의 '으뜸가는 친구'가 되었고, 그녀의 광고 출연은 성공의 보증 수표이다. 예컨대 한 아이스크림은 그녀 덕분에 판매량이 두 배로 늘어났다. 일본에서는 그녀를 '패션 리더'라 부른다. 그녀가 걸치는 것은 죄다 일본 교정(校庭)의 어린이들에 의해 모방된다.

아이돌과 광고의 관계가 워낙 긴밀하다 보니 스타들의 이미지를 통계적으로 측정하는 전문 여론 조사 기관까지 생겨났다. 대표적인 예로 비디오리서치는 1년에 두 차례 연예인들의 인기도를 조사하여 종합한 뒤, 스타를 이용하여 상표의 이미지를 높이길 원하는 회사들에 2천 달러씩 받고 파는데, 쇼 비즈니스에 종사하는 800명의 유명인들이 팬의 연령층 및 인기도에 따라 분류되어 있다.

광고주는 아이돌의 인기도가 곧 자기의 인기도라고 생각한다. 비디오리서치에서는 이렇게 말한다. "광고주들의 전략은 잘 알려진 아이돌을 선택하여 그녀의 이미지를 자기들 상품에 결부시키는 것입니다. 고토 구미코, 기온²(Kyon, 광고계의 또 다른 현상인 예쁜 고이즈미 기오코Koizumi Kyoko의 애칭으로서 '기온─기온'으로 읽어야 한다), 또는 노무라 유카 같은 특급 아이돌들의 경우엔 계약금을 치를 수 있다는 사실 하나만으로도 광고주의 주가가 올라갑니다. 투자자들에게 있어, 광고를 위해 그런 엄청난 스타를 고용한다는 것은 곧 회사의 재정 상태가

좋다는 것을 의미하지요." 따라서 일본의 소액 증권 거래자들
은 주식을 사기에 앞서 히트 퍼레이드를 검토해야 하리라. 이
는 아마도 니케이 지수보다 더 재미있을 것이다.

스타의 이미지 활용이 이제 일본에서 진부한 현상이 되었다
고 한다면, 광고주들 쪽에서 주도권을 잡아 판세를 뒤집기도
한다. 1987년 말 화장품 회사인 가네보Kanebo는 새로운 립스
틱 발매를 위해 기온²과 광고 계약을 맺었다. 그런데, 기온²이
활짝 웃는 광고에서 배경 음악으로 사용된 것은 립스틱 발매를
위해 가네보사가 특별 제작하고 기온²이 부른 신곡「미즈 노 루
주Mizu no rouge」였다. 노래는 45회전판 히트 퍼레이드에서
큰 성공을 거두었다. 그리고 이 성공은 고스란히 광고의 성공
에 덧붙여졌다. 이 립스틱 광고에서 가네보사는 한 번에 두 마
리 새를 잡은 격이 됐다. 쇼는 비즈니스가 되었다.

광고주에게나 음반 회사에게나 광고와 신곡의 결합은 많은
이점을 가져다 준다. 광고 음악으로 최신곡을 사용함으로써 광
고주는 시대에 앞서가는 회사의 이미지를 강화함은 물론 연예
인의 높은 인기를 효과적으로 이용할 수 있다. 음반 회사의 경
우엔 광고를 통해 자기들이 키우는 가수들을 싼값으로(사실 그
것은 순이익이다) 선전할 기회를 얻는다.

하라주쿠에서의 쇼핑

하지만 그것이 쇼 비즈니스가 스타들을 통해 이익을 얻는 유일한 방법은 아니다. 머천다이징 merchandising이 잊혀졌을 리 만무하다. 아이돌 시스템이 황금기를 구가하는 동안, 다시 말해 1984년에서 1990년에 이르는 기간 동안, 청소년들의 메카인 하라주쿠 Harajuku에서는 아이돌과 탤런트들을 활용한 상품들을 전문으로 취급하는 상점들이 번창했다.

너무 크고 너무 다양한 나머지 이렇다 할 개성을 갖지 못한 도쿄에 대해 여행사 직원은, 시골 관광객이 꼭 보아야 할 곳이 어딘지 선뜻 말하기 어렵다. 디즈니랜드? 도쿄에서 가까운 데 위치한, '전형적으로 일본적인' 이 위락 시설은 실제로 지방 사람들이 가장 많이 방문하는 장소이다.

그 다음에는……? 황궁? 막강한 일본 경제가 둥지를 틀고 앉은 신주쿠와 그곳의 고층 빌딩들? 팬더 곰이 있는 우에노 Ueno 동물원?

도대체 도쿄를 특징지우는 게 아무것도 없단 말인가?

아니다. 있다. 방방곡곡의 일본인들이 모여드는, 시골 사람들이 꿈꾸는 곳이 있다. 그것은 하라주쿠이다.

"사람들로 새까만 길"이란 표현을 사용하기에 가장 적절한 위치에 있는 사람은 아마도 일요일 오후 하라주쿠를 향해 다케시타 도리(大路)로부터 천천히, 그러나 걷잡을 수 없이 올라오는 흑옥같이 검은 머리통들의 거대한 무리를 내려다보는 사람일 것이다. 일본 청소년들에게 이름 높은 이곳보다 더 사람들로 빼곡한 곳은 세상 어디에도 없으리라. '하라주쿠 = 젊은 세대'는 이제 모두에게 잘 알려진 공식이 되었다. 이곳에 모여드는 청소년들의 평균 연령은 16세 정도. 수학 여행은 두 부류로 나뉘어진다. 하라주쿠에서 하루 머무르는 좋은 수학 여행과 그렇지 않은 후진 수학 여행.

원래 청소년들에게 있어 옷의 메카였던 하라주쿠는 오늘날, 탤런트 숍들이 보도와 상점들, 그리고 심지어 다케시타 도리까지 점령하게 되면서, 도쿄의 전설적인 장소가 되었다. 탤런트 숍은 보통 생각하는 것처럼 '재능'을 파는 가게가 아니다(그럴 수만 있다면 얼마나 좋고 또 얼마나 유토피아적이겠는가). 그것은 TV에 등장하는 탤런트들을 활용한 상품들을 파는 가게이다.

탤런트들을 보는 방법은 간단하다. TV를 켜라. 될 수 있으면 민영 채널을 선택하여. 선글라스를 낀 프로그램 진행자(선글라스는 아주 중요한바, 그것은 시선을 감춤으로써 시청자들에게 신비로운 인상을 심는다), 키가 크고 비쩍 마른 체구에 벅스 버니 Bugs Bunny를 샘내게 할 만큼 긴 이빨을 드러낸 채 초대 손님 옆에 앉아 무릎을 치며 온갖 몸짓을 해대는 친구, 그리고 마지막으로 수박으로 변장한 꼬부라진 눈의 우스꽝스러운 여자. 모든 채널에서 발견할 수 있는 이들이 바로 탤런트들이다. 여러 채널을 오가는 이들은 TV 프로그램을 진행하면서 방방곡곡의 일본인들을 웃기고 또 가끔 울린다.

다모리 Tamori, 산마 Sanma, 비트 다케시 Beat Takeshi(기타노 다케시 Kitano Takeshi란 또 다른 이름으로 잘 알려진 영화 감독으로 1997년 베니스 영화제에서 금사자상을 받았다), 그리고 도코로 조지 Tokoro George는, 장 뤽 들라뤼 Jean-Luc Delarue 와 크리스토프 드샤반 Christophe Dechavanne[1]이 프랑스인들에 대해 수행하는 역할을 일본인들에 대해 맡고 있다. 수다스러운 이 탤런트들은 그들의 '재능'을 한 채널에만 국한하지 않고 여기저기에 놀랍도록 자주 출연한다. 그들은 같은 주에 후지TV에도 나오고 니혼TV에도 나오는가 하면 도쿄TV뿐만 아니라 TBS에까지 나온다.

게다가 프로그램들의 제목은 종종 탤런트의 이름을 달고 있다. 그것은 프랑스의 장 뤽 들라뤼가 아침에 TF1의 「들라뤼 토크 쇼」에, 점심때 France2의 「들라뤼 퀴즈」에, 오후 4시에 M6의 「들라뤼와 초대 손님」에, 그리고 들라뤼 자신을 염두에 두고 특별히 씌어진 Canal+의 주간 연속극에 출연하는 것과 마찬가지이다. 이 무슨 악몽인가!

하지만 이게 전부가 아니다…… 월말을 잘 넘기기 위해 슈퍼마켓에 가서 판촉 행사를 하는 프랑스의 연예인들과 달리, 일본의 탤런트들은 더 나은 해결책을 찾았다. 그들은, 자신들의 얼굴이 새겨진 갖가지 아이디어 상품들을 파는 전문 상점을 차린 것이다. 첫번째 탤런트 숍들이 문을 연 것은 1988년 하라주쿠에서였고, 2년 만에 50개가 넘는 상점들이 생겨났다.

구니코 야마다Kuniko Yamada가 운영하는 구니Kuny가 문을 연 것은 1989년 3월이다. 이 상점에서 파는 4달러에서 400달러(이끼로 만든 거대한 인형)에 이르는 아이디어 상품들은 모두 구니코 야마다와, 그가 좋아하는 과일인 수박의 캐리커처에 기초하여 만들어진 것들이다. 개업식 때, 구니란 애칭으로도 불리는 구니코 야마다는 팬들에게 사인을 해주는 한편 악문 이빨을 미소로 가리면서 수천 명에 이르는 사람들과 악수를 했다. 그러나 조금씩조금씩 구니의 상점 방문은 뜸해졌고, 이제

---

1 둘 다 프랑스의 TV 프로그램(쇼, 오락) 진행자이다(옮긴이 주).

는 여자 판매원들 홀로 밀려오는 팬들을 상대하고 있다. 스타가 한 번도 카운터에 앉지 않은 채 여러 달이 흐르곤 한다. 그럼에도 상점은 번창하기만 한다. 12달러를 내고 바람으로 부풀리는 미니 구니를 사거나 아니면 9달러에 열쇠 고리를 사기 위해 마침내 상점에 들어가기까지 한 시간씩 밖에서 줄을 서야 하는 일요일이면 매상액은 4만 4천 달러를 넘어선다.

이 아이디어 상품들의 평균 가격은 20달러가 넘지 않는다. 주요 고객들이 초등학생과 청소년들이기 때문이다. 다모리 Tamori 상점 책임자가 말한다. "우리는 그들에게 꿈을 팝니다. 다모리 상품을 사면서 그들은 얼마간 다모리가 된다고 할 수 있지요." 얼마나 꿈꿀 능력이 없으면 이처럼 장사꾼 탤런트들의 꾐에 빠질까!

뒤에 가서 다시 이야기할 「오 니안코 클럽O Nyanko Club」에 관련된 아이디어 상품을 전문으로 취급하는 상점은 물론, '아이돌 원더랜드' 같은 아이디어 상품 백화점도 있었다. 이 아이디어 상품 백화점은 청소년 의류 회사 '바쓰Batsu'의 사장이 「오 니안코 클럽」의 성공을 보고 개발한 것이다. 아이돌 원더랜드는 『이상한 나라의 앨리스』를 그대로 흉내내어 청소년들에게 거울의 반대쪽으로 넘어가길, 다시 말해 그들을 아이돌로 만들어줄 옷을 고르고 사길 제의했다. 그들을 더 잘 현혹하기 위하여 바쓰는 빗자루 넣는 벽장만한 미니 스튜디오를 만들어 비디오 녹화를 제의하면서, 잘된 비디오들은 프로들이 검토할 것이라고 말하기도 했다. 이 마술 공간에는 소녀들만 들어갈 수 있었다. 소년들이 여자 친구의 변모를 보아서는 안 될 것이기에. 아이돌 원더랜드 안에는 머천다이징 상점들이 여럿 있어, 청소년들에게 인기 있는 아이돌과 탤런트들의 얼굴이 새겨진 아이디어 상품들을 팔았다. 아이돌 원더랜드가 존재했던 3

년 동안 그 앞에 늘어선 줄은 하라주쿠에서 가장 긴 줄들 가운데 하나였다.

어쨌거나 아이디어 상품 제작 회사들에게 탤런트 숍은 큰 횡재이다. 새로운 얼굴의 탤런트가 등장할 때마다 아이디어 상품 공장들은 새로운 열쇠 고리와 새로운 티셔츠와 뒤쪽에 탤런트의 얼굴이 새겨진 새로운 팬티들(섹시하지 않은가?)을 만들어 내기에 바쁘다.

어째서 프랑스에는 아직 들라뢰 인형이라든가, 드샤반 팬티라든가, 마드무아젤 아네스Mademoiselle Agnès[2] 양말이 없는 것일까? 탤런트 숍들 덕분에 하라주쿠는 도쿄에서 사람들이 가장 많이 찾는 장소가 되었다. 내 개인적인 생각으로, 일본에서 '탤런트,' 곧 재능을 갖고 있는 사람들은 상인들이다.

---

2 프랑스의 'Canal+'가 토크쇼 「오로지 이곳에서만」(Nulle Part Ailleurs)에 보조사회자 또는 리포터로 출연하는 여자 연예인의 예명이다. '마드무아젤'은 영어의 'Miss'에 해당하는 불어 단어이다.

나의 여신이여, 좀더 가까이

　분명히 뼈와 살을 가진 여자들임에도 불구하고, 아이돌들은 이상적 여인을 찾는 오타쿠들의 정신 속에서 개라지-키트 인형과 크게 다르지 않다.

　그들은 팬들의 꿈속에서 존재한다. 그들은 TV의 유리 화면에 의해 현실로부터 분리되어 있는, 다가갈 수 없는 존재들이다. 번쩍거리는 장신구들로 치장한 이 여자들을 통해 자기들의 열정을 결정(結晶)시키는 오타쿠들은, 인형이나 만화 영화 여주인공들에 대해서와 같은 유형의 관계를 그들과 맺으며, 이 일방 통행적 애정은 그들의 이기적인 가슴을 쿵쿵거리게 한다.

　아이돌을 사랑하는 오타쿠는 위험으로부터 벗어나 있다. 다시 말해, 그가 '정상적인' 관계에서 입게 될까 겁내는 상처로부터 자유롭다. 또 별로 자랑스럽지 못한 자기의 콤플렉스들을 확인해야 하는 고역도 없다.

　물론 고쿠미, 미야자와 리에Miyazawa Rie, 나쓰모토 가나코 Natsumoto Kanako(1999년 현재 아이돌 랭킹 1위)같이 유명한 아이돌들은 오타쿠 세계의 경계를 훨씬 뛰어넘는 팬을 확보하고 있다. 하지만 오타쿠들에게 가장 인기가 높은 것은 그들이 아니다. 그들은 미디어를 통해 너무 잘 알려져 있는 탓에, 오타쿠들은 그들에 대해 이기적 사랑과 짝을 이루는 독점적 소유 감정을 느낄 수 없다. 대리 사랑이라 해서 질투를 모르는 것은 아니다. 그들은 또한 오타쿠들의 일상으로부터 너무 멀리 떨어져 있는 탓에, '그들은 내 것이다'라는 느낌을 갖기가 불가능하다.

역설적으로, 아이돌이 오타쿠의 관심을 끌려면 유명하지 않아야 한다. 가장 이상적인 것은 그녀가 대중 앞에 첫선을 보이는 바로 그 순간에 반하는 것이다. 사실 이 무렵의 아이돌은 아직 크게 바쁘지 않고, 팬들, 자기의 첫번째 팬들의 질문에 답할 시간이 많다. 그녀는 현재 아이돌로서 첫발을 내딛고 있는바, 그녀가 원하든 원치 않든 아이돌 오타쿠는 그녀의 성공을 향한 노정의, 아니면 고행길의 빼놓을 수 없는 일부를 이룬다.

아이돌 오타쿠에게 있어, 이제 스타가 된 아이돌의 첫번째 팬이었다는 사실을 증명할 수 있는 것만큼 자랑스런 일도 없다. 동료들은 그의 증언을 거의 종교적인 태도로 밤새워 경청할 것이다. 한 아이돌의 첫번째 팬진을 발행한 것으로 인정받는 것, 그녀의 첫 콘서트를 포함한 모든 콘서트의 사진을 갖고 있는 것, 그녀가 사인한 첫번째 싱글을 남들 앞에 내놓을 수 있는 것, 그녀에 대한 모든 기사의 스크랩을 보유하고 있는 것은 아이돌 오타쿠들 사이에서 지대한 존경을 불러일으킨다.

그들은 프로메테우스적 측면 역시 갖고 있다. 그들은 아이돌이 그들만을 위해 존재하길 내밀히 원하지만, 그녀가 유명해져 이제 더 이상 사인해줄 마음도 시간도 없게 되었을 때, 그녀가 화려하게 성공하는 것을 지켜보면서 자기들의 슬픔을 승화시킨다. 그들은 그녀의 성공을 통해, 재능을 알아보는 자기들의 눈이 얼마나 예리한지를 가늠하고, 또 그것에 우쭐해한다. 그들은 좋아하는 아이돌의 인기를 대리적으로 체험하는 것이다. 아이돌과 맺는 이러한 관계를 통해 오타쿠들은 자기들이 존재한다는 증거를 찾아낸다.

자기 아이돌의 콘서트 화면이 TV에 지나갈 때 오타쿠는, 자기가 거기에 있었으며, 오늘날 그녀가 이토록 큰 성공을 거두는 것은 부분적으로 자기 덕분이라고 생각한다. 아이돌은 오타쿠를 미디어라는 매혹적인 세계에 연결해주는 가느다란 끈이다. 아이돌이 TV에 나올 때, 그리고 오타쿠가 화면을 바라볼 때, 오타쿠가 보는 것은 아이돌이 아니다. TV 화면은 어쩌면 오타쿠의 존재 이유를 반영하는 거울인지도 모른다.

데쓰야Tetsuya의 경우가 그렇다.

데쓰야가 아이돌들에게 열광하기 시작한 것은 5년 전부터이다. 21살인 그는 '프리터freeter'(free arbeiter의 준말)이다. 달리 말해, 그는 벌이가 짭짤한 작은 일들을 하고 살며, 넉넉히 남는 자유 시간을 자기의 정열에 할애한다.

아이돌 오타쿠 세계에서 데쓰야는 오카케okkake로 알려져 있다. 오카케는 오타키즘의 가장 오래된 형태로서 록 스타들을 따라다니는 이들을 가리킨다. 글자 그대로 '족적을 따라가는 사람들'인 오카케들의 특징은 어느 한 아이돌을 점찍은 뒤 그의 공연 일정을 따라 일본 전역을 편력한다는 것이다.

오카케는 아이돌들만 따라다니지 않는다. 1993년 6월 천황 후계자와 결혼한 젊은 마사코Masako 공주를 따라다니는 오카케도 있다. 일본 언론은 장래의 천황 부부가 움직일 때면 예외 없이 아기를 업은 채 인스타매틱Instamatic 카메라를 들고 나타나는 젊은 여자를 놓치지 않았다. 이 마사코 오카케는 공주의 일정을 환히 꿰고 있으며, 공주가 열차에서 내릴 때면 역에 몰려든 구경꾼들의 맨 앞줄에 어김없이 서 있다.

이 마사코 오카케처럼, 데쓰야는 제이에이Gei-ei에이전시에 소속된 17살짜리 신예 아이돌 스즈키 유카리Suzuki Yukari의 모든 공연에 달려가며 순정으로 그녀의 뒤를 좇는다. 유카리는 대중에게 전혀 알려져 있지 않다(아이돌 오타쿠들이 즐겨 보는 잡지에 나오지 않을 정도로). 데쓰야는 자신이 유카리를 좋아하는 단 2명의 고정 팬 가운데 하나라고 으쓱해한다. "그녀가 덜 유명한 게 제게는 더 좋지요"라고 데쓰야는 말한다. 유카리의 익명성 덕분에 데쓰야는 유카리 가까이 갈 수 있을 뿐만 아니라 그녀, 그리고 그녀를 돌보는 매니저와 같은 자리에 앉아 기차 여행을 할 수 있다.

아이돌과의 이러한 친밀함은 데쓰야에게 날개를 달아주지만 의무를 부과하기도 한다. "만약에 제가 약속에, 다시 말해 콘서트에 가지 못하면, 그녀는 어김없이 어째서 자기를 저버리느냐고 저를 원망합니다." 한 해 여름 유카리는 일본 열도 북단에 위치한, 도쿄에서 비행기로 2시간 걸리는 홋카이도에서 두 차례의 콘서트를 가졌고, 자기의 매혹적인 아이돌과의 암묵적 약속에 충실하길 원하는 데쓰야는 두 차례 왕복 비행기 표를 사기 위해 매킨토시 노트북을 팔아야 했다!

그러나 이러한 물질적인 문제는 사랑에 빠진 사람에게 아무것도 아니다. "가장 즐거운 것은 그녀와 마주앉아 있는 것이고, 그럴 때마다 나머지 세상은 제게 존재하지 않아요." 데쓰야가 사랑에 빠졌다? 그렇다. 하지만 그는 넘어서는 안 될 선을 분명히 알고 있다. 아이돌의 애인이 될 수는 없는 노릇이다. 그녀는 사랑받고 귀여움받기 위해 있다. 그러나 그녀는 비현실적이고, 건드릴 수 없으며, TV 화면이라는 넘을 수 없고 깨뜨릴 수 없는 유리벽에 의해 팬들로부터(그들이 아무리 열렬한 팬이라 해도) 분리된 존재인 것이다.

데쓰야 맞은편에 앉아 있긴 하지만 유카리는 근접할 수 없는, 현실 세계로부터 미디어의 벽에 의해 완전히 유리된 존재이며, 이 점은 모든 사람들을, 역설적으로 데쓰야까지 편하게 해준다. 사실, '진짜' 소녀에게 한 번도 말을 걸어보지 못했을 정도로 수줍은 그가, 아이돌과는 그 어떤 '관계'도 원천적으로 불가능하다는 사실을 의식하고 또 그 덕분에 편해질 수 없었다면, 어떻게 유카리 같은 아이돌에게 감히 자기의 열정을 공개적으로 선언할 수 있었겠는가!

유카리가 거울 반대쪽에 위치한다는 상징적인 사실은 데쓰야로 하여금, 진짜 애정 관계가 불러올 수 있는 무서운 결과를 두려워함이 없이, 그녀에 대해 애정을 느끼고 또 표현할 수 있게 해준다.

다른 오타쿠들과 마찬가지로 데쓰야는 자기의 욕망을 떠짊어지길 거부하며 인간 관계와 실존에 참여하길 회피한다. 진짜 소녀와 대면하는 것보다는, 파트너에 대해 아무런 신경도 쓰지 않고 오로지 감미로운 사랑의 전율만을 맛보는, 사실은 이기적인 일방적 사랑을 그는 더 좋아하는 것이다.

이런 면에서, 오타쿠들에게 사랑의 필요를 충족시켜주는 아이돌은 폴리우레탄 인형이나 만화 영화 여주인공들과 크게 다르지 않다.

아이돌 오타쿠들의 천태만상

스즈키 유카리의 콘서트 일정을 알기 위해, 또 그녀에 대한 정보를 다른 아이돌 오타쿠들과 교환하기 위해, 데쓰야는 전자 통신을 이용한다. 매일 저녁 그는 아이돌 오타쿠들의 네트워크에 접속하여, 일본 전역에 동시 연결된 다른 아이돌 숭배자들과 화면을 통해 대화한다.

최근 콘서트들에 대한 평, 모 여가수의 매혹적인 새 미니스커트, 한 아이돌이 콘서트 도중 살짝 던진 '죽여주는' 눈짓에 대한 허풍 섞인 자랑, 새로운 아이돌의 데뷔와 관련하여 연예 에이전시에서 얻어낸 정보, 다음 콘서트 등등, 대화는 신바람 나게 진행된다.

전자 통신은, 텍스트를 주고받을 수 있을 뿐만 아니라(목소리는 없지만), 비싸지 않은 스캐너나 디지털 카메라 덕분에 사진들을 전송하고 받을 수 있다는 장점이 있다. 따라서 각각의 오타쿠는, 각별히 친하거나 알 만큼 아는 사람들에게 자기가 보유한 사진들을 보여주는 것을 그저 자랑스러워하는 아이돌 오타쿠들이 제공하는 수천 장의 사진들을 서버의 중앙 컴퓨터를 통해 전송받아 자기 취향에 맞는 앨범을 꾸밀 수 있다.

데쓰야가 마사카즈Masakazu란 이름의 아이돌 오타쿠를 만난 것은 이러한 전자 통신망을 통해서이다.

마사카즈는 도쿄로부터 멀리 떨어진 교외에서 혼자 산다. 그는 낡은 목조 건물에 위치해 있으며, 편의 시설이 갖추어지지 않은 20평방미터 넓이의 방에서 기거한다. 방세는 한 달에 200 달러 정도. 27살인 마사카즈는 어려서부터 아이돌에 열광해왔다. 벽은 아이돌들의 포스터로 온통 도배되어 있고, 벽장은 신문 기사 오린 것과 둘둘 만 포스터와 여러 해 동안 쌓인 비디오 카세트로 넘쳐난다. 이 방에서 값나가는 유일한 것은 한쪽 벽을 모두 차지한 비디오 세트이다. 대형 화면 TV, 4대의 비디오, 하이파이 시스템, 그리고 작은 테이블 위에 놓인 컴퓨터가 있다.

직장을 그만둔 이래로 그는 아이돌에 대한 그의 정열에 온 힘을 쏟으면서 언젠가 미디어 분야에서 일을 찾길 갈망하는데, 이 꿈이 실현될 가능성은 희박하다. 정오에 자리에서 일어나자마자 그는 TV부터 켜고 아이돌이 나오는 프로그램을 찾는다. 비디오에는, 그가 좋아하는 아이돌들의 예쁜 얼굴이 화면에 나올 것에 대비하여, 공테이프가 녹화를 기다리고 있다. 벽장 안에는 광고, 쇼 프로그램, 연속극, 그리고 심지어 그가 직접 녹화한 콘서트 등을 담은 비디오카세트들이 세심하게 정리되고 번호 매겨져 있다.

자기가 좋아하는 아이돌들이 출연하는 방송에서 발췌한 장면들을 체계적으로 정리한 자료말고도, 마사카즈는 호당 500부씩 찍어내는 팬진을 발행하고 있는바, 전자 통신망 또는 콘서트에서 우연히 만난 20여 명의 친구들이 그를 돕는다. 시시도 루미 Shishido Rumi(21살. 1994년 판 아이돌 바이블 랭킹 195위. 1999년 판 아이돌 바이블 랭킹 826위. '런런 Run–Run'이란 애칭을 갖고 있다)에게 바쳐진 48페이지짜리 흑백 팬진 『나이스! 런²』에는 마사카즈가 그린 만화가 있는데, 물론 여주인공은 시시도 루미이며, 저자는 '마사카즈, 모험의 왕자'로 되어 있다. 생전 문 밖에 나가지 않는 사람에게 꽤나 잘 어울리는(?) 별명이다.

팬진의 다음 페이지들은 시시도 루미의 디스크 총목록, 그녀

의 마지막 앨범에 수록된 모든 노래에 대한 평, 이 앨범의 홍보
를 위해 음반사가 주최한 '티 파티'에 대한 기사, 루미와 함께
TV에 출연한 한 팬의 인터뷰, 또 다른 만화들, 최근 20개 이벤
트에 대한 자세한 보고서, 루미의 개라지—키트 인형 만드는
법, 그리고 물론 예쁜 런런의 수많은 사진들, 간단히 말해 시시
도 루미의 팬이 알고 있어야 할 모든 것을 담고 있다.

물론, 아이돌 마니아가 아닌 사람들에게, 순진하기 그지없는
팬진의 내용은 웃음을 자아낼 수 있으리라. 하지만, 오타쿠 세
계에서 자주 그러하듯, 팬진은 팬들간의 무시할 수 없는 의사
소통 수단이다. 그것은 일종의 집단 작업으로서, 각자 자기의
감수성과 열정을 갖고 그것에 기여한다. 아이돌들에게 전적으
로 바쳐진 100여 팬진들 가운데에는 인기 있는 것도 있고 인기
가 덜한 것도 있다. 아이돌 클럽들은 최고 명문 대학들, 이를테
면 도쿄 대학교나 와세다 대학교에까지 파고들었다. 이 두 대
학에서 발행되는 팬진이 가장 인기 있는데, 왜냐하면 대학의
유명세를 등에 업은 팬들이 음반 회사와 에이전시들에게 압력
을 넣어, 보통 오타쿠들은 꿈도 꿀 수 없는 아이돌과의 만남을
얻어내기 때문이다.

그런 점에서, '와세다 대학 아이돌 랩Waseda Univ. Idol
Lab.'이 발행하는 팬진 『피카부Peekaboo』를 잠시 살펴볼 필요
가 있겠다. 미래의 엘리트들은 역시 머리가 좋아서일까? 아무
튼 이 팬진은 놀랍게 잘 구성되어 있다. 다카하시 기요코(1994
년 아이돌 랭킹 683위. 1999년 순위에서 사라짐)와의 긴 인터뷰
이외에, 팬진은 기요코가 좋아하는 물건들에 대한 사진을 통한
연구, 다른 두 아이돌과의 인터뷰, 아이돌 잡지들의 권위에 대
한 구독률 그래프를 곁들인 고찰, 각 잡지의 역사에 대한 주석,
수만 명의 유망주들 가운데 미래의 아이돌들을 선발하는 연예

에이전시들의 오디션 시스템 소개, 그리고 어린이 배우를 육성하는 한 연기 학교에 대한 풍부한 자료에 바탕을 둔 취재 기사 등을 담고 있다. 이 경우를 통해 잘 관찰할 수 있듯, 아이돌 오타쿠의 세계에서조차 엘리트는 엘리트로 남으며, 명문 대학에 속한 팬들은 금방 배운 지식을 자기들의 정열에 적용한다.

'아이돌리언aidolian'이란 말을 만들어낸 사람은 와세다 대학교 정치경제대학 출신이다. 이 말은 오늘날에도 아이돌 오타쿠를 지칭하기 위해 사용된다. 이제 40살인 가즈오Kazuo는 세계적으로 유명한 중공업 회사의 간부이다.

아이돌에 대한 그의 정열은 소년 시절로 거슬러 올라간다. 16살 때 70년대의 가장 유명한 아이돌들 가운데 하나였던 야마구치 모모에Yamaguchi Momoe에 대해 가졌던 감정을 그는 아직도 기억한다. 그후 그는 다른 아이돌에게 반했다가 결국 '아이돌로지 연구자'를 자처하며 모든 아이돌들에게로 관심을 확장했었다. 그가 셜록 홈스를 좋아하는 사람들을 가리키는 '셜록키언Sherlockian'이란 말을 흉내내어 '아이돌리언'이란 말을 만든 것은 바로 이 무렵이다.

가즈오는 아이돌리언과 아이돌 오타쿠 사이에 분명한 차이를 둔다. "아이돌 오타쿠는 개인적인 목표를 위해 아이돌에게 열광하는 마니아들입니다. 그는 어떤 한 아이돌에 대해 이기적인 사랑을 품으면서 그로부터 쾌락을 이끌어내지요. 반면에 저는 아이돌 역사가입니다. 제 목표는 일본의 이 전형적인 문화 형태를 더 잘 알고 더 잘 평가하게 해주는 것입니다. 제가 보기에 일본 문화를 가장 잘 대변하는 것은 스모나 가부키가 아니라 아이돌입니다."

아이돌 역사의 산 증인으로 인정받기 위하여 가즈오는 노력을 마다 않는다. 그는 모든 주말을 아이돌들의 콘서트에 할애할 뿐만 아니라(그는 10년 동안 500개가 넘는 콘서트를 보았다), 아이돌들에 대한 잡지의 기사와 CD와 레이저 디스크들을 수집한다. 그는 또한 1980년부터 아이돌들의 모든 TV 출연을 비디오카세트에 담았다.

콘서트를 볼 때마다 그는 작은 수첩에 평을 기록한다. 왼쪽 페이지에는 노래 제목들을 적고, 오른쪽 페이지에는 소녀의 의상을 스케치한 뒤 자기의 느낌을 쓴다. 이따금 그는 노트들을 비교하면서 일정한 시기에 대한 자기 나름의 결론을 이끌어낸다.

"미디어는 아이돌이 쓰레기통에 던져 마땅한 문화라고 말합니다. 사실 아이돌들은 소비 사회의 산물입니다. 그러나, 그러나, 그들은 귀엽지 않아요?" 결혼하여 두 아이를 두고 있으며, 요즘엔 그룹 '스피드'의 네 소녀에 열광하는 그가 내게 반문한다.

후세를 위해 일한다고 확신하고 있는 그에게 나는 그것이 착각이라고 말할 용기가 없었다.

쓸모 없어 보이는 분야의 온갖 자료들을 거의 발작적으로 모으고 분류하는 경향은 일본의 교육을 반영하는바, 학교 교육은 정의(定義)·날짜·자료·공식을 암기하는 데 중점을 둔다. 미국 시스템을 모방한 시험은 객관식 문제들로 구성된다. 대표적인 예를 들어보자.

— 다음 문장의 빈칸에 알맞은 동사를 고르시오.

"Yesterday, I (　　　　) to school.

a) will go　　b) went　　c) came

— 마리냥Marignan 전투는 언제 일어났는가?

a) 1514　　　b) 1515　　c) 1525

— 물의 분자식은 무엇인가?

a) HO_2　　　b) O_2H　　c) H_2O

과외는, 정확한 답을 모를 때 '찍는' 법을 학생들에게 가르쳐줌으로써 이러한 나쁜 시스템을 더욱 악화시킨다.

지나친 암기 위주의 교육이 낳는 결과들 가운데 하나는 학교가 잘 만들어진 머리 대신에 꽉찬 머리들을 양산해낸다는 사실이다. 일본의 학생들에게 있어 앎은 가능한 한 많은 날짜와 이름을 암기하는 데 있지, 어떤 사건과 관련하여 추론을 한다거나 스스로 영어 문장을 꾸밀 줄 아는 데 있지 않다.

와세다 졸업생인 만큼 엘리트라고 할 가즈오가 아이돌들에 대한 자료를 무작정 수집하는 데만 골몰하는 것은 따라서 놀라운 일이 아니다. 그는 정열에서조차 모범생으로 남아 있는 것이다.

팬들이 존재해온 것은 70년대에 첫번째 아이돌들이 등장하면서부터라면, 1985년 후지TV가 「오 니안코 클럽」을 방영하면서 일대 변화가 일어났다. 이 쇼 프로그램에는 일본의 각 지방에서 선발된 20명의 평범한 여고생들이 참여했고, 대뜸 아이돌의 반열에 오른 이들은 팬들의 눈에 학교 친구처럼 여겨졌다. 게다가, 아이돌이 20명씩이나 되다 보니 팬들은 누구를 더 좋아해야 할지 몰랐다.

기준은 다양할 수밖에 없었고, 자기 마음에 드는 응원할 소녀를 고르려면 적잖은 신경을 써야 했다. 이 결정은 아주 중요했는데, 인기 투표에서 낮은 점수를 얻은 소녀들은 다른 소녀들에 의해 교체되었기 때문이다. 따라서 무책임한 결정을 할 수 없었다. 일본 전역에 걸쳐 15만 명에 이르는 「오 니안코 클럽」 팬들은 한 소녀의 목소리에 대해, 다른 소녀의 머리 모양에 대해, 또 다른 소녀의 몸짓에 대해, 또 다른 소녀의 미소에 대해 열정적으로 갑론을박했다. 각 지방마다 몇 명의 여고생을 배출했는지, 혈액형이 A형인 여고생은 몇이고 B형인 여고생은 또 몇인지, 사수좌는 몇이고 전갈좌는 몇인지, 또는 가슴이 가장 큰 것은 누구인지를 보여주는 비교 도표가 작성되었다. 쉽게 알 수 있듯, 기준은 가지가지이고 종종 엉뚱하나 언제나 덧없다.

청소년들 사이에서 「오 니안코 클럽」의 인기는 얼마나 대단했던지, 15만을 헤아리는 팬 클럽말고도 약 천 4백만 명의 시청자들이 이 프로그램을 봤다. 이러한 성공이 '오 니안코'의 이름이 붙은 각종 상품들의 제작과 판매로 이어졌음은 말할 필요도 없다. 「오 니안코 클럽」이 방영된 2년 동안 이 프로그램은 한 해에 36주씩 인기 방송 히트 퍼레이드에서 1위를 차지했으며, 1,300만 장의 싱글을 팔았고, 600만 장의 33회전판을 파는가 하면, 사진 앨범과 비디오카세트를 포함한 각종 파생 상품 판매를 통해 4억 달러의 매출을 올렸다. 그것은 아직까지 일본 쇼 비즈니스 역사상 최고의 흥행으로 남아 있다.

「오 니안코 클럽」의 성공은 아이돌과 아이돌 오타쿠의 관계를 심층적으로 변화시켰다. 이때까지 팬과 그가 사랑하는 아이돌의 관계는 개인적인 것이었지만, 「오 니안코 클럽」 이후로 오타쿠들은 조직적인 움직임을 보이기 시작했다. 그들은 그들만의 순위를 매기고 그래프를 만들고 정보를 모으고 자료들을 수집했다. 예쁜 소녀들의 이러한 특징들을 스스로에게 동화하는 것은 도청 소재지를 외우는 것보다 훨씬 재미있으리라. 그렇지 않은가?

1971년 처음으로 한 스타가 아이돌로서 공식 인정된 이래로 일본 미디어들은 수만 명의 소녀들을 아이돌의 위치에 올려놓았다. 이들은 방송 무대에서 사라져 이제 충실한 팬들의 가슴에만 남아 있게 되었지만, 도쿄에는 옛날을 잊지 못하는 사람들이 몰려들어 추억의 냄새를 맡는 장소가 있다. '컬처 스테이션'은 일본의 모든 아이돌 오타쿠에게 잘 알려진 상점이다. 1995년에 문을 연 이 상점의 외관은 볼품없으나, 그것은 언젠가 반들반들한 종이 위의 여자에게 반해본 경험이 있는 사람들에게 알리바바의 동굴과도 같다. 거기엔 아이돌 오타쿠 문화의 고서적들이 정성스레 정리되어 있는바, 70년대와 80년대에 나온 오래된 일본판 『플레이보이』 『헤이본 펀치 *Heibon Punch*』, 또는 『위클리 다카라지마 *Weekly Takarajima*』가, 사진이 실린 아이돌의 인기도에 비례하여 60달러에서 300달러에 팔린다. 희귀본을 놓고 여러 구매자가 다툴 경우엔 경매(프랑스의 런지스 Rungis[1]에 해당하는 쓰키지 Tsukiji 수산물 시장의 경매 시스템을 본딴)를 동원한다. 가깝게 멀게 아이돌 세계에 관련되는 모든 물건들, 이를테면 전화 카드에서부터 유행 지난 포스터에 이르는 것들이 경매에 오른다. 이 가게 최고의 상품은 90년대 초반에 엄청난 인기를 모았던 가수 모리타카 치사토가 미니스커트를 입고 찍은 실물 크기의 광고 사진으로, 아름다운 치사토의 다리(그리고 나머지)는 3,000달러에서부터 경매가 시작된다. 한 차례, 두 차례, 누가 가장 적당한 값을 부를 것인가? '컬처 스테이션'은 5,000명의 아이돌 오타쿠를 회원으로 보유하고 있는데, 이들은 경매에 참여하기 위하여, 또는 자기들이 지닌 보물을 팔기 위하여 정기적으로 거기에 온다.

한 전문 잡지가 옛 아이돌들을 상기시키면서 이 '메모라빌리아 Memorabilia' 시장을 지원하고 있는바, 매달 낡은 잡지들을 뒤져 아이돌들의 대담한 사진이나, 이제는 존재조차 잊혀진 스타의 광고들을 찾아 게재한다. 기억을 되살리는 일이라면 걱정할 필요가 없는 것이, 다행히 오타쿠들이 있기 때문이다.

---

1 파리 남쪽에 위치한 위성 도시로서 수산물 시장으로 유명하다(옮긴이 주).

소녀들의 치마 아래에서

24살인 요시유키Yoshiyuki에게 있어 삶의 낙은 주말 여행이다. 카메라를 둘러멘 그는, 콘서트 중인 아이돌을 사진 찍기 위하여 일본 전역을 누빈다. 오타쿠 세계에서는 요시유키 같은 젊은이들을 '카메라 고조camera kozo,' 곧 카메라광이라 부른다. 대부분의 경우 아이돌들은 그들을 몹시 혐오하는데, 그들을 최악의 성도착자들로 간주하기 때문이다.

사실 카메라 고조들은 두 부류, 곧 성도착자들과 순정파들로 나뉜다. 그러나 간혹 이 두 부류 사이의 차이는 아주 미약한 것이어서 낯선 사람으로서는 정확히 구분하기가 어려운 것이 사실이다.

요시유키는 순정파에 속한다. 그가 아이돌들에 열광하기 시작한 것은 17살 때부터이다. "어렸을 때 저는 TV에서 쇼 프로그램을 보곤 했지요. 가짜 보석들, 빛, 깨물고 싶도록 귀여운 여자들. 저는 미디어가 보여주는 세계에 매혹되었습니다. 하여 저는 이 세계의 산 증인이 되는 한편, 그것의 일부나마 제 것으로 만들고픈 마음을 갖게 되었어요." 그가 내게 설명한다.

자기 방으로 나를 안내한 그는 마이크를 들고 미소짓는 100여 명의 소녀들의 사진이 정성스레 정돈된 앨범을 보여준다. 바닥 곳곳에는 채 정리하지 못한 사진들이 무더기로 쌓여 있다. 그는 또한, 아마추어 사진을 취미로 삼는 청소년들을 겨냥한 잡지에 가명으로 발표한 자기 사진들을 내게 보여준다. 그

촬영장의 카메라 고조들

는 이 사진들을 아이돌들의 이벤트 때 찍었다. 한 선반 위에 그의 사진 장비들이 정렬되어 있다. 4대의 캐논 일렉트로닉과 20여 개의 렌즈들. 렌즈들 가운데는 500밀리미터짜리(f 3.4)도 있다. 500밀리미터 렌즈는 무게가 무려 6킬로그램이고, 값은 6천 달러에 달한다.

주말이 오면 그는 신기루 같은 여신을 만나기 위해 카메라와 렌즈들을 커다란 검은 가방에 쑤셔넣고 신칸센에 올라 도쿄·센다이·나고야·히로시마 등지로 향한다. 목적지에 도착하면 그는 자기처럼 아이돌에 눈이 먼 친구들을 만날 것이다. 다른 관중보다 여러 시간 먼저 도착한 카메라 고조들은 맨 앞줄을 독차지한다. 이벤트가 시작되길 기다리면서 그들은 수다를 떨거나, 최근의 잘 찍은 사진을 자랑하거나, 장비 구입과 관련한 정보를 주고받는다. 거대한 500밀리미터 렌즈는 거의 의무적인 장비로서, 카메라 고조의 상징이자 식별 표지이다. 몇몇은 숭배하는 아이돌이 렌즈 옆구리에 유성 펜으로 해준 사인을 보란 듯이 내두른다.

　잠시 후 백여 개의 거대한 렌즈들이 나풀대는 미니스커트에 양말을 신은 작은 아이돌을 일제히 겨냥했을 때, 나는 몹시 외설스런 광경이 펼쳐지고 있다고 생각지 않을 수 없었다. 왜냐하면 요시유키와 10명 가량의 동료들은 그들의 거대한 렌즈를 가상적 남근으로 사용하고 있는 것처럼 보였기 때문이다.

　콘서트가 진행되는 동안, 아이돌이 미소짓거나, 손으로 포즈를 취하거나, 치마를 빙글빙글 돌리거나, 뾰로통한 표정을 짓거나, 관중들을 향해 손을 내밀거나 추파를 던질 때면 어김없이 카메라 고조들의 플래시가 터진다. 황홀경에 빠진 그들은 온 신경을 집중하여 가장 감동적인 몸짓을 기다리며 플래시를 기관총처럼 쏘아대는 것이다. 그들 뒤의 '응원단'은 손뼉을 치고, 있는 힘을 다해 호각을 불고, 후렴을 합창하면서, 어린 가수의 주의를 끌기 위해 사력을 다한다. 다행스런 것은 어린 아이돌이 이런 관중들에 익숙해 있다는 사실이다.

　콘서트가 끝난 뒤 팬들은 어린 '애인'과 악수를 하고, 가능하면 몇 마디 대화를 나누기 위해 줄을 선다. 그러나 잠깐. 모든 팬들이 그렇게 할 수 있는 건 아니다. 아이돌의 마지막 곡이 담긴 미니 CD를 사야 한다. 이 '열려라 참깨!'가 없으면, 공손하지만 효과적인 질서 유지원들이 당신을 무자비하게 출구 쪽으로 모실 것이다. 약삭빠른, 그리고 증상이 심각한 팬들은 어린 스타를 여러 번 보기 위해 여러 장의 CD를 산 뒤 여러 번 줄을 선다. "안녕하세요……" "저는 당신의 모든 콘서트에 와요……" "제가 찍은 당신 사진 좀 보세요……" "사랑해요……" 아이돌은 하염없이 미소지으며 악수를 한다. 요시유키는 사인된 미니 CD들을 내게 보여준다. 물론 그 역시 같은 것을 여러 개씩 가지고 있다.

　이벤트가 있을 때마다 서로 마주치다 보니 카메라 고조들 사이에는 일종의 동료 의식 같은 것이 생겨났다. 이러한 현상은 외톨이인 이들에게서 일찍이 볼 수 없던 것이다. 거의 정기적으로 오사카를 떠나 도쿄로 오는 요시유키는 콘서트에서 동료들과 재회하고, 이들은 그를 위해 첫째 줄의 자리를 맡아놓는다. 반대로 콘서트가 오사카에서 열릴 때면 요시유키는 플랫폼 표를 들고 신칸센 역에 나와 도쿄 친구들을 맞는데, 이 표 덕분에 도쿄 친구들은 기차 삯을 내지 않고 역을 나갈 수 있다.

그 어머니조차 들어가길 망설이는 요시유키의 방은 말 그대로 알리바바의 동굴이다. 벽에는 아이돌들의 포스터와, 그가 찍은 사진 중 제일 잘된 것들을 골라 확대한 것이 붙어 있다. 바닥에는 사진 장비 이외에 메모리 카드가 연결선에 엉켜 나뒹구는 오락실용 비디오 게임기(중고), 그리고 전화 카드를 조작하여 전화비를 내지 않게 해주는 초록색 공중전화(아마도 훔친 것일 텐데, 공식적으로는 친구에게서 산 것이다) 등이 있다. 문짝을 들어낸 벽장에는 몇 년 전 크게 유행한 비디오 게임이 설치되어 있다. 서로 연결된 3대의 TV가 화면의 길이를 3배로 확대해준다. "이 비디오 게임은 제게 있어 커다란 자랑거리입니다. 2,000달러를 주고 샀어요. 그러나 그걸 이런 식으로 가지고 있는 것은 저뿐입니다." 우주선 하나가 3개의 화면을 차례차례 가로질러 지나가고, 방은 이상한 푸른빛으로 가득 찬다. 비디오 세트가 있는 구석에는 4대의 비디오 옆에 하이파이 시스템과 TV가 있다.

카메라 고조 친구들과의 통신 수단인 노트북을 잊을 뻔했다. 매일 저녁 그는 인터넷에 접속하여 메일이 왔는지를 확인한 뒤 아이돌 포럼에 들어가 다른 사람들을 만난다. PC는 오타쿠들의 주요 통신 수단이다. PC 애용자들은 사이버 공간을 지배하는 익명성을 좋아한다. 수줍고 자폐적인 요시유키에게는 컴퓨터 앞에서 떠는 수다가 유일한 대화이다.

집안이 보잘것없는 그는 자기 아버지처럼 공작 기계를 만드는 공장에서 일하며 월급을 어머니에게 갖다 준다. 그러면 가계를 책임진 그의 어머니는 그에게 200달러의 용돈을 준다. 그는 바로 이 돈을 가지고 조금씩조금씩 장비를 마련함으로써 오늘날의 완벽한 오타쿠가 되었다. 장비 구입 이외에 요시유키는 돈을 쓰지 않는다. 일본의 한쪽 끝에서 다른 쪽 끝까지 타고 가는 신칸센? "친구들과 협조하여 공짜로 타지요." 전화비? "전화 카드를 조작하여 공짜로 걸지요."

기술을 좋아하고 잘 아는 오타쿠들은 통신 수단들의 허점을 파악하여, 자기들의 유희에 도움이 되는 것이라면 무엇이건 이용한다. 비디오 게임 매매, 전화 도청(아이돌들의 집 가까운 곳에서 그들의 통화를 몰래 듣는 것보다 더 짜릿한 게 어디 있을까?) 등, 오타쿠들은 위법도 서슴지 않는다. 요시유키 또한 예외가 아니다. 그의 방에는 아이돌들의 사진 더미들 사이에『가짜 전화 카드의 기초』또는『어떻게 무료로 전화하는가』같은 책들이 있다.

나는 요시유키에게 카메라 만지는 것을 그토록 좋아하니 언젠가 직업 사진 작가가 될 생각이 있는지 물어보았다. "한 번도 생각해본 적이 없는데요"라고 그는 대답했다. 3교대제 노동자인 그에게 있어 사진은, 그를 매혹하는, 그러나 스스로 생각해도 너무나 먼 세계에 다가가는 한 방법에 불과하다. 그러면 누가 누구를 이용하는가? 요시유키 같은 수많은 젊은이들에게 글래머로 충만한 세계를 보여주면서 돈을 버는 쇼 비즈니스? 아니면 흰 양말을 신은 작은 아이돌들 덕분에 따분하고 무의미한 일상에서 탈출하는 요시유키와 그의 카메라 고조 친구들?

카메라 고조의 붐은 80년대 초반 기술 없이도 쉽게 사용할 수 있는 뛰어난 품질의 카메라들이 시장에 출현한 것과 때를 같이한다. 그러나 정말로 이 붐을 촉발시킨 것은 1983년에 창간되어 아마추어들이 찍은 섹시한 사진들을 게재하는 『슈퍼 사진 학원 *Super Shashin Juku*』이란 잡지였다. 『루이 *Lui*』나 『플레이보이』와 유사하며, 정상적인 청소년들이라면 늘 곁에 두고 보는 일본 잡지들에 섹시한 사진을 발표하는 유명한 직업 사진 작가들을 흉내내고 싶어하는 카메라 고조들은 적당한 각도를 취한 뒤,「칠 년 만의 외출」의 마릴린 먼로처럼 공교로운 바람이 모델의 치마를 들추는 순간 셔터를 눌러댄다.

그러나 길에서, 그리고 고등학교 교정에서 바람은 자주 불지 않고, 직업 모델들은 여드름 난 고등학생들처럼 보이는 젊은이들이 든 카메라 앞에서 치마를 걷어올리기 위해 길을 쏘다니지 않는다. 하지만 다행히도 아이돌들이 있다.

오래지 않아 애송이 사진사들은 아이돌 콘서트가 제공하는 가능성의 폭을 파악하게 되고, 리비도적 유희에 자유로이 탐닉한다. 관객에게 미소짓는 대가로 돈을 받는, 무대 위에서 마이크를 든 아이돌들은, 무모한 카메라 고조가 카메라 렌즈로 치마 밑을 겨냥할지라도 항의할 권리가 없다. 『슈퍼 사진 학원』은 이 사진들이 예쁜 여자를 좋아하는 사람들뿐만 아니라, 아이돌 팬과 성 강박증 환자들까지도 매료시킬 수 있다는 사실을 가장 먼저 깨달은 잡지이다. 게다가 카메라 고조들의 사진은 유명한 사진 작가들의 사진보다 싸다. 제일 뛰어난 작품이 겨우 300달러이고, 나머지는 게재되는 영예로 만족해야 한다.

이 잡지는, 그것을 흉내낸 다른 잡지들과 마찬가지로, 네 부류의 사진들을 게재한다. 이벤트 때 찍은 아이돌 사진들, 체조 경기나 고적대 퍼레이드 때 찍은 '액션' 사진들, 여고생 사진들, 그리고 러브 호텔에서 찍은 여자 친구의 사진들. 이 네 부류의

카메라 고조의 대상인 교복 입은 여고생 모델들

사진들이 갖는 공통점은 보일 듯 말 듯 드러난 팬티에 있다.

소녀들의 내밀한 깊이를 감싸는 향기로운 금기의 신비에 마비된 카메라 고조들은 그들의 망원 렌즈를 통통한 여체에 고정시킨 채 바람의 도움을 기다린다. 아무것도 그냥 지나치지 않는 그들은 백화점들의 주소를 주고받는다. 이 백화점들은 옥상에서 아이돌 미니 콘서트가 자주 열릴 뿐 아니라 바람이 세차기로 이름난 백화점들이다. 도쿄에서는 도큐백화점 옥상에서 열리는 콘서트가 가장 유명하다.

그러나 오판하지 말기 바란다. 장난스런 바람의 도움에도 불구하고, 치마가 들리는 순간을 포착하여 필름에 담으려면 엄청난 솜씨와 반사 신경이 필요하다. 더 꾀바르고 더 변태스런 다른 카메라 고조들은 원격 조정 카메라를 만들어 땅바닥에 보이지 않게 설치한다. 하여, 짧은 치마를 입은 여중생이 감추어진 카메라 위를 지나가는 순간 리모콘을 눌러 소녀의 치마 밑에 숨겨진 것을 확대 촬영한다. 교묘하지만 덜 어려운 다른 방법은 에스컬레이터에 서 있는 소녀의 바로 뒤에 가방을 놓는 것이다. 가방에는 물론 카메라가 숨겨져 있고, 확대 렌즈는 하늘을, 다시 말해 늦게까지 아이로 남아 있는 사람의 호기심을 유발하는 생명의 신비를 향하고 있다. 적어도 이 호기심에 관한 한 영악한 장난꾸러기인 조르주 브라상스Georges Brassens와 몽상적 관조자인 알랭 수숑Alain Souchon[1]은 내 말에 반대하지 않을 것이다.

카메라 고조의 급격한 증가는 아이돌 세계에 변태적인 영향을 미친다. 한 아이돌이 매니저에게 무엇이건 요구할 수 있을 만큼 충분히 유명해졌을 때, 그녀는 카메라 고조들의 콘서트 입장 금지를 요구하고, 이때부터 성 강박증에 걸린 고양이와 신경질난 생쥐 사이에 일종의 게릴라전이 시작된다.

콘서트 입장이 금지된 것을 본 카메라 고조들은 입구를 통과하기 위하여 서로 협력한다. 카메라를 분해한 뒤 부품들을 나눈다. 아무개는 몸체, 아무개는 렌즈, 아무개는 플래시, 아무개는 받침대, 아무개는 필름…… 일단 자리에 앉으면 그들은 콘서트 시작에 맞추어 카메라를 다시 조립한다. 물론, 그들은 발각될 것이고, 콘서트가 끝났을 때 불려갈 것이다. 그러나 비싼 카메라는 포기할지언정 필름만은 무슨 수를 써서라도 밖으로 가지고 나갈 것이다.

비록 팬티를 엿본다고는 하지만 아이돌 사진 몇 장을 위하여 이 무슨 위험이고 이 무슨 낭비인가. 그러나 사실 이 촬영 기술에 숙달된 카메라 고조들은 제법 돈을 번다. 그렇게 찍은 인기 절정의 아이돌 사진들이 오타쿠들 사이에서, 그리고 도쿄나 다른 대도시의 청소년 거리에 무허가로 설치된 가판대에서 비싼

---

1 둘 다 프랑스의 유명한 샹송 가수이다(옮긴이 주).

값에 팔리는 것이다. 이런 마당에 카메라를 포기하는 것쯤이야 대수롭지 않다.

연예 에이전시들로서는 아무런 로열티도 받지 못하는 이 해적 사진들을 통해 잃는 돈도 돈이려니와 암거래되는 사진들 때문에 아이돌의 이미지 관리도 어려워지는 만큼 이 무모한 카메라 고조들(또는 영악한 장사꾼들)과 직접 협상하는 길을 택하여 사진 한 장에 600달러씩 주고 필름을 사버린다. 이런 이유 때문에 더더욱 카메라 고조들은 카메라 버리는 것을 안타까워할 필요가 없다. 에이전시와의 협상 때 그들은 카메라 값도 받아낼 것이다.

위험을 무릅쓰는 카메라 고조들에게 이러한 코만도 작전은 사진 촬영 그 자체보다 더 강렬한 느낌을 준다. 법을 위반할 용기가 없는 이들은, 카메라 고조가 없었더라면 관중 없이 노래 불러야 하는 햇병아리 아이돌로 만족한다. 콘서트 내내 끔찍한 셔터 소리를 들어야 하는 어린 아이돌은 인내심을 갖고 참는다. 그녀 역시 카메라 고조의 콘서트 입장 금지를 에이전시에 요구할 수 있을 날을 기다리며.

이러한 불건전한 분위기는 차츰차츰 대형 이벤트와 미니 콘서트들의 이미지를 변질시켰고, 대부분의 보통 관중들은 막 데뷔하는 아이돌들이 스스로를 선전하려고 갖는 콘서트로부터 발길을 돌리게 되었다. 오늘날 아이돌들의 미니 콘서트에 가는 것은 아이돌 오타쿠들뿐이고, 맨 앞줄엔 물론 카메라 고조들이 있다.

언뜻 보기에 그들은 하잘것없는 변태들이고 동정할 가치조차 없다. 그러나 좀더 깊이 생각해보면, 그들의 행태는 그들을 낳은 소비 사회에 대한 부인처럼 보인다.

아이돌 시스템은 처음부터 끝까지 미디어에 의해, 특히 TV에 의해 만들어졌다. 아이돌의 존재 이유는, 우리가 살펴보았

듯, 극도로 성적인 여성의 이미지와, 그녀가 선전하는 상품이 서로 결합되는 광고에 있다. 아이돌은 무엇보다도 먼저 성적 환상이며, 이는 아이돌 시스템이 생겨난 이후 언제나 그랬다. 가령, 첫번째 아이돌로 간주되는 야마구치 모모에의 맨 처음 노래들 가운데 하나의 제목은 「원한다면 나를 마음대로 해도 좋아」였다. 다시 말하자면, 파렴치하게 성을 이용하는 것은 물건을 팔고자 하는 광고주, 또는 상업 시스템이다. 이런 면에서, 강박적인 사진들을 통해 아이돌들의 이미지를 변질시키는 카메라 고조들은 무의식적으로나마, 자기들을 그 안에 가둠으로써 최대의 이윤을 얻어내고자 하는 광고주들의 상업 시스템에 자기들이 현혹되지 않았다는 사실을 보여준다.

미니 콘서트를 주최하는 사람들이 아이돌과 악수하고 미소를 주고받기에 앞서 열번째 같은 CD를 살 것을 팬들에게 요구할 때, TV의 청소년 대상 프로그램을 조각조각 나누는 광고들에서 예쁘고 명랑한 아이돌이 미소로 유혹하며 지갑을 노릴 때, 카메라 고조들은 시스템에게, 그리고 그 공모자인 아이돌에게 나름대로 적당한 대답으로 응수한다. 그들은 시스템이 그들을 사로잡기 위해 동원한 것, 곧 환상은 주지만 영원히 금지된 아이돌의 두 다리 사이에 기총 소사를 퍼부어대면서 소녀와 소비의 성욕화 사이에 지름길을 튼다. 이 그로테스크한 사진들을 통해 그들은 아주 어려서부터 겪어온 세뇌에 대해 복수하는 것이다.

그들은 또한 아티스트들의 깨끗한 이미지에 먹칠을 하는 젊은 마니아들이 콘서트에 오는 것을 원치 않는다고 공식 미디어에서 떠들어대는 연예 에이전시들의 위선에 대해서도 복수하는데, 정작 이 에이전시들은 '응원단'들과 비공식적으로 접촉하여 라디오 방송에 한 아이돌의 노래를 신청하는 엽서를 수

천, 심지어 수만 장씩 보내게 하고, 그녀의 인기를 이렇게 인위적으로 부풀림으로써 그녀를 대형 스타로 만든다.

같은 맥락에서, 음반 회사로부터 히트 퍼레이드 작성에 자료를 제공하는 음반 가게 목록을 비밀리에 전달받은 응원단원들은 차례차례로 이들 음반 가게에 가서 좋아하는 아이돌의 디스크를 삼으로써 그것의 히트 퍼레이드 순위가 올라가게 한다. 음반 회사는 응원단이 산 이 디스크들을 몰래 사서 또 한 번 시장에 내보낼 것이다. 물론, 가게에 가서 산 디스크들에 대해 음반 회사는 상징적인 사례금을 응원단에 지급할 것이다.

응원단은 팬 클럽과 다르다. 응원단은 독자적인 단체인 반면 팬 클럽은 대부분의 경우 에이전시들에 의해 운영된다. 모 아이돌에 대한 자기들의 정열과 관련하여 TV 인터뷰를 하는 것은 팬 클럽 회원들이고, 비공식적으로 몇 푼 받는 대가로 궂은 일을 하는 것은 응원단원들이다. 쉽사리 짐작할 수 있듯이, 아이돌 오타쿠의 범주에 속하는 응원단원들은 자신들을 이용만 하는 시스템을 원망할 만하다.

아이돌 오타쿠들이 아이돌들의 대형 이벤트나 미니 콘서트에 체계적으로 참여하는 것은 오타쿠 문화의 또 다른 양상을 이루는바, 이 점에 대해 좀더 이야기할 필요가 있겠다. 이벤트나 미니 콘서트에 가면서 아이돌 오타쿠는 자기만이 깜찍한 미소의 소녀를 짝사랑하는 것이 아니라는 사실을 깨닫는다. 그는 거기에서 다른 오타쿠들을 발견하면서, 주위 사람들이 끊임없이 문제삼는 스스로의 정신 상태에 대해 안도의 한숨을 내쉴 수 있는 것이다.

"나만 이런 게 아니다. 고로 나는 정상이다" 혹은 "나는 팬티를 사진 찍는다. 하지만 내 옆의 녀석은 단호히 치마 밑에까지 가서 카메라를 눌러댄다. 그는 오타쿠이고, 나는 팬일 뿐이다"

가 오타쿠들을 이벤트로 이끄는 두 가지 반사 심리이다.

일본 말에 이런 표현이 있다. "모두가 함께 길을 건너면, 겁 낼 것이 없다." 다른 사람이 나를 정상으로 만들어주고 안심시 킨다는 말이다. 만약 한데 모여든 백여 명의 동료들이 서로서 로 사면해주지 않는다면, 카메라 고조들은 그들이 아이돌 앞에 서 감히 하는 짓거리의 10분의 1도 못 하리라.

자기와 비슷한 다른 사람들 사이에 있을 때 느끼는 이 안도 감은 어째서 외톨이의 대명사인 오타쿠가 바다를 향해 본능적 으로 나아가는 아기 거북이처럼 이벤트를 향해 달려가는지 설 명해준다. 자주 밖으로 나타난 증후 너머를 보길 거부하면서 상처 주는 말을 좀체 아끼지 않는 주위 사람들에 의해 질식된 오타쿠는 자기 고유의 영역 안에서만, 다시 말해 자기 방이나, 아니면 자기를 판단하지도 추방하지도 않는 동료들 사이에서 만 편안히 숨쉴 수 있다.

오타쿠에게 있어 이벤트에 체계적으로 참여하는 것은 단순 한 강박적 동기의 차원을 넘어선다. 그것은 그의 '정신 건강'에 필수적인 한 사발의 산소인 동시에 그가 죄의식에 빠지지 않게 해주는 의기소침 방지기이다. 이벤트야말로 그가, 나는 다른 친구들과 크게 다를 바 없는 평범한 오타쿠야, 라고 말할 수 있 는 유일한 공간이다.

그러나 이따금 동료들과의 만남은 의기소침을 방지해주기보 다는 오히려 경쟁심을 유발시킨다. 어떤 정열을 자기 삶의 중 심에 위치시켰을 때, 그리고 자기의 성적 환상을 만족시키는 것말고는 아무것도 중요하지 않을 때, 같은 정열에 빠져 있을 뿐만 아니라 경우에 따라서는 자기보다 더 정열적이고, 더 깊 이 빠져 있는 '타자'를 만나는 것은, 자기 아이돌을 자기보다 더 사랑하는 누군가가 있다는 사실을 받아들이고 싶어하지 않는 오타쿠의 자존심을 건드릴 수 있는 것이다.

닭장 속의 수탉들처럼 그들은 자기들의 정열을 겨룰 것이다. 가장 좋은 카메라를 가진 자, 한 주 동안 가장 많은 콘서트에 참가한 자, 사인된 디스크를 가장 많이 가지고 있는 자, 또는 아이돌을 가장 잘 아는 자가 승리를 차지할 것이다.

이렇게 해서 우리는 바깥의 관찰자에게는 철저히 부조리한, 그러나 오타쿠들에게는 결정적 중요성을 지닌 상황에 도달하게 되는바, 방금 열거한 기준들이 한 오타쿠의 팬으로서의 위신을 결정한다. 오타쿠에게 오로지 중요한 것은 다른 오타쿠들의 판단이다.

오직 다른 아이돌 오타쿠만이 시시도 루미가 녹색 양말과 빨강색 양말 중 어느 것을 더 좋아하는지, 마지막 콘서트에서 그녀가 뺨에 손을 몇 번 댔는지에 대한 대답을 확인하고 평가할 수 있다.

'오타쿠'란 말 자체가 타자와의 항구적 경쟁으로부터 온다. 단어에 포함된 의미들 가운데 하나가 거리감의 뉘앙스를 품은 인칭대명사 '댁(宅)'이라는 사실을 상기하자. 일본어에서 이 말은 서로 모를 뿐 아니라 아무런 친근감도 느끼지 않는 두 사람 사이에서 사용된다. 그것은 행정적인, '중성의 당신'이다. 이벤트 때 오타쿠들은 바로 이 '댁'을 사용하여 서로를 부른다. 대화는 이런 식이다.

"이봐요, 댁은 시시도 루미를 잘 아세요?"

"네, 물론이지요. 저는 그녀의 모든 콘서트에 가요!"

"재미있군요. 저는 댁을 한 번도 못 뵈었는데……"

"댁이 거기에 있었는데도요?"

"그녀의 맨 처음 미니 콘서트부터 있었지요!"

"선샤인 시티에서 있었던?"

“아니오. 그건 세번째 콘서트지요. 저는 댁에게 맨 처음 콘서트에 대해, 다시 말해 그녀가 정식으로 데뷔하기 전에 있었던 맨 처음 콘서트에 대해 말하고 있는 겁니다. 댁은 그녀의 ‘모든’ 콘서트를 보신 게 아니군요?”

“그렇네요. 하지만 저는 『슈퍼 사진 학원』에 나온 그녀의 사진들을 갖고 있어요. 댁은요?”

“무슨 호를 말하시는 건가요? 시시도 루미 특집호 말인가요?”

“아니오. ‘92년의 새 아이돌들’요.”

“아, 예. 제게도 그 호가 있어요. 우리끼리 얘기지만 별로예요. 저는 ‘93년의 새 아이돌들’을 더 좋아해요. 댁도 갖고 계시겠지요?”

“네, 저는 이 잡지를 꼬박꼬박 삽니다.”

“저도요. 댁이 찍은 시시도 루미 사진을 확대하면 제게도 한 장 주실 수 있겠어요?”

거듭되는 대결과 우열 확인을 통해 오타쿠들은 교제 범위를 넓히는데, 이 교제는 공통된 정열의 범위를 절대로 넘어서지 않는다. 개인적인 질문을 하는 것은 불가능하다. 그랬다가는 상대방이 입을 닫고 대화에 싫증을 내기 시작하는 꼴을 보게 될 것이다. 오타쿠의 관심을 끄는 것은 다른 사람의 의견이 아니라 자기의 우월함을 확인하거나 좀더 ‘유식’해지는 것이다. 몇 마디 오고 가면 누가 스승이고 누가 제자인지 금방 판가름난다.

만화 마니아

일본에 처음 온 외국인들은 어른들이 지하철에서 만화나 만화 잡지 읽는 것을 보고 놀란다. 서양에서 만화는 아직도 어린이나 청소년들을 위한 부수적인 심심풀이로 통하고 있을 뿐, 어른에게는 어울리지 않는 것으로 간주된다.

반면에 일본에서는 만화가 온전한 장르로 대우받고 있는바, 1997년에는 출판계 전체 매출액의 21.6퍼센트를 차지했다. 발행 부수로 따지자면 전체 출판의 37퍼센트를 차지했다. 현재 일본에는 270종류가 넘는 만화 관계 정기 간행물이 배포되고 있고, 그 중의 75퍼센트가 청소년 및 성인 독자층을 위한 것이다. 매출액을 보면, 만화 시장은 1997년에 57억 달러에 달했는데, 이는 62억 달러나 되는 비디오 게임 시장 매출액과 맞먹는 것이다. 중학생과 고등학생들을 위한 9개 주요 만화 주간지는 1997년에 매주 1,700만 부 이상을 찍어냈으며, 슈에이사Shueisha가 발행한 『소년 점프』 혼자 380만 부를 기록했다. 눈에 두드러지는 판매 감소(『소년 점프』는 1994년 매주 600만 부씩 발행했다)에도 불구하고, 1968년에 창간된 이 잡지는 30년 동안 일본의 만화 산업에 지대한 영향을 미치는 한편 수세대에 이르는 학생들의 동반자 역할을 했다. 흑백이고 두께가 400페이지인 이 잡지의 값은 200엔(2달러)이며, 20여 개의 연재물을 담고 있다. 8살에서 14살 사이의 소년에게 있어 『소년 점프』를 읽지 않는 것은 곧 친구들로부터 따돌림받는 것을 의미하는데, 그만

오타쿠 ― 가상 세계의 아이들

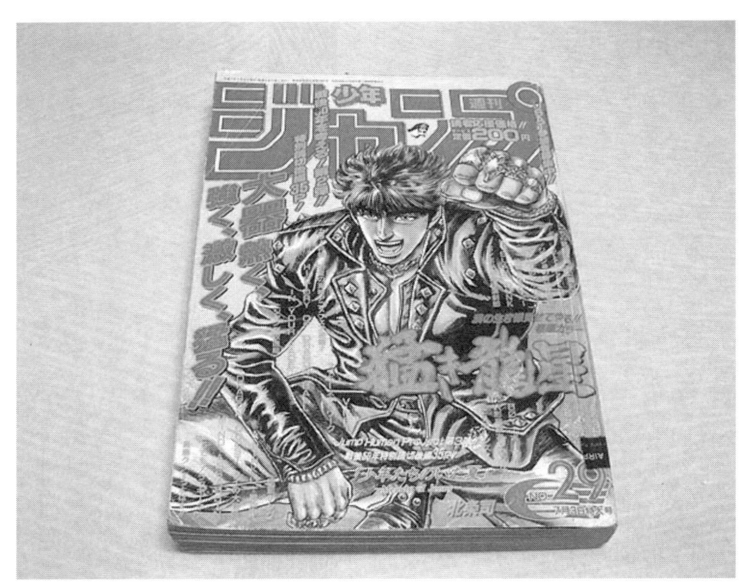

일본 만화 잡지의 일인자 『소년 점프』

큼 이 주간지가 담은 이야기들은 학생들 대화의 중심에 위치한
다. 그러나 소녀들이, 청년들이, 그리고 심지어 어른들이 『소년
점프』를 읽는 것 또한 흔히 보는 일이다.

  다른 만화 잡지들에게까지 큰 영향을 미친 이 잡지의 성공
비결은 편집 정책에 있다. 『소년 점프』에 실린 이야기들은 거
의 모두 세 가지 핵심어를 근간으로 하여 구성되는바, 그것은
노력 · 우정 · 승리이다. 주제가 무엇이건, 주인공은 꿈을 실현
하기 위해 열심히 훈련한다. 그는 넘을 수 없어 보이는 어려움
에 부딪히지만 친구들의 도움으로 극복하고, 그와 친구들은 마
침내 혼연일체가 되어 승리한다. 축구 · 야구 · 스모 · 권투 · 농
구 · 낚시 · 자동차 경주 · 레슬링 등, 테마는 얼마든지 바뀔 수
있지만 이야기 구조는 언제나 똑같다. 흥미로운 것은, 『소년 점
프』가 고취하는 노력과 협동이 교육 제도는 물론 일본 사회 전
반의 지배 이데올로기에 부응한다는 사실이다.

수많은 종류의 만화 잡지들이 있어 글자 그대로 모든 사람들이 자기에게 맞는 것을 고를 수 있다. 초등학생을 위한 것이 있고, 중학생·고등학생·청년층, 그리고 30세 이상의 성인을 위한 것들이 있다. 연령을 기준으로 한 독자층의 세분화는 여성 독자들에게도 그대로 적용된다. 잡지들은 또한 독자의 관심 영역에 따라 분류되기도 한다. 유도에서 농구와 낚시에 이르는 온갖 스포츠를 전문으로 한 잡지들, 경제와 재무를 주로 다루는 잡지들 등등. 물론 분홍빛 사랑 이야기를 중심 주제로 한 잡지들이 있고, 요리 혹은 역사를 주로 말하는 잡지들이 있으며, 모험과 사무라이에 관심을 기울이는 잡지들이 있다. 마작만을 다루는 만화 잡지만도(마작보다 더 정적인 게 또 어디 있으랴) 12개나 된다.

지금껏 말한 것은 모두 정기 간행물이다. 만화책은 한결 더 전문화되어 있으며, 서양의 편집자들을 놀라게 할 만큼 엄청난 부수를 찍어낸다. 예컨대 『명탐정 코난』 시리즈의 모든 초판 발행 부수는 무려 180만 권에 이르고, 『에반게리온』의 에피소드들은 초판 발행 부수가 130만 권이나 된다. 참고로, 전통 서적의 경우 초판을 10만 부 찍으면 그것은 베스트 셀러에 든다. 경제·재무·건축 또는 분재 입문을 위한 만화도 있다. 이 부문에서 가장 유명한 것은 식도락 만화로서 스시나 밀가루 반죽의 비결을 알려주는데, 이 시리즈의 64번째 에피소드는 무려 90만 부나 발행되었다.

만화에 대한 일본인들의 열광은 전후로 거슬러 올라간다. 그러나 만화가 붐을 만난 것은 70년대 말이다. 매출액으로 따지면, 만화 잡지 시장은 1980년과 1990년 사이에 2배로 증가했고, 만화책의 경우엔 같은 기간에 4배로 커졌다. 특히나 크게 발전한 것은 청소년 및 성인 만화이다. 1996년 이후의 약간의 침체에도 불구하고 만화는 세대와 세대를 잇는 주요 의사 소통 요소들 가운데 하나로 남아 있다.

만화의 인기는 상당 부분 그것이 즉각적으로 소비할 수 있는 심심풀이라는 점, 또 큰 지적 노력을 요구하지는 않으면서 쉽사리 허구의 세계 속으로 달아나게 해준다는 점에 힘입고 있다. 사람들은 역 구내 매점에서 만화 잡지를 사서 지하철 안에서 읽은 뒤 역을 나가면서 휴지통에 버린다. 그것은 일상 속에서 맛보는 한바탕의 상상 세계이며, 너무 잘 짜여진 사회에서 훔친 한 자락의 시간이고, 군중 속에서 수립되는 일말의 개인주의이다. 그것은 두 약속 사이에, 혹은 두 수업 사이에 긴장을 푸는 간단하고도 경제적인 수단이다.

청소년들의 성에 대한 만화의 영향

모든 취미, 모든 독자가 스스로에게 맞는 만화를 찾을 수 있다면, 폭력과 포르노는 청소년과 젊은 성인을 위한 만화에서 꾸준히 발견되는 기조이다. 만화는 작가가 기술적 제약으로부터 벗어나 자신의, 그리고 독자의 성적 환상을 거침없이 그리는 데 있어 영화나 비디오보다 유리하다.

예전에는 다소 전문적인 서점의 손이 닿지 않는 칸에 꽂혀 있던 에로 만화는 요즈음 잘 나가는 장르로서 수십 종의 잡지가 있으며, 이 잡지들은 각각 5만에서 10만 부 가량 발행된다. 연재물은 곧 단행본으로 나오고 또 한 번 새로운 독자들을 끌어모은다. 30살의 젊은 만화가로 10년 전부터 포르노 만화를 그리는 마치노 헨마루Machino Henmaru가 이 분야를 대표한다. 그는 변태적인 이야기들을 몇몇 잡지에 게재한 뒤 연재가 끝나면 책으로 묶어낸다. 그의 18번째 앨범은 1999년 봄에 나왔고, 만 5천 부 발행되었다. 그의 스타일은 알아보기가 쉽다. '가와이kawaii'('귀여운' '순진한' '아이 같은'의 세 형용사를 한데 모은 이 단어는 일본 남자들이 좋아하는 얼굴의 특징들을 요약한다)한 소녀의 천사 같은 얼굴과 어마어마하게 튀어나온 가슴을 지닌 그의 여주인공은 엄청난 성욕을 감추고 있으며, 그것을 만족시키기 위해서라면 그 무엇 앞에서도 물러서지 않는다. 마치 꿀이 벌들을 끌어모으듯 그녀는 섹스를 부른다. 그녀의 세계는, 그녀의 욕망을 만족시켜주기 위해 태어난 듯 보이는 온갖 변태들로 가득하다. 아버지, 남자 형제들, 우체부, 교사, 야심가, 가스 기술자, 그리고 학교에 늦은 그녀가 서둘러 길을 가다 부딪히는 낯선 남자…… 거부할 줄 모르는 이 귀여운 소녀는 언제나 준비되어 있다. 민감한 영혼의 소유자는 헨마루의 만화를 읽지 말 일이다. 여기서 인조 남근은 한꺼번에 10개씩 사용되며, 달걀은 순진한 사람이 생각하듯 오믈렛을 위한 것이기보다는 「감각의 제국」(오시마Oshima 버전. 영화를 좋아하는 사람이라면 내가 무슨 영화를 말하는지 알리라)의 세계를 상기시킨다. 마치노 헨마루는 광란을 위해 필요하다면 자기 여주인공을 헤르마프로디토스[1]로 변형시키기를 서슴지 않고, 이 헤르마프로디토스는 자위 행위를 한다. 앞서 말한 여중생의 거대한 가슴은 400 ZZZ[2] 브래지어로도 모자랄 지경이다. 이 모든 과도함에도 불구하고, 마치노가 나름대로 유머를 갖고 있다는 사실은 인정해야 할 것이다. 그는 마지막 반전을 통해 자기 스스로 꾸민 음모에 자기가 속지 않고 있다는 사실을 보여주는 독특한 요령을 갖고 있다.

술잔을 앞에 둔 마치노 헨마루는 학교 앞에 출몰하는 다형(多形)적 변태들과 조금도 닮지 않았다. 근시인데 안경 끼는 것을 잊은 그는 조심스런 태도로, 엔이나 달러에 대한 유로euro의 영향을 얘기하듯, 자기 작품에 대해 말한다. 그는 자기 만화를 통해 모든 걸 다 보여준다고 말할 수 있으리라. 그러나 그는 자기가 하는 일을 가족에게 숨기고 있고, 가족은 그의 진짜 활동에 대해 아무것도 모른다…… 최근 10년 동안 머리에 떠오르는 변태스런 장면들을 쉴새없이 그려댄 그는 이제 백지

---

1 그리스 신화에 나오는 자웅동체의 신(옮긴이 주).

2 프랑스에서 브래지어 사이즈는 85 A에서 105 D까지 있는바, 95 D(카트르─뱅─켕즈데)는 미녀의 대명사로 통한다. 여기서 "400 ZZZ"는 일종의 과장법이다(옮긴이 주).

의 공포에 점점 더 시달리고 있다. 그가 내게 말한다. "어떻게 해야 항상, 그리고 더욱 변태스런 이야기를 그릴 수 있을까요? 새로운 것을 찾기가 무척 어려워요. 저는 제 성적 환상들만을 그립니다. 저 자신을 자극하지 않는 장면을 그리는 것은 불가능한 것 같아요."

고등학교를 나온 그는 도쿄에 와서 책 만드는 공장에서 일했다. 그러던 어느 날, 개인적으로 좋아하는 성인 잡지 한편에 그가 그린 그림을 눈여겨본 출판인이 자기 잡지를 위해 일할 것을 제의했다. 금세 두각을 나타낸 젊은 마치노 헨마루는 '괜찮은' 일자리를 버리고 전업 작가가 되었다. 이날부터 그는 성인 잡지들에 연재를 거듭했고, 그의 독자층은 넓어져가기만 했다. 에로 만화를 통해 그는 자기의 성적 환상을 과장스레 표출했다. 그는 라블레François Rabelais, 사드Sade, 루스 메이어 Russ Meyer의 정신적 아들로 불리기에 조금도 손색이 없다. 만약 사람들이 그에게 기회를 주었더라면 그는 다른 것을 그릴 수도 있었으리라. 그러나 또다시 예술적 익명성에 빠지는 것을 두려워한 그는 감히 장르를 바꿀 엄두를 내지 못했다.

그의 말에 따르면, 그는 만화를 그리느라 외출할 시간이 없을 정도이고, 또 그럴 필요도 느끼지 못한다. 하루 종일, 아무하고나 섹스를 하는 얌전치 않은 소녀들을 그리고 나면 그는 성욕을 느끼기가 매우 힘들다. "제게 있어 사랑을 하는 것은 제 여주인공의 모험을 상상하는 것보다 덜 흥미롭습니다. 저는 여자 친구와 같이 사는데 그녀와 섹스를 할 필요를 느끼지 못해요. 특히 제 성적 환상들을 현실에 적용하는 것은 말도 되지 않습니다. 그것이 매혹적인 것은 그것이 상상 세계에 속하기 때문이지요. 저는 그것이 현실 속에 실현되었을 때 아무런 재미도 없을 것이라고 확신하고 있습니다. 저는 제가 꿈꾸는 여성적 이상을 재현할 뿐입니다. 비록 그것이 현실과 아무런 상관이 없다 해도 말입니다."

그의 신통치 않은 포르노 만화가 독자들에게 미칠 수 있을 영향에 대해 묻자, 그는 풍속 타락의 책임자임을 거부한다. "제 책을 사는 독자들은 스스로 분별할 만한 능력이 있다고 봅니다. 사람들을 놀라게 하지 않기 위해 제 상상력의 고삐를 잡아당길 필요는 없겠지요. 상상력을 자극하지 못하는 만화는 좋은 만화가 아니라고 생각합니다. 사실 장르의 한계까지 밀어붙이다 보면, 전혀 비현실적인 이야기를 그리기도 하지요. 하지만 이것 역시 장르의 법칙에 속합니다."

만화 속에 그려진 폭력과 성이 논란을 부르는 것은 너무나도 당연하다. 이 문제는 주기적으로 일본 언론의 도마에 오르며, 이따금 국회에서까지 논의되는바, 거기에서는 두 진영이 대립한다. 보수주의자들과 현실적 진보주의자들.

보수주의 진영은 학부모 단체, 종교 단체, 경찰, 그리고 보수파 국회의원들을 포함하고 있다. 이 소그룹들의 주도 아래, 검열의 문제가 3, 4년에 한 번씩 쟁점으로 떠오른다.

진보주의 진영에는, 표현의 자유를 위해 싸우는 만화가들, 많은 심리학자와 교육자들, 그리고 수백만의 만화 독자들이 있다.

이 진지전(陣地戰)에서 대형 출판사들은 눈에 띄지 않기 위해 무진 애를 쓴다. 애초에 중학생을 겨냥한 만화 잡지들에 벗은 장면이나 피 튀는 주먹질이 나온다면 그것은 이 잡지들이 예정보다 훨씬 더 넓은 독자층, 곧 10살에서 30살, 혹은 그 이상에 이르는 독자층을 확보하고 있기 때문이다. 이미 자신들을 위한 잡지들을 갖고 있는 이 성인 독자들을 놓치지 않기 위해 대형 출판사들은 벌거벗거나 맞아 부어오른 육체들에 대해 눈을 감는다. 청소년이나 젊은 성인을 위한 만화 잡지에서 성적인 테마는 한결 더 노골적이다. 물론 법의 테두리를 벗어나지 않으면서.

에로티시즘이 판매 부수 증가에 미치는 영향을 누구보다 잘 아는 대형 출판사들은 여론이 다른 문제에 신경 쓰느라 정신이 없을 때 에로 만화가 벌어들이는 돈을 게걸스레 챙긴다. 그러나 만화에서의 섹스에 대해 여론이 반대 운동을 전개하려 하면, 출판사들은 서둘러 전속 만화가들을 검열하는 한편 새로이 출판되는 책들에서 지나치게 선정적인 부분을 잘라낸다. 사실, 대형 만화 출판사들이 입법자들에 의해 '포르노 출판사'로 분류되는 날에는 교육 서적 출판사로서 받는 세금 혜택(거의 모든 대형 만화 출판사들이 이 혜택을 누리고 있다)을 잃어버리게 될 것이다. 교육 관계 서적은 성인 출판물들에 비해 이윤이 적다. 그러나 그것의 품위 있는 외관은 이 같은 이점을 제공하는 것이다.

거의 모든 대형 만화 출판사들이 넘어서는 안 될 한계를 주도면밀하게 측정하면서 스캔들을 피하려 애쓴다면, 소규모 출판사들은 신문 가판대보다는 섹스 숍에 더 잘 어울릴 만화 잡지들을 배짱 좋게 찍어낸다.

만화뿐만 아니라 비디오에서의 폭력과 포르노에 반대하는 압력 단체들은 종종 일체의 구별을 생략한 채 '소프트' 잡지까지 노골적인 '하드' 잡지들과 한데 뭉뚱그려 쓰레기통에 던진다. 그들은 허구와 현실이 혼동될 수 있다는 점, 이 출판물들이 청소년들에게 나쁜 영향을 미친다는 점, 그리고 몇몇 만화의 경우 여성의 타락한 이미지를 보여준다는 점을 지적한다. 그들은 또한 이들 만화가 미성년자들 사이의 섹스, 또는 사춘기 이전의 어린이와 어른 사이의 섹스를 보여준다는 점에 대해 항의하는데, 이런 장면들은 청소년들에게 사춘기 이전의 섹스도 정상적인 것이라는 미망을 심어줄 수 있다는 것이다. 그들은 출판사와 만화가들의 부도덕에 울분을 터뜨리는 한편, 엄한 법적 장치를 마련하는 대신 그때그때 협상하길 좋아하는 정부의 수동적 자세를 한탄한다. 질서와 규율을 내세우는 경찰과 정치인들은 학부모 단체들의 이런 요구에 한술 더 뜨며 나온다.

진보주의자들의 경우, 전문 분야별로 약간씩 다른 태도를 보인다. 만화가들은 표현의 자유를 제한하려 할 때마다 매우 민감한 반응을 보인다. 대중 문화의 주요 장르인 만화는 그 기원에서부터 전복적인 성격을 띠고 있다. 월트 디즈니보다는 오노레 도미에Honoré Daumier[3]에 더 가까운 20세기 초의 일본 만화들은 사회에 대한 신랄한 풍자와 비판을 서슴지 않았다. 현재에도 많은 인기 만화들이 사회의 지배적 시스템, 예컨대 학교나 기업 등을 비웃는다. 만화에 대한 검열은 만화가들에게 군국주의 시대의 나쁜 기억들을 상기시킨다. 그들은, 만화로부터 폭력과 포르노를 몰아내기 위해 행해지는 검열이 자칫 다른 형태의 검열로 발전하지나 않을까 우려하고 있다. 많은 사람들은 또한 학부모 단체들이 그들의 교육 책임을 회피하기 위해 만화를 공격한다고 생각한다. "공권력을 동원하여 원칙적으로 아이들과 무관한 포르노 만화를 공격하느니, 학부모들은 아이들과의 대화를 위해 노력하는 게 한결 나을 것입니다. 아이에 대한 부모들의 맹목적인 관용은, 아이들과 직접 대면하길 회피하면서 스스로의 책임을 교육 제도나 사회에 전가하고자 하는 그들의 그릇된 태도를 반영합니다. 이러한 부모들의 직무 유기에 대한 책임을 (포르노) 만화가들이 혼자 뒤집어써야 한다는 것은 말도 안 됩니다." 가장 큰 논란을 일으킨 만화들 가운데 하나인 「블루」를 그린 야마모토 나오키Yamamoto Naoki[4]가 항변한다.

---

3 프랑스 출신의 화가(1808~1879)로서 날카로운 정치적·사회적 풍자가 담긴 작품들을 많이 남겼다. 루이 필립을 풍자하여 옥고를 치르기도 했으며, 표현주의의 선구자로 간주되기도 한다(옮긴이 주).

그러나 만화의 에로티시즘이 청소년들에게 미칠 수 있는 해악과 관련하여 가장 명쾌하고 설득력 있는 대답을 제시하는 것은 일찍이 이 문제를 다뤄본 경험이 있는 심리학자와 정신과 의사들이다. 정신과 의사이자 명문 조치 대학교 교수로서 만화와 일본인의 상관 관계에 대해 책을 쓴 바 있는 후쿠시마 아키라Fukushima Akira는, 만화가 청소년들의 정신에 나쁜 영향을 미친다는 것을 입증하는 아무런 과학적 증거도 없다고 말한다.

어째서 중학생과 어린이들이 종종 폭력적인 나가이 고의 만화를 좋아하는가를 분석하면서, 후쿠시마 교수는, 그것이 어린이들에 대한 통제의 강화와 무관하지 않다고 쓴다. 유년기를 천사의 시기로 이상화하는 사회와 부모는 어린이들의 창조적 에너지를 억누름으로써 표준화된 인간을 만들어낸다는 것이다. 그들의 삶을 숨막히게 하는 가족과 학교의 억압으로부터 벗어나고자 하는 어린이들은 따라서 반규범적인 만화들을 통해 오락과 카타르시스적 해방을 추구한다. 아울러, 그토록 많은 청소년들이 오타키즘에 의해 끌리는 것 또한 같은 과정을 밟는다는 점을 지적한다.

후쿠시마 교수는 계속한다. 그에 따르면, 포르노를 공공연하게 표방하는 만화들은 사회에 의해 억압된 성에 대해 일종의 유도체(誘導體) 역할을 한다. 자기 주장을 뒷받침하기 위해 정신과 의사는 성폭행과 관련한 통계를 인용한다. 성폭행 희생자들이 모두 고소하지는 않는다는 사실을 인정하는(그러나 이는 어디서나 그렇다) 그는, 일본 내무성 통계에 따르면 70년대 초반부터 위중한 성폭행, 곧 강간과 성폭력이 눈에 띄게 감소했

---

4 『셀 위 댄스』(창작미디어, 2000)로 우리나라에 정식 소개된 작가. 성인들의 섹스와 백일몽을 주된 소재로 삼는 성인 포르노 만화를 그리는 작가로 정평이 나있으며, 『빌리버스』『프라그먼츠』『아리가토』『학교』등의 작품이 있다(옮긴이 주).

다는 사실을 지적한다. 구체적으로, 1970년에 5,162건이던 강간이 1993년에는 1,500건으로 줄어들었다. 만화 판매의 증가와 강간의 감소를 나란히 놓으면서 후쿠시마 교수는 그로부터 반비례 관계를 도출해낸다. 최근 20년 동안의 통계가 보여주듯, 신문 가판대에서 만화가 많이 팔리면 많이 팔릴수록 성범죄가 줄어든다는 사실은 다분히 문제적이다.

후쿠시마에 따르면, 통계에 의해 확인되는 포르노 작품들(만화·비디오·에로 영화)의 유일한 영향은 성범죄 감소이다. 자기 주장을 공고히 하기 위해 그는, 미디어에서 포르노가 엄격하게 통제되는 것은 물론 개인적으로 구하기조차 힘든 한국을 예로 드는바, 이 나라에서의 사회 통제는 일본만큼이나 강하거나 한층 더 억압적이고, 청소년들은 일본 청소년들보다 더 억눌려 있다. 일본 법무성 통계와 한국 법무부 통계를 비교해보면, 1988년 한 해 동안 청소년 강간은 일본에서보다 한국에서 무려 8배나 더 많았다. 이는 강간에 있어 한국을 미국보다 앞선 세계 3위 자리에 올려놓는다. 슬픈 기록이 아닐 수 없다.

한결 더 너그러운 서구 사회는 청소년들이 서로 교제하는 것을 막지 않으며, 그들이 유치한 연애를 통해 성에 눈을 뜨는 것은 당연한 것으로 여긴다. 청소년들의 감정적·성적 의식은 이렇게 발달하고, 우리 서구인들은 그것에 '자연스러운'이란 수식어를 붙인다. 일본에서는 학습에 지나치게 큰 우선권이 주어지다 보니 청소년들의 감정적·성적 발달이 부수적인 것으로 방치된다. 거의 모든 부모와 교사들의 머릿속에서, 공부 이외의 것에 투자된 시간은 낭비된 시간일 따름이다. 학교와 학원[5]을 오가는 일본의 청소년들은 이성 교제를 할 시간이 없다.

---

[5] 일본 중학생의 66퍼센트가 방과 후 학원에 가서 입시를 준비한다.

일본 성교육협회가 900명의 학생들을 대상으로 1993년에 실시한 여론 조사에 따르면, 16살 현재 입을 맞추어본 남학생은 26.2퍼센트, 여학생은 27.1퍼센트이고, 성 경험이 있는 남학생은 15퍼센트, 여학생은 9.2퍼센트이다. 18세 학생들의 경우엔 그 비율이 올라가는바, 입을 맞춰본 남학생은 49.6퍼센트, 여학생은 46.9퍼센트, 성 경험이 있는 남학생은 27.1퍼센트, 여학생은 22.3퍼센트이다. 이 통계들을 볼 때, 일본의 청소년들이 성 경험이 적다는 것은 엄연한 사실이다.

후쿠시마 교수는, 성에 눈을 뜨는 순간으로부터 본격적인 성생활이 시작되기까지 10년이 넘는 세월이 흐른다는 점을 강조한다. 이 10년 동안 청소년이 누릴 수 있는 유일한 형태의 성은, 실제로 그렇고 또 사회가 공공연히 인정하듯이, 자위 행위이다.[6] 후쿠시마 교수는 이러한 통계를 원용하여 포르노 만화와 비디오가 사실은 청소년으로 하여금 성적 충동을 발산하게 해주는 지극히 평범한 수단에 불과하다고 말한다. 미디어를 통한 성의 카타르시스적 기능은 그러므로 공격적인 형태로 비화될 수도 있을 성적 긴장의 상황을 피하게 해준다는 것이다.

포르노 만화가 청소년에게 미치는 영향에 대해 조사하면서, 일본 성교육협회는 같은 결론에 도달했다. 이 조사가 보여주는 것은, 아이들과 더불어 성에 대해 이야기하길 꺼리는 부모를 대신하여, 그리고 성의 문제는 '임상적' 차원에만 머물러 있어야 하는 학교를 대신하여, 만화와 미디어가 대다수의 청소년들에게 성과 관련한 정보를 제공해주는 한편 성적 역할을 가르쳐준다는 사실이다. 동화가 어린이의 살해 충동에 대해 수행하는 역할을 만화는 성교육과 관련하여 맡고 있는 셈이다.

---

6 일본 성교육협회에 따르면, 16세의 경우 84퍼센트의 남학생과 13.2퍼센트의 여학생이, 18세의 경우엔 92퍼센트의 남학생과 15.3퍼센트의 여학생이 자위 행위를 한다.

코미케, 팬진 왕국

무대를 설치하자. 8월 어느 일요일, 계속 확장되기만 하는 도쿄 만 긴자Ginza 지구 가까운 곳에 위치한 아리아케 전시장 주변은 이른 시각임에도 불구하고 모여든 사람들로 새까맣다. 카메라 줌을 앞으로 내밀어 성역 안으로 들어가보자. 수천 명의 젊은이들. 나이는 14살에서 30살 정도. 모두들 얌전히 줄을 섰고, 이 줄은 뱀처럼 천천히 구불대며 입구 쪽을 향하고 있다.

제일 먼저 들어가고자 하는 사람들은 전날 도착하여 그곳에서 야영을 했다. 아침 6시 반, 전시장 일대는 벌써 잠깬 지 오래였다. 9시에 도착한 사람들은 4시간 기다려 겨우 출입문을 통과할 수 있었다.

파리 순환 도로의 베르사유 쪽 출구에 위치한 전시장만큼이나 큰 규모에도 불구하고, 8개의 홀로 이루어진 아리아케 종합 전시장은 사흘 동안, 약속의 땅을 향해, 엘도라도를 향해 밀려드는 50만 명의 젊은이들을 감당하기에 벅찰 것이다.

그들을 기다리는 것은 조그만 테이블에 결연한 자세로 앉아 자기 작품을 전시하는 3만 4천 명의 만화가들이다. 홀마다 퍼레이드하듯 나란히 줄을 선 이 테이블들은 끝이 안 보일 정도이다. 이야기는 바로 이 테이블들 주위에서 벌어진다.

44…… 45…… 46……, 땀에 흠뻑 젖어 숨을 헐떡이는 한 작은 뚱보가 낮은 소리로 테이블 번호를 중얼대며 D줄 47번 테이블에 가기 위해 사람들을 밀쳐대며 길을 튼다. 테이블 위

코스프레 차림으로 자신들의 팬진을 판매하고 있는 코미케 참가자들

에 전시된 앨범들을 흘끗 일별한 그는 서둘러 두 권을 움켜쥐고 지갑을 꺼낸다. "얼마예요?" "800엔." 돈을 치르기가 무섭게, 두 권의 앨범은 거대한 검정색 비닐 가방 속으로 빨려들어갔고, 우리의 이름없는 주인공은 전시장 약도 위의 볼일 끝난 D 47에 × 표시를 한 뒤 걸음을 막는 군중들 사이로 또다시 길

을 트기 시작한다. 몇 테이블 지나 그는 또 한 번 멈춘다. 맙소사! 그가 꼭 사리라 다짐했던 잡지가 벌써 매진됐다. 좀더 빨리 왔어야 하는 건데. 그의 거대한 검정 가방은 10권 가량의 작은 앨범을 담고 있다.

이 앨범들은 도진시dojinshi들이다. 다시 말해, 아마추어 작가들이 자비로 찍은 만화 팬진들이다. 그것들은 20, 30, 50페이지 정도의 두께에 컬러 표지를 달고 있다. 가쁜 숨을 몰아쉬는 우리의 작은 뚱보는 팬진을 사기 위한 예산이 겨우 400달러밖에 안 됨을 고백한다. 다른 친구들의 경우엔 800달러가 넘는다.

사흘 동안 5백만 권의 팬진이 팔릴 것이고 매출액은 3천만 달러가 넘을 것이며, 이 코미케를 보기 위해 일본 전역에서 50만이 넘는 젊은이들이 몰려올 것이다.

오타쿠 문화에서 코미케는 명예로운 조상의 위치를 차지하고 있는바, 모두들 그것을 오타쿠 문화의 개척자처럼 생각한다. 1975년 몇몇 만화광에 의해 시작되어 1년에 두 번씩 열리는 이 코미케는 해를 거듭해오면서 팬진의 독서나 발행을 취미로 삼는 사람이라면 누구도 그냥 지나칠 수 없는 행사가 되었다.

'코믹 마켓'을 줄여 코미케라 부르는 이 행사는 매년 8월과 12월에 열리며, 사흘 동안 3만 4천 개가 넘는 '서클'들을 모은다. 서클은 아마추어 만화가들의 모임을 가리키는바, 이들은 자기들의 상상력이 최근에 지어낸 이야기들을 단골과 뜨내기들에게 소개한다.

유명 만화의 패러디들, 그리고 소외·욕망·성적 환상이 독특하게 표현된 작품들……, 몇몇 팬진들은 없어서 못 팔 지경이다. 팬진들 안에는 모든 게 다 있다. 록 가수의 편력이 있는가 하면 감상적인 아가씨의 모험이 있고, 영화 배우들의 전기가 있는가 하면 젊은이들 사이에 몰래 파고든 고약한 극우파들이 만든 파시스트 선전 만화가 있다.

하루 온종일 작업한다 해도 출품된 모든 작품들에 대한 목록 작성을 끝내기는 불가능할 것이다. 넓이 16제곱센티미터짜리 난을 통해 전시에 참여한 모든 서클들을 하나하나 소개하는 행사 안내서는 무려 700페이지가 넘는다. 코미케를 찾은 관람객의 규모를 살피자면, 1975년 이 행사가 처음 개최되었을 때, 32개 서클이 참여했고 입장객은 고작 700명이었다. 그러나 오늘날 팬진 동호인의 인구는, 이 분야의 권위 있는 전문가에 따르면, 약 100만 명으로 추산된다.

팬진에 대한 이 열광을 어떻게 설명할 것인가?

"그것은 가장 자유롭고, 가장 인기 높은 표현 방식이라고 말할 수 있습니다." 코미케 창시자인 요네자와 요시히로 Yonezawa Yoshihiro 가 말한다. "만화는 종이와 연필만 가지고도 자기 고유의 표현 방식을 창안할 수 있게 해줍니다. 복잡 섬세한 장비도 필요 없고, 여행할 필요도 없습니다. 모두에게 상상 세계는 손 닿는 곳에 있어요. 만화 잡지를 읽는 것은 벌써 오래전부터 일본인들이 애호하는 심심풀이입니다. 만화가 일본인들의 일상에 깊이 뿌리내리고 있다는 사실을 이해하기 위해서는 가장 잘 나가는 만화 주간지들의 발행 부수만 봐도 됩니다. 6백만 부 이상 찍어내는 잡지도 있어요. 그러나 코미케는 대중을 겨냥하는 상업 만화의 한계를 극복하려는 취지에서 비롯되었습니다. 팬진은 대중보다는 소규모의 독자 서클을 위한 것이고, 만화가는 이들과 거의 개인적인 관계를 맺지요. 팬진은 각자에게 자기의 세계를 표현할 기회를 줍니다." 요네자와에 따르면, 젊은 만화가들은 스스로의 충동을 억누르기보다는 자기의 모든 것을 종이 위에 쏟아놓으면서 다른 사람들의 호응을 기대한다.

원래 엄격한 비상업적 행사였던 코미케는 최근 창시자의 반대에도 불구하고 상업적 만화 잡지들을 받아들여야만 했다. 코미케에서는 기업가와 상인들의 부러움을 살 만한 액수의 돈이 거래되지만, 이 거래는 저자와 독자들 사이에서 아주 소박한 방식으로 이루어진다. 만화를 전문으로 하며 만화 마니아들의 온상으로 간주되는 출판사와 서점들조차 오랫동안 코미케 입성이 금지되었다. 축소 모형 애호가들을 위한 자프콘 같은 행사는 한 번도 이런 고집을 부림이 없이 기꺼이 상인들의 참여(그들의 진열대가 지나치게 크고 요란한 것은 사실이다)를 받아들였다. 코미케에서는 아마추어 정신이 추상 같은 권위를 행사하여 1998년까지는 그 어떤 예외도 허용되지 않았다.

요네자와를 비롯하여 모두 자원 봉사자인 코미케 책임자들의 상인들에 대한 경계는 어째서 코미케가 오타쿠 세계에서 각별하고도 영예로운 자리를 차지하고 있는지 이해하게 해준다. 그것은 동호인들을 결코 배반하지 않으며, 물불 안 가리는 상인들의 사나운 탐욕에 동호인들을 노출시키지 않는 유일무이한 행사이다.

여기서 우리는 소비 사회의 과도한 탐욕이 일본에서 오타쿠를 탄생시킨 세 가지 주요 원인들 가운데 하나라는 사실을 상기하도록 하자. 꿈을 세트로 파는 소비 사회 속에서 사는 젊은 오타쿠들은 일본 사회를 지배하는 고삐 풀린 소비주의의 첫번째 고객들, 혹은 첫번째 희생자들이다. 하지만 그들 가운데 상당수는 이 소비 사회가 제안하는 상품들을 특유의 방식으로 왜곡하거나 우롱한다.[1]

코미케가 가장 순수하게 오타쿠적인 것은 바로 이 점 때문이

---

1 이 점에 대해서는 「소녀들의 치마 아래에서」를 읽으라.

다. 다시 말해 성전의 상인들과 협상하기를 거부하기 때문이
다. 또 오타쿠들이 거기서 편안함을 느낀다면, 그것은 아무도
그들의 지갑을 노리지 않기 때문이다. 코미케에서 지출한 돈
은, 비록 그 액수가 크다 하더라도, 다른 주머니가 아닌 만화
애호가들의 호주머니로 들어간다.

상업 출판사들의 참여를 금지하다 보니, 코미케는 미디어를
통한 선전 효과를 거의 누리지 못한다. 스폰서에 의해 지원되
는 행사들의 경우엔 아주 작고 보잘것없는 것이라도 미디어의
주목을 끌고, 또 전국적 규모의 언론들의 취재 대상이 되지만,
사흘 동안 50만이 넘는 젊은이들을 매년 두 차례씩 모으는 코
미케는 언론들로부터 철저히 무시된다. 이 같은 상황은, 어째
서 대부분의 일본인들이 코미케란 행사가 있는지조차 모르는
지 설명한다. 아무리 중요하고 의미 깊다 해도, 실업가와 상인
들이 이해를 갖고 있지 않은 행사는 언론의 조명을 받을 자격
이 없다.

코미케에 대해 중요한 취재가 있었다면, 그것은 오타쿠 현상
에 첫번째 큰 상처를 입힌 미야자키 사건과 관련해서이다. 미
야자키가 수년 연속 코미케에 왔고, 심지어 한 팬진 제작에 참
여하기까지 했다는 사실이 알려지자마자, 언론은 갑자기 코미
케에 대한 기억을 되찾은 듯 몰려와 수천의 잠재적 미야자키들
이 변태스런 성적 환상의 샘에 목을 축이는 이 타락한 공간을
카메라에 담기 시작했다. 살인범 미야자키와 코미케에 몰려드
는 팬진 애호가들 사이의 이 같은 혼동 이후로, 기자들이 코미
케에서 좋은 대접을 받지 못한다는 사실은 말할 필요조차 없다.

상업 출판사들과 상점들은 그러나 1998년 코미케에 발을 들
여놓는 데 성공했는데, 그 전말은 이렇다. 저작권법과 관련한
게임 제작 회사들과 출판사들의 압력이 점점 더 집요해지면서,

유명 연재물을 패러디하는 팬진들은 난처한 지경에 처한다. 대부분의 팬진들이 수백 부를 찍어내는 데 그치지만, 저작권을 보유한 사람들은 완강하기만 하다. 1999년 1월, 닌텐도는 당시 큰 성공을 거두고 있던 한 연재 만화의 주인공들인 포켓 몬스터들을 성적으로 패러디하는 팬진을 편집하여 코미케에서 9달러씩 받고 판 32살 먹은 젊은 여성을 상대로 소송을 제기했다. 원래 게임 보이용 프로그램이었던 「포켓몬Pokemon」(포켓 몬스터의 애칭)은 2년도 채 안 되는 기간에 9백만 개나 팔린 참이었다. 1996년, 지금은 부유하고 유명해진 한 게임 오타쿠의 상상력에서 태어난 포켓몬은 학교에서 커다란 붐을 일으켰고, 매출액은 무려 40억 달러로 추산된다. 이것을 만화로 각색하여 연재하는 잡지 『코로코로 코믹스Korokoro Comics』는 151명의 포켓 몬스터들이 등장하면서 발행 부수가 호당 100만 부나 늘어났으며, 3살에서 12살에 이르는 어린이의 23.6퍼센트에 의해 읽혀진다. 게다가 TV를 통해 방영되는 만화 영화는 이 어린이들 사이에서 60퍼센트의 시청률을 기록하고 있다. 뿐만 아니라 40개가 넘는 회사들이 수천 개의 상품들을 위한 광고 이용권을 협상했다. 한 항공 회사는 보유하고 있던 비행기들 가운데 3대의 동체에 주인공 피카추를 그려넣었고, 이들 비행기의 탑승률은 20퍼센트나 상승했다. 따라서 황금알을 낳는 괴물 피카추를 불법으로 베끼는 패러디들이 저작권 보유자들의 신경에 거슬린 것은 조금도 놀랍지 않다. 코미케가 아직 언더그라운드 운동일 때는 아무도 그것에 주의를 기울이지 않았다. 그러나 오타쿠 문화가 큰 성공을 거두는 지금에 와서는 그것을 낳은 상업 문화와 충돌할 수밖에 없다. 요네자와가 상업적 주체들이 코미케에 진열대를 설치하는 것을 마지못해 받아들였다면(그들의 자리를, 사람들이 덜 가는 위층에 배당하면서), 그것은 스캔들을 피하는 한편 저작권 침해를 들먹이며 위협하는 상업적 주체들을 잠재우기 위해서이다.

코미케 행사장 한복판으로 돌아가자. 끝없이 이어지는 테이블들 위에 진열된 팬진들은 아연실색할 정도로 다양하다. 글자 그대로 모든 게 다 있다. 록 그룹의 영광을 그린 것들이 있는가 하면 절정기의 미국 영화에 대해 이야기하는 것들이 있고, 포뮬러 1 레이서 게라르트 베르거Gerhard Berger의 경력을 사실 이상으로 화려하게 서술하는 것들이 있는가 하면 험프리 보가트를 만화 영화 주인공으로 탈바꿈시키는 것들이 있다. 비디오 게임 애호가를 위한 팬진들이 있고, 컴퓨터 프로그래머, 동물 애호가, 군대 마니아들을 위한 팬진들이 있다. 이러한 표면적인 다양함에도 불구하고, 전체는 대략 두 장르로 분류된다. 여자들을 위한 '야오이yaoi'와 남자들을 위한 에로 팬진.

장르들의 범람에 얼마간의 질서를 부여하기 위하여, 코미케 주최측은 이벤트를 세 부분으로 나누었다. 첫날은 비디오 게임과 쇼 비즈니스를 주제로 한 팬진들에 할애되는 만큼 참가자들의 60퍼센트가 여자들이다. 둘째 날은 만화 영화의 패러디가 주류를 이루는바, 이날 역시 여성 서클들이 참가자의 70퍼센트를 차지한다. 그러나 역설적이게도 테마는 다분히 '남성적'이다. 모험과 스포츠를 주제로 한 만화 영화들의 패러디(물론 모험과 스포츠의 내용은 여자들이 좋아하는 형태로 변형된다), 그리고 남자들 사이의 동성 연애를 다룬 '야오이' 만화. 마지막으로 셋째 날은 독특한 이야기를 다룬 만화들이 얼굴을 내미는데, 테마가 '남성적'인 만큼 이날만은 남자들 세상이다. 하지만 '남성적'이라는 표현은 자의적일 수밖에 없는 것이, 대부분의 주인공들은 자주 알몸이고, 종종 학대를 받는 여자들이기 때문이다. 코미케 세상은 이렇다.

팬진들 속에서는, 황금 시간대에 TV를 통해 방영되는 만화영화의 여주인공들이 순종적이고, 굴욕적이고, 결박되고, 뒤틀리고, 상처 입고, 강간당한 인형의 모습으로 잔혹하게 변모되어 있다. 작은 테이블 너머에 앉은 풋내기 만화가는 자신이 그린 여주인공의 울며 애원하는 두 눈을 황홀하게 바라본다. 마치 한껏 학대하고 난 이 종이 위의 소녀를 이제는 보호하기라도 하듯. 어린아이 같은 얼굴에, 갈가리 찢어진 교복이 터지도록 풍만한 몸매를 지닌 그의 여주인공은 고등학교 개인 사물함에 갇혀 있다. 나무 기둥에 몸이 꽂히고 사물함 위쪽의 가방 걸이에 머리채가 얽매인 그녀는 어서 빨리 자기를 구해달라고 울면서 애원한다. 고문이 보여주는 이 예리한 사디즘을 음미해보라.

"이게 바로 여자에 대한 당신의 이상적 비전입니까?" 내가 물었다.

"네. 하지만 이것은 환상일 뿐입니다. 현실과는 아무런 상관도 없어요." 주제넘은 외국인을 경계하듯 그가 덧붙였다.

"여자 친구도 이만큼 예뻐요?"

"저는 여자 친구가 없어요."

"하지만 당신은 괜찮으신데요. 여자들이 좋아할 것 같아요." 내가 집요하게 따라붙었다.

"저는 만화 그리는 걸 더 좋아해요……" 그가 짤막하게 대답했다.

더 이상 대화를 고집할 필요가 없다는 사실을 나는 깨달았다.

만화 평론가이며 에로 만화 잡지 편집장을 지내기도 했던 오쓰카 에이지 Otsuka Eiji[2]에 따르면, 상업 잡지에 에로물을 연재하는 만화가들의 대부분은 워낙 에로 만화 독자들로서 우연히

---

2 오쓰카 에이지, 『만화의 구조』, 유다치샤 Yudachisha, 1987.

잡은 연필로 스스로의 환상 세계를 그리다가 코미케에 참가하는 팬진을 통해 데뷔한 사람들이다.

이런 식의 기술 습득은 만화에만 국한되지 않는다. 오늘날 존경받는 영화 감독들의 상당수가 6,70년대에 니카쓰Nikkatsu 스튜디오에서 포르노 영화를 만들면서 기술을 연마했다(「셀 위 댄스Shall we dance?」로 미국에서 각광받는 스오 마사요시Suo Masayoshi의 경우가 그러하다. 그는 데뷔 초기에 자기가 좋아하는 오즈Ozu[3]의 스타일을 포르노 영화들에 적용하며 영화 기술을 배웠다).

또 한 번 오쓰카 에이지에 따르면, 에로 만화에 있어 작가와 독자의 차이는 아주 미미하다. 작가는 자주 자기의 성적 환상을 표현하고, 그것은 같은 환상을 지닌 젊은 독자들에게서 공감을 얻는다.

통통한 육체 및 주인공의 사디즘적 의지에 굴복한 소녀에 대한 에로 만화 저자/독자들의 명백한 기호는, 프로이트가 우리에게 가르치듯, 자기가 어머니의 전부가 아니라는 사실을 깨닫는 순간 모든 인간이 어머니에 대해 품는 무의식적 증오를 반영하는 게 아닐까? 여기서 우리가 상기해야 할 것은 가족 안에서 어머니가 차지하는 지나치게 큰 비중이 일본 젊은이들의 심리에서 무시할 수 없는 역할을 수행한다는 점이다. 종이 위의 여주인공들을 사디즘적으로 결박하면서 오타쿠들이 찾는 것은 필요불가결하고 편재적이지만 결국에는 거세적인 어머니로부터의 해방이 아니겠는가.

패러디야말로 팬진을 특징지우는 장르이다. 그 이유는 간단

---

3 오즈 야스지로(1903~63). 쿠로사와 아키라와 더불어 20세기 중반의 일본영화를 대표하는 감독으로 대표작으로는 「태어나기는 했지만」(1932), 「晩春」(1949), 「동경이야기」(1953), 「꽁치의 맛」(1962) 등이 있다.

타카하시 요우이치 원작, 「캡틴 쓰바사」. 일본의 국민적인 축구붐을 조성했던 유명한 작품으로 현재까지도 연재 중인 만화이다.

한데, 지적·예술적 소유권에 대한 일본 법률은 다른 사람이 창안한 인물을 상업 만화가들이 사용하는 것을 금지하고 있기 때문이다.

코미케에 참가하는 젊은 작가들은 주저하지 않고 대가들을 베끼거나 마음에 드는 인물들을 자기화한다. 마르셀 뒤샹 Marcel Duchamp 을 인용하며, 요네자와가 유식하게 말한다. "20세기에 문화는 더 이상 창조하지 않습니다. 그것은 베낄 뿐이에요." 코미케보다 이 인용이 더 잘 어울리는 자리는 없으리라. 베끼기는 작가들로 하여금 독창적 인물을 창조하기 위해 애쓰는 대신 이야기 줄거리에만 집중할 수 있게 해준다. 그것은 또한 거대한 미로와도 같은 코미케 행사장에서 일종의 지표 구실을 하기도 한다. 가령 「캡틴 쓰바사Captain Tsubasa」[4]의 모든 패러디는, 「세일러 문」「사이버 포뮬러Cyber Formula」[5]「드래곤 볼」의 패러디들과 같은 홀에 모여 있다. 게다가 아마추어 만화가들은 사람들의 주의를 끌기 위해 의도적으로 유명한 연재물을 골라 패러디하기도 한다. 어쨌거나 이런 지표라도 없으면 이 엄청난 팬진들 사이에서 어떻게 길을 찾을까?

거대한 팬진 박람회인 코미케는 만남과 재회의 장소가 될 수도 있다. 요령만 있다면…… 사실 이 벌집 같은 공간에서는 고양이조차 새끼를 잃을 판이다. 따라서 많은 참가자들처럼 워키토키를 갖고 있어야 한다. "너 어디 있니?" 베트남전 당시의 미 해군 병사로 둔갑한, 방금 밀림에서 나온 듯한 젊은이가 마이크에 입을 대고 묻는다. "파이널 팬터지 코너에." 다른 전파들의 방해로 약간 흔들리는 여자의 목소리가 대답한다. "좋아, 5분 뒤 A동 출입문 앞에서 보기로 한다, 오버." "알았다, 오버." 아리아케 종합 전시장은 이러한 대화로 끊임없이 와글댄다.

A동으로 가는 길에 미 해군 병사는 다른 '코스프레cosplay'[6] 애호가들과 엇갈린다. 일본, 스페인, 그리고 프랑스의 어린이들 사이에서 선풍적 인기를 모으고 있는 만화 영화 「드래곤 볼」의 주인공. 원래 주인공만큼이나 머리가 제멋대로이다. 좀 더 가자 유혈이 낭자한 상처가 강한 머큐로크롬 냄새로 코를 찌르는 유도 선수가 플라스틱 가발을 쓴 뚱뚱한 스모 선수와

---

4 쓰바사는 주인공 이름으로 소년들이 등장하는 축구 만화이다.
5 사이버 시대를 배경으로 한 자동차 경주 만화. 팀원들 간의 우정, 사랑, 라이벌 의식 등이 주제를 이룬다. 강렬한 록비트 음악도 커다란 인기를 모았다.
6 'costume play'의 준말로서 변장을 뜻한다.

만화 영화 「신비한 바다의 나디아」의 여주인 공 모습을 코스프레한 참가자

혈투를 벌이고 있다. 이들의 패러디는 호기심 많은 군중들을 모으고, 여기저기서 플래시가 터진다. 군중들 가운데에서, 얼굴을 빨간색과 흰색의 바둑판 무늬로 치장하고, 벨 듯 다림질한 SS 유니폼[7]을 입은 예쁘장한 소녀가 포즈를 취한다. 「스타 워즈」에서 잠시 빠져나온 다크 베이더 Dark Vader 가 그녀를 사진 찍고 싶어했기 때문이다.

코미케 주최측의 조사에 의하면 대부분 16살에서 21살 사이인 이 코스프레 애호가들은 그들의 모델이 된 로봇, 만화 주인공, 또는 병사의 분위기와 태도를 똑같이 재현하기 위하여 세심한 주의를 기울인다. 코미케에 와서 변장한 자기들을 보이고, 카메라 앞에서 포즈를 취하면서, 다음날 또다시 익명의 일상 속에 떨어지기에 앞서 하루살이 스타 역을 하는 코스프레 애호가들은 수천을 헤아린다. "단 한 번만이라도 남들의 시선을 끌기 위해," 엉덩이까지 찢어진 드레스가 정신을 산만하게 하는, 춘리 Chun Li[8]로 변장한, 땅딸막하지만 상냥한 아가씨가 수줍게 대답한다. 춘리는 비디오 게임 「스트리트 파이터 Ⅱ」에 나오는 중국인 여투사이다.

미 해군 병사는 A동을 향해 다시 걷기 시작한다. 그의 뒤엔

---

7 나치 친위대원을 뜻하는 'Schutz-staffel' 의 약자(옮긴이 주).

8 중국의 비밀경찰요원을 가리키는 말(옮긴이 주).

접을 수 있는 작은 카트가 끌려가고 있는데, 그것의 연약한 두 바퀴는 몇 시간에 걸쳐 사 모은 수십 권의 팬진에 짓눌려 금방이라도 찌그러질 듯하다. 나는 그에게로 다가가 무엇을 샀는지 묻는다. "오, 주로 만화 영화의 포르노 패러디들이지요." 그가 주저 없이 대답한다. 그럼, 유니폼이며, 철모며, 워키토키며, 무더운 도쿄의 8월 날씨에 어울리지 않는 이 엉뚱한 차림은? "이것은 저를 다른 사람들의 눈에 띄게 하고, 또 그들과의 접촉을 용이하게 하지요. 만약 제가 보통 옷차림을 하고 있었다면 당신이 제게 말을 걸었을까요? 코미케는 축제이자 자유의 공간입니다. 반드시 원래 모습 그대로일 필요가 없어요."

　이러한 변신의 욕망은 오타쿠 세계에서 지속적으로 확인되는 것이다. 만화 영화 주인공으로 변장하면서 젊은이들은 그들의 참모습을 되찾는 듯하다. 마치 평소의 음울한 의복이 사실은 진짜 변장이기라도 하듯. 그것이 진짜 변장처럼 여겨질 수 있는 것은, 그것이 재현하는 모습이 '그들에게 맞지' 않기 때문이다.

소녀들은 무엇을 꿈꾸는가

만화로 그린 성이 남자들의 전유물이라고는 생각지 말라. 여성 잡지 역시 독자들의 성적 충동을 만족시키려 애쓴다. 90년대 초부터 '레이디스 코믹스ladies comics'는 성적 로맨스를 갈망하는 젊은 여성들이 모여드는 자리이다. 현재 50여 종류의 월간 여성 만화 잡지가 있는데, 그 가운데 '관능적'인 것으로 분류되는 30여 개는 정숙하고 평범한 표지 아래(이것은 서점에서의 구입을 용이하게 해준다) 극도로 야한, 가장 대담한 남성 에로 잡지들과 비교하여 하나도 부러워할 게 없는 에로티시즘을 감추고 있다. 1997년 이 레이디스 코믹스 잡지들의 전체 발행 부수는 무려 1억 6백만 부에 달했으며, 이 수치는 이 장르의 인기가 어느 정도인지 가늠하게 해준다.

얌전하며, 『아무르*Amour*』(매달 40만 부 발행), 『유 *You*』『마농 *Manon*』『데지르*Désir*』같이 불어로 된 이름이 많은 이 월간지들의 표지 아래에서, 여성 독자들은 '생생한' 성적 모험들과, 사도마조히즘적 관계들을 다룬 이야기들과, 이따금 분뇨담, 그리고 자주 동성애를 발견한다. 남성 에로 잡지들에 비해 훨씬 더 정성스레 제작된 이 잡지들은 에로티시즘에 대한 남성과 여성의 개념 차이를 보여준다. 남성들이 '핵심적인 것'을 강조하는 그림으로 만족한다면, 여성들은 성관계의 세심한 묘사는 물론 주인공들의 말·느낌·생각들을 중요하게 여긴다. 레이디스 코믹스의 독자층이 25세에서 35세 사이에 위치하는바, 여기서 우리는 부부 생활에 대한 불만의 징후들을 보아야 할까?

그러나 젊은 일본인 남녀들간의 성 및 사회적 관계의 저변에 깔려 있는 뿌리 깊은 불편함을 레이디스 코믹스보다 훨씬 더 잘 보여주는 것이 야오이 만화이다.

은어인 '야오이yaoi'는 80년대에 세 단어의 첫 글자가 합성되어 생긴 말이다. '절정 없는'을 뜻하는 'YAma nashi,' '추락 없는'을 의미하는 'Ochi nashi,' 그리고 '의미 없는'을 가리키는 'Imi nashi,' 간단히 말해, 이는 만화에 있어 가장 기본적인 규칙들을 위반하는 만화를 지칭한다. 나중에 이 지엽적 장르를 공격하는 사람들은 거기에 새로운 의미를 부여했는데, 그들에게 '야'는 '위험한 YAbai,' '오'는 '끔찍한 Osoroshii,' 그리고 '이'는 '음란한 Iyarashii'을 뜻한다. 사실, 두 정의 모두 장르에 잘 어울리는 것 같다.

"아, 또다시 야오이 만화를 그렸네." 상상력이 이끄는 대로 신나게 이야기하다가 그만 이야기에 의미 부여하는 것을 잊었을 때, 소녀들이 한숨을 쉬며 하는 말이다. 그들의 상상력이 또 한 번 그들을 금지된 사랑의 매혹적인 나라로 이끈 것이다.

이 고삐 풀린 상상력으로부터 야오이 장르가 태어난바, 젊은 여성 만화가들은 남자들의 동성 연애를 그린다.

"남자들의 동성 연애를 주제로 잡으면서 그들은 그들에게 가장 중요한 관심거리로 남아 있는 남자들을 한껏 그릴 수 있지요. 마지막 부분에 가서조차 이야기는 고전적인 남녀 관계로 되돌아오지 않는데, 왜냐하면 이 관계는 자주 단조롭고 재미없는 일상의 일부를 이루는 데다가(설령 그것이 상상적인 것이라 하더라도), 언제나 변함없이 '그들은 결혼해서 많은 아이들을 낳았다'로 끝나기 때문입니다. 어쨌거나 젊은 여성들에게 있어 남자는 파악할 수 없는 신비로운 존재예요. 야오이 만화는 이러한 탐색의 표현이라고 할 수 있습니다." 코미케 창시자인 요네자와가 설명한다.

서술 규약을 지키지 않는 까닭에 야오이라 이름 붙여진 이 장르는 그러나 이제는 일정한 코드를 갖고 있다. 그 조리법을 간단히 살펴보자면 이렇다.

1)「캡틴 쓰바사」나「사이버 포뮬러」같이 잘 알려진 만화 연속극을 선택하든지 아니면 팝 그룹 킨키 키즈Kinky Kids의 귀여운 두 소년이나 스맙Smap의 다섯 멤버를 선택하여 이야기를 꾸미라. 그러면 코미케에서 오리지널의 팬들이 당신 코너로 앞다투어 달려올 것이다. 만화 연속극이 없을 경우엔 연재 만화나 비디오 게임으로 대신할 수 있다. 주의해야 할 점은 남자 주인공이 많아야 한다는 것. 그래야 짝짓기 조합 수를 늘릴 수 있고, 야오이에 맛을 더할 수 있다.「캡틴 쓰바사」야오이 버전의 성공 비결은 바로 여기에 있다. 오리지널 만화의 주제가 축구이다 보니 잘생긴 젊은이들이 무려 11명이나 되고, 이러한 상황은 젊은 여성 만화가들의 성적 환상을 뒷받침하기에 충분하다. 물론 너무 큰 조합의 가능성은「캡틴 쓰바사」야오이 버전들에 무질서를 초래했다. 하여, 여성 만화가에 의해 주인공으로 선택된 선수들을 중심으로 몇 개의 소집단을 만들어내는 게 필요했다. 현재 가장 큰 성공을 거두고 있는 것은「슬램 덩크Slam Dunk」와「유유백서Yu-yu-hakusho」의 야오이 버전이다.「슬램 덩크」는 유명한 만화 주간지『소년 점프』(매주 6백만 부씩 발행)에 연재된 만화로서 이야기는 한 농구팀 내에서 벌어지고,「유유백서」는 남성우월주의적 경향이 강한 소년 레슬링 선수들이 주인공으로 등장하는 이야기를 다룬다. 이처럼, 남성 인물이 많아야 한다는 규칙은 어김없이 준수되어야 한다.

2) 이들 연재물들 안에서, 독자들을, 특히 만화가 자신을 꿈

꾸게 할 만큼 귀여운 두 남성 인물을 고르라.

3) 가장 중요한 무기로서 인물들을 완벽하게 그릴 수 있는 능력을 습득하라. 그리고 장르의 규칙에 의거하여 인물들을 가볍게 양식화styliser 하라. 갸름한 얼굴, 꿈꾸는 듯한 커다란 눈, 긴 금발, 약간 돌출한 근육……

야오이 만화, 「유유백서」

4) 두 주인공이 등장하는 오리지널 만화의 이야기 틀을 면밀하게 분석하라.

5) 그런 다음 개인적인 요소들을 덧붙이면서 원래의 이야기를 연장하라. 경우에 따라서는 두 주인공이 원래 활약하는 세계를 벗어나도 무방하다. 예를 들어 「캡틴 쓰바사」 야오이 버전은 축구를 거의 다루지 않고 주인공들의 성생활에 집중한다. 야오이 만화의 핵심적 요소들 가운데 하나는 인물들의 심리이다. 오리지널 만화에서 중요했던 것들은 야오이 만화에서 에피소드로 전락한다.

6) 이 두 주인공의 성관계에 전력 투구하라(그들이 동성애 관계를 맺는 것은 필수불가결하다. 설사 오리지널 만화에서는 탱탱Tintin 과 카스타피오르Castafiore[1]처럼 순결했다 하더라도).

---

1 벨기에 출신의 에르제Hergé가 그린 만화 시리즈 「탱탱의 모험들 Les Aventures de Tintin」에 나오는 인물들. 기자인 탱탱(프랑스에서는 워낙 '땅땅'으로 발음된다)은 모든 에피소드에 등장하며 사건을 해결하는 주인공이고(그런 의미에서 그는 탐정이다), 카스타피오르는 여가수이다. 불어권 만화들 가운데 가장 유명하다 할 이 시리즈는 어린이에서 노인에 이르는 폭넓은 독자층을 갖고 있는바, 그 엄청난 인기는 세

7) 성애 장면을 적나라하게 그리되 겨냥하는 여성 독자층에 맞추어 자극적인 조미료들을 한껏 첨가하라. 그것을 좋아하는 여성 독자들이 있다. 그러나 성적인 그림에만 집착하는 것은 오류다. 섹스가 진행되는 동안 주인공들이 느끼는 감정을 분석하는 것 또한 아주 중요하다. 성공한 야오이 만화들은 인물들의 성적 심리가 내포한 깊이의 심연을 뛰어나게 포착한 만화들이다.

8) 같은 주제와 같은 인물들을 다루는 여자 친구들을 모아 공동의 팬진을 만들라. 각자에게 쪽 수를 할애한 뒤 4가지 색깔로 된 표지를 만들라. 팬진에는 만화뿐 아니라 산문 텍스트나 시도 몇 쪽 게재될 수 있다. 꼭 지켜야 할 규칙은 공동의 주제를 벗어나지 않는 것이다.

9) 일단 팬진의 편집이 끝나면 전문 인쇄소와 접촉하라. 코미케 카탈로그는, 100권, 500권, 1,000권, 심지어는 10,000권씩 찍어내는 이 팬진들의 잠재력을 알아본 소규모 인쇄소들의 주소와 광고로 가득하다.

이제 당신은 다음 번 코미케 때, 혹은 야오이 만화를 위한 다른 이벤트 때, 당신의 독자들을 만날 준비가 되어 있다. 실제로 1994년 3월부터 '코믹 시티 인 도쿄 하루미 Comic City in Tokyo Harumi'란 행사가 열리고 있는데, 입장객의 99퍼센트가 15세에서 25세에 이르는 젊은 여성들이다. 야오이 현상의 규모가 어찌나 커졌던지 자체적인 행사가 생겨난 것이다. 사실, 야오이 애호가들이 무려 30만을 헤아리는 만큼 이런 행사가 빛을 보는 것은 당연한지도 모른다. "젊은 여성들을 위한 상업 만화들은 분홍빛 로맨스를 지나치게 강조하고 있으며, 독자들을 백

월의 흐름에도 전혀 수그러들지 않고 있다(옮긴이 주).

마 탄 왕자나 기다리는 순진한 여자들로 취급하는 경향이 있습니다. 상업 만화와 독자들의 기대 사이의 이 간극은, 어째서 젊은 여성들이 점점 더 야오이 만화 팬진들로 향하는지를 설명하는 것 같습니다." 요네자와가 말한다.

중고 만화를 전문으로 취급하는 만다라케 Mandarake 서점에서 가장 인상적인 코너는 야오이 팬진 코너이다. 거기엔 수십만 권의 야오이 만화 앨범들이 있는바, 그 가운데 「캡틴 쓰바사」 야오이 팬진이 약 만 권을 헤아린다. 축구 선수들의 동성애를 다룬 패러디치고는 엄청난 양이 아닐 수 없다. 현재 야오이 만화는 만다라케 매출액의 40퍼센트를 차지하고 있다.

만다라케 서점을 창립했으며, 만화의 유행을 통해 일본 사회를 관찰하는 후루카와 마스조Furukawa Masuzo에 따르면, 최근 20년 동안에 가장 인상적인 변화를 보인 것은 여성들의 태도이다. "미디어들은 벌써 25년 전부터 여성 해방에 대해 말하고 있지만, 이 해방이 현실 속에서 확인되기 시작한 것은 최근의 일이에요. 이 여성 해방의 중요한 결과는 여성들의 사회적 지표가 사라진 데 있다고 봅니다. 일본의 젊은 여성들은 다시 야생으로 돌아간 말 같아요. 그들은 그들의 어머니와 다릅니다. 그러나 문제가 있다면 그것은 여전히 남성들에 의해 지배되는 사회에서 그들이 이 자유로 무엇을 해야 할지 모르는 데 있는 것 같습니다. 사회는 더 이상 그들이 현모양처이길 기대하지 않아요. 하지만 그렇다고 해서 그들이 일의 현장에서 그들의 자리를 확보한 것은 아니지요. 그들은 자유롭습니다. 그러나 남성들만큼은 아니에요. 그 결과, 오랫동안 숨어 있다 새로이 표출된 그들의 에너지의 상당 부분이 팬진으로 옮겨갔습니다. 팬진은 이 젊은 여성들이 자기들의 뿌리 깊은 개성을 표현하는 도구가 되었지요. 야오이 장르는 제 생각에 남성들의 성적 억압에 대한 반동인 것 같습니다. 그것은 미디어를 통해 나타나는 천편일률적인 여성의 이미지에 대한 반항이에요. 그들은 이 장르를 통해 지금까지와는 다른 성적 재현을 요구하는 것이지요." 후루카와가 분석한다.

상업 만화들 속에서 여자는 항상 상냥하고 섹시하며, 남자는 강하고 남성우월주의적이다. 야오이는 이런 상투적 표현을 뒤집는바, 거기서 남자들은 육체적으로 아름답고(이는 일본에서 남성적 매력의 주된 기준이 아니다) 감정적으로 복잡하다. 아이러니컬하게도, 오리지널 만화의 주인공이 남성우월주의적일수록 야오이에서는 '여리고' '여성적'이다. 마치 젊은 여성 만화가들이 자신들의 일상에 대해 복수라도 하듯, 남성우월주의적인 인물은 동성애에서 수동적인 역할을 하고, 오히려 오리지널 만화에서 소극적이던 인물이 지배적인 위치를 점한다. 이러한 별난 양상을 보이는 야오이 장르가, 일본 사회 안에서 제대로 인정받길 바라는 젊은 여성들의 위장된 요구가 아니면 무엇일까?

뒤에 가서 살펴겠지만, 현대 일본 젊은 세대의 주요 특징들 가운데 하나는 거의 절대적인 양상을 보이는 상대화 의지이다. 젊은 여성 만화가들과 이야기해보면, 그들에게 있어 남성 동성애라는 알려지지 않은 세계로 뛰어드는 것이 전혀 '이상하지도' 일탈적이지도 않다는 것이 분명하게 드러난다. 그들은 기껏해야 남자들이 여성 동성애에 대해 느끼는 것과 같은 매혹을 경험할 뿐이다. 그러나 '상대화의 마그마' 속에 일단 들어가면, 동성애는 이 젊은 여성들이 자유로이 인정한 성의 한 형태일 뿐, 그 이상도 그 이하도 아니다.

동성애의 묘사는 그러나 순진한 선택이 아니다. 그것은, 한편으로는 미처 알지 못하는, 또 다른 한편으로는 이상화하는 사랑의 감정을, 남녀 사이의 '진부한' 관계가 현실 속에서 낳는 사회적 · 심리적 제약에 결부시키기를 거부하는 젊은 여성들의 의지를 반영한다. 그들은 야오이를 통하여, 출산 및 부모들이 그 모델을 제시한 부부 생활이 그들을 꿈꾸게 하지 않는다고 말한다. 이 삶은 그들이 느끼는 자유의 욕망과 양립할 수 없는 것이다. 인물로 남자 동성애자들을 선택하면서 그들은 이야기가 너무 진부하게, 다시 말해 "그들은 결혼했고, 많은 아이들을 낳았고, 결과적으로 우리 부모들과 흡사했다……"로 끝나지 않으리라는 사실을 확신한다. 만화 속의 동성애는 절대적 정열의 변함없는 보증이다.

완벽하게 돌아가는 사회의 면전에 대고 이 무서운 진실을 말할 용기가 없는 여성들은, 그들의 불행을 알리기 위해 야오이와 남자 동성애자들을 선택했다. 이는 어찌 보면 지배적 가치에 정면으로 맞서는 것을 피함으로써 사회로부터의 배제를 예방하는 선택이기도 했다. 일본 사회 안에서 종종 그러하듯, 공개적인 논쟁을 허용하지 않는 사회를 향해 자기의 소외를 간접적으로, 그리고 비공격적으로 표현하는 방법이 있다. 야오이가 그 한 예이다. 그것은 잠재적 사랑의 한 형태일 뿐, 거기에 열중하는 젊은 여성들의 육체적 참여를 상정하지 않는다. 이처럼 현실을 벗어나 상상 세계로 도피하고자 하는 의지는 젊은 여성들에게서도 관찰된다. 호모 비르투엔스 혹성에는 여자들도 산다.

제 2 부

사회 속의 오타쿠들

집단주의 대 오타키즘

일본에서의 오타쿠들의 출현은 이 나라의 교육 제도와 별도로 고려될 수 없다. 80년대에 오타쿠들이 급격히 증가한 것에 대한 책임의 큰 부분은 일본 교육 제도의 폐단에 있다. 실제로, 대부분의 오타쿠들은 대중을 위해 구상된, 하지만 개인을 충분히 고려하지 않는 교육 제도의 희생자들인 것이다. 학교 제도는 물론 가정, 그리고 가정이 아이들에게 전수하는 제반 가치들까지 포함하는 교육이 최대 다수의 도약을 가능케 했고, 이 나라의 경제 발전에 큰 몫을 담당했다는 사실에는 의심의 여지가 없다. 가정과 사회 전반은 교육의 가치를 존중한다. 최대한 많은 사람이 교육을 받는 것이 필요하고, 또 튼튼하고 통일된 기초 없이는 한 사회가 번영할 수 없다는 점을 일본인들은 깊이 인식하고 있다. 우리는 여기에서 유교의 영향을 읽을 수 있으리라. 어쨌거나 아이는 태어나자마자 사회 전체의 동의 아래 교육의 소용돌이 속으로 들어가고, 대부분의 경우 성년이 된 후에야 거기서 나온다. 이 긴 여정 동안, 아이는 교육을 받을 뿐 아니라 그를 '일본인'으로 만들어주는 가치들에 흠뻑 젖어든다.

부모의 사임

일본의 아기들은 세상에서 가장 행복한 존재들이 아닐까?

다른 문화권에서 태어난 아기들은 인큐베이터에서 보모에게로, 베이비시터로부터 유치원으로 이리저리 끌려다니는 반면, 일본의 아기들은 생애의 첫 5년 동안 그들의 모든 욕구를 기꺼이 들어줄 준비가 되어 있는 자상한 어머니를 갖고 있다. 일본에서 여자들이 출산 후에도 직장 생활을 계속하는 것은 예외적인 일이다. 어머니가 된 이상, 그들의 첫번째 책임은 옹알대는 아기를 돌보는 것이고, 가족과 주위 사람들은 그들이 아이보다 '출세'를 더 생각하는 것을 용인하지 않는다. 80년대 말, 젊은 여성들이 어머니 노릇을 하면서 일할 수 있도록 회사 안에 탁아소를 설치했던 몇몇 진보적인 기업들의 노력에도 불구하고, 일본에서 탁아소와 유치원이 거의 발달할 수 없었던 것은 바로 이런 이유 때문이다.

출생과 함께 가족 구조는 아기─왕을 중심으로 재조정된다. 남편에게 헌신하던 젊은 어머니는 이제 모든 주의를 신생아에게 집중하고, 경우에 따라서는 남편을 뒷전으로 미루기까지 한다. 이러한 새로운 추이를 가장 잘 드러내는 것들 가운데 하나가 아마도 아기가 밤에 잠자는 위치일 것이다. 아기는 흔히 어머니와 아버지 사이에서 자는바, 이에 대해 아무도 이의를 제기하지 않는다. 일본의 소아과 의사들은 그것이 젖먹이의 안정을 위해 필요하다고 말한다. 그렇다면, 이 아기가 다섯 살이 되었을 때는? 잠든 가족은 이제 나란한 세 개의 수직선으로 이루어진 내천(川)자 모양을 띤다. 이러한 잠자리 배치가 출산 후 부부의 성생활 재개를 어렵게 만들고, 아버지에게 아이는 성가실 뿐 아니라 욕구 불만마저 유발하는 존재가 되게 한다는 사실을 새삼스레 강조할 필요가 있을까? 그리고 아버지는 넘치는 에너지를 직장 생활로 되돌린다는 사실에 놀랄 까닭이 있을까?

역할 분담은 핵가족 내부에서의 어머니의 중요성을 잘 드러낸다. 어머니가 주로 가정의 경제권을 쥐고 있는 까닭에 남편은 그녀를 '우리 재무장관'이라 부른다. 그녀는 자녀 교육을 책임지고, 교과 과정도 (자주 혼자서) 선택한다. 이웃과 좋은 관계를 유지하는 것, 그리고 모든 가사일을 돌보는 것 또한 전적으로 그녀의 몫이다. 아버지는 아침부터 밤까지 밖에서 일하고 주말에조차 얼굴 보기가 힘들다. 이런 아버지에게 유일한 특권이 있다면, 그것은 바로 매달 월급 봉투를 가져옴으로써 가족의 생계를 유지한다는 사실이다. 그들은 아내에게, 아니 아이들의 어머니에게 기꺼이 교육의 책임을 맡긴다.

아버지와 자녀들 간의 평균 대화 시간에 대한 통계는 양측간의 관계 부재를 상징적으로 보여준다. 도쿄 시립일상생활연구소의 여론 조사에 따르면, 중학교 2학년생의 51퍼센트가 일주일 내내 아버지와 전혀 대화하지 않으며(어머니와의 대화가 없는 경우는 21.8퍼센트), 34.5퍼센트가 아버지와 하루 반시간 가량 대화한다(어머니와는 46.5퍼센트). 이러한 대화 부재의 이유 또한 의미심장하다. 조사에 응한 학생들의 52.1퍼센트는 아버지와 이야기할 기회가 없다고 말하고, 51.5퍼센트는 아버지에게 이야기할 거리가 없다고 말한다.

교육에 간여하지 않는 것이 아이의 성장에 대한 무관심으로 간주되어서는 안 된다. 일본 사회 내부에서의 역할 분담이 아버지 노릇을 어렵게 할 뿐이다. 자녀 교육에 대한 아버지의 불간섭을 상징하는 일본어 표현이 있는바, "아이는 아버지 등만 보고도 자란다"는 말이 그것이다. 아버지의 세계는 가정 밖에 위치한다. 이른 아침에 출근하는 아버지에 대해 아이가 아는 것이라고는 등밖에 없다. 저녁에 돌아오면 아이는 이미 잠들어 있는 때가 많고, 주말이 되어도 파김치가 된 아버지는 아이와 놀러 나갈 기력이 없다. 모자란 잠을 보충하거나 방바닥에 누워 야구 중계를 볼 뿐이다. 그러나 한 달에 한 번 정도 샐러리맨들은 '가족을 위한 봉사'를 통해 아버지가 된다. 사실 이것은 '가족을 위한 부역'으로 읽어야 더 정확하다. 목적지는 디즈니랜드. 아버지와 가족은 삼키기만 하면 되도록 미리 준비된 감동의 엑기스를 향하여 집을 나선다.

만일 그가 좀더 일찍 귀가해서 아이들을 돌보려고 한다면, 이웃 여자들은 너무 일찍 돌아오는 샐러리맨을 괜스레 걱정하며 수다를 떨어댈 것이다. 그는 회사에 잘 적응하지 못하나보지? 대기 발령이라도 받았나? 평소보다 일찍 돌아오면 아마도 그의 아내가 제일 먼저 걱정할 것이다. 퇴근 후 술자리에 안 간 것을 보니, 직장 동료와 다투었나? 상사들이 그를 신임하지 않아서 룸살롱에 안 데려간 걸까? 거기 가면 회사의 최근 방향에 대해 상사들이 남편의 의견을 물어볼 테고, 또 승진에 대해 비공식적인 언질을 줄지도 모르는데……

1991년 그간의 경제 호황이 끝나면서 체계적으로 운영되던 추가 노동 시간이 사라지고 판공비 예산이 삭감되자, '집에 안 가는 패거리'라 불리는 새로운 사회 현상이 생겨났다. 샐러리맨 생활을 시작한 이후 처음으로 정규 근무 시간이 끝나면 할 일이 없어진 기업의 간부 사원들을 일컫는 말이다. 추가 노동 시간도 없고, 고객이나 부하 직원들을 데리고 밤늦게까지 술집들을 전전할 예산도 없어진 이 간부 사원들은 그렇다고 일찌감치 집으로 돌아갈 마음을 먹을 수도 없었다. 그리하여 그들은 도리 없이 공원이나 백화점 등을 밤늦도록 배회하며, 집에 들어가서 목욕을 하고 마지막 맥주를 마실 수 있는 '원래' 퇴근 시각이 오기를 우울한 얼굴로 기다리는 것이었다. 샐러리맨 세계에서 익히 통용되며 여자들 입에 자주 오르내리는 격언들 가운데 이런 게 있다. "남편은 모름지기 건강해야 하고, 특히 밖에 있어야 한다." 가정은 남자들의 일이 아닌 것이다.

낮에 아버지들이 직장에 전적으로 매여 있는 동안, 아이와 어머니는 평화롭고 보람된 시간을 보낸다. 오로지 아기의 성장에 전념하는 일본의 어머니들은 아기의 아무리 작은 욕구라도 충족시켜주려 하고, 모든 질문에 끊임없이 대답하면서 사랑으로 어린 지능의 발달을 돌본다.

70년대 이후, 일본은 전례 없는 출산율의 위기를 겪는다. 1993년에 일본 여성 한 사람당 평균 출산이 처음으로 1.5명 아래로 내려갔고, 감소는 계속되고 있다. 이러한 출산율 감소는 계속적인 양육비 상승에 의해 부분적으로 설명된다. 아이 한 명당 교육비 지출이 출생으로부터 성년에 이르기까지 20만 달러가 넘는 것으로 추산된다. 출산율 감소는 어머니가 아이에게 더 큰 정성을 쏟게 하는 결과를 가져왔다. 아이의 수가 적은 만큼 더 잘 돌볼 수 있는 것이다.

언제나 함께 있는 어머니와 아이 사이에는 정서적 공감대가 형성되는데, 그것이 때로 병적인 양상을 띤다 하더라도, 우선은 아이의 성장에 유익할 것이다. 어머니와 아이 사이의 이러한 공생 관계를 예리하게 포착한 마케팅 전문가들은 이 현대적인 커플을 겨냥하여, 어머니와 아이가 세트로 입는 의상 컬렉션, 아이의 음악적·예술적 감각을 일깨워주기 위해 어머니와 아이가 함께 참가하는 모임, 그리고 아기를 둘러멘 젊은 어머니들끼리 만나서 춤추는 혼합 디스코테크 등을 제안한다.

그러나 좋은 어머니의 가장 주된 관심사는 아이가 삶에서 성공할 수 있도록 최선의 기회를 제공하는 것이다. 부유한 가정의 자녀들을 겨냥한, 유치원 입학 준비를 위한 특수 학교 같은 극단적인 예들이 존재한다면, 이런 예들은 다행히 아주 극소수이다. 가장 흔하게 이용되는 것이 젊은 어머니들을 위한 특수 잡지들인바, 그것은 3살 미만 아기의 학습 능력 배양에 관련된 조언이나, 지적 능력의 발달에 필요한 균형 잡힌 영양에 대한 충고들을 제공한다. 물론 이 잡지들은 아기의 모든 질문에 인내심을 가지고 대답해줌으로써 아이의 지능 발달을 돕는 것이 얼마나 중요한지를 강조한다. 이 모든 것이 언제나 아이 곁에 있어줌으로써만 가능하다는 것은 구태여 말할 필요가 없다.

취학과 함께 어머니는 자기의 특권에 학습 감독권을 덧붙인다. 일본에서는 우수한 학교 성적이 사회적 성공을 위한 유일한 열쇠이다. 어머니의 역할은 따라서 자녀가 가장 좋은 조건에서 공부할 수 있게 해주는 것인데, 이를 위해서는 아이의 투정까지 받아준다. "학교에서 공부만 잘하면 되지 뭐……" "기요이쿠 마마"('교육 엄마,' 나아가 '치맛바람')는 자녀가, 특히 아들이 명문 대학 졸업장을 받은 다음에야 끝난다. 이러한 엘리트 교육 과정으로부터 미래의 샐러리맨으로서의 좋은 직업 조건이, 다시 말해 자기를 위해 그토록 희생한 노부모를 부양하기에 충분한 수입이 오는 게 사실이다. 그리고 이렇게 해서 모든 것이 다시 원점으로 돌아오는 것 또한 사실이다.

겉으로 보기에 목가적인 어머니와 아이의 이 긴밀한 관계에도 실은 위험이 없지 않다. 자기를 위해 그토록 헌신한 어머니로부터 어떻게 해방될 수 있단 말인가? 어른이 되었지만, 어떻게 이 어머니의 바람을 거스르고 자기 나름의 선택을 할 수 있단 말인가? 그리고 무엇보다도 어머니의 기대에 부응치 못한다면, 그래서 어머니를 실망시킨다면? 이러한 모정의 덫에 사로잡힌 일본의 어린이는 어머니의 의지에 순종하는 것밖에 다른 도리가 없다. 사실, '아자제 Ajase 콤플렉스'[1]의 현대적 변형이라 할 모성 콤플렉스는 여전히 살아 있는데, 이 점에 대해서는 나중에 상세히 설명하도록 하겠다.

모범생인 하시모토 히로키에게로 돌아가자. 그의 경우, 어머니와 자식 사이의 이러한 관계가 어찌나 유별났던지, 학교에서 모르는 사람이 없을 정도였다. 가장 좋은 사회적 지위를 얻도록 하기 위해 그에게 의학을 선택하게 한 것도 그의 어머니이고, 최고 명문인 도쿄 대학교 입시 준비에 있어 왕도로 인정받는 엘리트 중학교에 그를 등록시키기로 결정한 것도 그의 어머니이다. 그의 모든 일과 시간표를 주관하고, 그가 쓰는 어휘에서 '놀이'라는 단어를 추방한 것도 그의 어머니이다. 히로키가 어린 시절의 놀이를 되찾을 생각을 감히 하게 된 것은 어머니로부터 멀어진 뒤이다. 그러나, 대학을 졸업한 지 10년이 지났건만 그는 아직도 자기가 사실은 무슨 일을 하고 있는지, 자기의 열정이 무엇인지, 그리고 무엇이 자기의 흉금을 울리는지 부모에게 고백할 용기를 얻지 못하고 있다는 점에 주목할 필요가 있다. 그는 자기 일생의 어느 한 시기에 어쨌거나 자기를 아기―왕으로 받들었던 어머니를 실망시키기를 두려워하는 게 아니겠는가?

---

[1] 다음 장 「집단과 관련한 개인의 심리 구조」를 보라.

집단과 관련한 개인의 심리 구조

일본에서 개인에 대한 집단의 우위가 이 나라 농촌 문화의 잔재라는 것은 이미 잘 알려진 사실이다. 일본인들의 먹거리의 기본을 이루는 쌀은 집약적이고 집중적인 노력을 필요로 하는 까다롭고 민감한 작물이다. 논에 물을 댄 뒤에 이루어지는 모내기에서는 모든 벼의 성장이 균일하게 이루어질 수 있도록 재빨리 움직여야 한다. 따라서 모내기를 위해서는 마을 사람들의 도움이 필요하니 만치, 모든 사람이 돌아가며 이웃들에게 일손을 빌리고 빌려준다. 식량이자 세금인 쌀을 개인 혼자서 경작하는 것은 불가능했다. 때문에 마을에서 고립되는 것, 혹은 배척받는 것은 곧 파멸을 의미했다. 오늘에도 여전히 "마을에서 따돌림받는다"는 표현은 사회에 동화하지 못하는 사람들에게 적용된다.

"튀어나온 못은 두드려야 한다"는 일본에서 흔히 사용되는 또 다른 표현은 집단에 적응하지 못하는 사람들의 운명을 상기시킨다. 일상적 은유를 사용한 이 관용어는 일본인들이 어떤 정신 상태를 가지고 자녀를 교육하는지 잘 보여준다. 풍파를 일으키지 않는 것, 이웃과 다르게 보이지 않는 것, 집단의 다른 구성원들과 보조를 맞추는 것이 중요하다. 개인의 자유와 독창성을 주장하는 서구의 잣대에 비추어 볼 때 일본의 개인성은 밋밋해 보일 수 있다. 그러나 다른 사회적 제약들을 거스르지 않으면서, 개인이 성장하고 발전할 수 있도록 해주는 또 다른 가치나 심리 발달 모델이 존재하지 않을까?

이 문제에 대해 질문 받은 일본 국립정신병리연구소 소속 정신과 의사 다카하시 도루Takahashi Toru 박사는 개인을 사회적 맥락에 놓는 것으로써 답변을 시작한다. "문법적 차원에만 국한되는 것처럼 보일 수도 있지만, 일본어에는 여러 종류의 '나'가 있습니다. '나'는 그 자체로서 존재를 드러내기보다는 대화 상대에 따라 그 위상이 결정되기 때문입니다." 주체는 그가 상급자와 대화하느냐, 아니면 직장 동료, 또는 막역한 사람과 대화하느냐에 따라 끊임없이 자신의 정체성 표현을 재구성해야 한다. 이러한 관계의 곡예는 자신을 확정된, 따라서 '변화가 불가능한' 개인, 혹은 가장 깊은 의미에서의 개성을 지닌 인간으로서 생각하기보다는 그때그때 환경에 따라 결정되는 주체로 생각하는 일본인들의 성향을 잘 드러내는 첫번째 지표이기도 하다. 이러한 적응력은, 정신과 의사 도이 다케오Doi Takeo 씨에 따르면, 주변 사람들과 갈등 관계에 들어가지 않으려는, 또 아이가 어머니에 의해 너그러이 용서받듯 언제나 '관용'되기를 원하는 일본인들의 욕망에 기초한다.

오늘날, 일본인들의 심리적 특수성을 이해하는 데 있어 중요한 참고 자료로 간주되는 『관용의 유희』라는 책에서 도이 다케오는 감정의 종속, 곧 '관용'을 의미하는 '아마에amae'를 설명하고 있는바, 그에 의하면 이 아마에는 일본인들의 특수한 개성을 구축하는 데 크게 기여한다. 아버지의 지위가 제한되어 나타나는 모계 사회에서 어머니와 아이 사이의 관계는 주체의 심리적 발달 및 사회적 관계 형성에 필요한 정지 작업에서 결정적인 역할을 수행한다. 서구의 정신분석이, 쌍을 이루는 어머니와 아이에게 아버지가 극단적인 '거세'를 가하는 것으로 파악하면서 아버지의 기능을 강조한다면, 분석적 경향이 강한 일본 정신의학은, 일본 최초의 정신분석가인 고자와Kosawa 박사가 "아자제 콤플렉스"(아자제는 자기 어머니를 죽이려 했던 불교 신화에 나오는 왕의 이름이다)라고 부른 것에 근거하여 쌍을 이루는 모자 관계를 강조한다. 실제로, 분석 치료의 일부인 자유 연상 치료법을 환자들에게 적용한 고자와 박사는 그들의 환상에, 1932년 비엔나에서 프로이트에게 배웠듯, 오이디푸스 콤플렉스나 친부 살해 욕망이 나타나는 대신에 아자제 콤플렉스가 나타나는 것을 본다. 오이디푸스 콤플렉스가 아버지와 아들 사이의 경쟁 관계로 표현된다면, 아자제 콤플렉스는 어머니에 대한 아들의 종속 관계로 나타난다. "그것은 종속 관계 속에서 아들이 어머니에 대해 느끼는 죄책감, 다시 말해 적대적인 욕망을 충족시키고자 그녀를 죽이려 했음에도 불구하고 그녀에게서 관용받으면서 갖게 된 감정에 기초한다"고, 고자와의 제자인 도이 다케오의 아마에에 관한 연구에 기대어 다카하시 박사는 설명한다. "아마에의 모델은 모자 관계이지만, 이 기본 모델은 부부, 사제(師弟), 의사—환자 관계의 구조까지 결정한다. 여기에 평등이란 존재하지 않는다. 이 관계는 비대칭적이고, 따라서 존경이 형성되며, 그 반대 급부로서 관계 시스템 속에서의 위치와 지위가 결정된다"고, 도이의 책 서문에서 이브 플리시에Yves Pelicier 교수는 요약한다. 아마에의 감정을 통해, 다시 말해 주위 사람들의 관용을 찾으면서, 아이, 그리고 나아가 어른은 서구에서 생각하는 것 같은 '개인' 고유의 독립성을 추구하는 대신, 우선 어머니로부터, 나중에는 집단으로부터 관용받을 수 있게 해주는 이상적 종속 관계를 추구한다.

아마에는 "대개 어머니가 자기를 떠날 수 있다는 사실을 깨닫게 된 아이가 어머니에 대해서 느끼는 감정"이라고 도이는 정의한다. 그런데 문제는, 어머니와 함께 있고 싶어하는 감정인 동시에 어머니로부터 떨어짐을 정신적으로 부정하기 위해서 사용되는 이 감정이 성인이 되어서까지, 혹은 평생토록 지속된다는 사실이다. 이는 모리 아리마사Mori Arimasa가 "사적(私的) 이항식"이라고 부른 폐쇄적 윤리의 정신 상태를 예표(例表)하는바, '나'라는 주체를 타자와의 관계를 통해서밖에는 설정하지 못하는 문화를 구축한다.

다카하시 박사가 환자들에게서 주로 발견하는 것은 집단 행동 장애이다. "제 환자들이 가장 빈번하게 직면하는, 그러나 정신병으로 치부되지 않는 문제는 두 종류입니다. 하나는 집단에 융합되기 위해 개인으로서의 자기 자신을 철저히 부정하는 경향이고, 다른 하나는 자기의 개인성을 표명하기 위해 집단에 극단적으로 대립하는 경향입니다." 주체—집단의 관계는 주체—어머니의 관계와 같은 유형에 속한다. 그것은 이성보다 감정에 기초한다. 어떤 관계가 감정의 영역에 놓일 때, 자신의 목적을 이루기 위해 주체가 집단 내부에서 관용받는 위치에 서는 것은 언제나 가능하다. 일본인들이 내놓고 갈등을 일으키면 안 되는 중요한 이유는 바로 여기에 있다. 공개적 갈등은 집단의 조화를 깨뜨리고, 그것은 각자의 이익을 해치기 때문이다.

개인의 행동을 조절하고 통제하는 신성불가침의 집단. 그러나 그것은 어떤 집단인가? 아니 어떤 집단들인가? 세 동심원으로 이루어진 도식을 염두에 두고 이야기해보자. 우선 절친한 사람들의 동심원이 있는데, 여기에서는 조금도 몸을 사릴 필요가 없다. 왜냐하면 주체는 언제나 관용받을 수 있기 때문이다. 이 동심원은 아마에의 세계이다. 그 다음으로 학교, 직업 혹은 우정을 통해 형성된, 타협과 조화가 지배하는 동심원이 있다. 여기서는 약간은 조심하는 게 필요하다. 주체가 집단들 속에서 자신의 위치를 의식하게 되는 것은 바로 이 동심원 안에서이다. 그는 이 집단들의 다른 구성원들과 타협해야 한다. 그것은 빚과 책임과 의무의 세계이다. 그 속에서 사람들은 봉사와 헌신을 교환한다. 그것은 상호성의 세계로, 감정의 유희는 어떤 방식으로건 균형을 유지해야 하고, 경우에 따라서는 연민·동정·이해 등, 첫번째 동심원의 아마에와 비슷한 감정에 의해 상쇄되어야 한다. 그러나 이 동심원의 규칙을 어겼을 때, 그리고 호의적이기는 하지만 무엇보다 스스로의 발전이 우선인 집단의 신뢰를 저버렸을 때, 주체는 수치를 느껴야 할 것이다. 가장 바깥쪽에 위치하는 세번째 동심원은 '타인들'에 의해 구성된다. '타인들'은 주체와 아무런 관계도, 의무도, 감정도 공유하지 않으며, 이들로부터 주체는 아무것도 기대할 것이 없다. 그들의 존재·의견·시선은 주체에게 아무런 고려의 대상이 되지 않는다. 여기에서 기인하는 것이 바로 모르는 사람이나 '이방인' 앞에서 일본인들이 흔히 취하는 냉정함·신중함·조심스러움, 또는 형식적인 태도이다. 지금껏 살핀 세 원은 동심원들이기는 하지만 서로 겹치는 경우가 극히 드물다.

계속해서 자기 환자들을 예로 드는 다카하시 박사는, 그들이 각자에게 고유한 신경증 속에 깊이 감추어진 원인과 그것의 핵심에 관심을 갖기보다는 단순히 이 신경증의 징후들로부터 자기들을 해방시켜주기만을 바란다는 사실을 지적한다. 이는 주체가 자기 자신과의 관계 속에서보다는 주위 사람들과의 관계 속에서 스스로를 정립하려 한다는 사실을 드러내는 새로운 지표이다. 징후가 없다는 것은 곧 주위 사람들의 눈에 장애가 없음을 의미하므로, 주체는 항상 완벽하고자 애쓰는 집단으로부터 배척될 위험에서 벗어난다.

2차 세계 대전 후에 발간된 『국화와 칼』에서, 미국의 사회학자 루스 베네딕트Ruth Benedict는 유대교—기독교 문화와 일본 문화, 곧 죄책감의 문화와 수치의 문화 사이의 차이를 지적한다. 개인에게 있어서의 죄책감은 어떤 도덕적 가치 체계에 준거하여 발생한다. 그것은 이러이러하게 정의되고 알려진 선과 악 사이의 싸움이다. 수치심이 생겨나기 위해서는 타인의 시선이 필요하다. 주체의 행동을 지시하는 것은 이번에도 역시 집단이다. 루스 베네딕트의 분석을 주해하면서, 도이 다케오는 이렇게 쓴다. "죄책감이 자아로부터 발생하여 사과의 형태 아래 외부로 향한다면, 수치심은 타인의 시선을 의식하는 것으로부터 시작되어, 내면을, 자아를 향한다." 좀더 뒤에 가서 그는 덧붙인다. "〔일본인들은〕 집단 생활을 좋아한다. 그들에게 있어 집단을 벗어나 독단적으로 행동하는 것은 극히 어려운 일이다. 독단적으로 움직이는 것은 곧 자기들이 속한 집단을 배신하는 것에 다름아니라고 그들은 어렴풋하게 느끼고 있기 때문이다. 그들은 무엇이건 혼자서 하는 것 자체를 수치로 생각한다." 수치를 느끼거나 추방되지 않으려면 결코 실망시키지 말아야 할 이 집단은 또 한 번 어머니에 비교될 수 있다. 사회학자 나카네 지에Nakane Chie의 관찰에 따르면, 일본에서 아이를 벌줄 때, 어머니는 그를 '밖으로 내쫓음'으로써, 가정의 규칙을 존중하지 않은 이상 그는 이제 더 이상 가족이 아니라는 것, 그리고 혼자여야 한다는 것을 상징적으로 표현한다. 서구에서는, 아이를 독립적인 존재로 구성하는 사회 관계로써 처벌하기 위해 그를 집 안에, 구체적으로 '방구석'에 세워두는 데 반해서 말이다. 일본적 주체는 이렇게, 삶이란 집단 내부에만 존재하며, 홀로, 독립적으로, '개인'으로 있는 것은 불안하다는 사실을 습득해나간다.

학교 이데올로기

  일본 어린이가 어머니와 가족 다음으로 상대하는 집단은 학교이며, 바로 거기에서 그의 사회화 과정의 첫 단계가 수행된다. 사실, 일본에서 학교는 단지 지식을 습득하는 장소이기에 앞서 아이들을 '일본인'으로 만드는 도가니이다. 메이지 유신에서부터 19세기 말에 이르는 기간 동안, 위정자들이 국민 교육에 커다란 우선권을 부여했다면, 그것은 민족지상주의 ultranationalisme · 군국주의 · 천황 숭배와 같은 도덕적 · 사회적 가치들을 주입하기 위해서였다.

  일본의 패망에 뒤이어, 그리고 1945년 이전의 군국주의 체제에 대한 반작용으로, 전후의 교육 제도는 자유주의적 · 평화주의적 · 민주주의적이고자 했다. 군국주의적 전체주의로 보일 수 있는 모든 것을 근절시키려는 미 군정 당국의 영향을 강하게 받은 당시 교육자들의 이상은, 교육이 모두에게 무상으로 개방되어야 하며, 사회적 성공은 계급의 엘리트주의적 세습보다는 개인의 자질과 노력에 따라 결정되어야 한다는 긍정적인 개념 위에 기초하고 있었다. 이상적 도식에 따르면, 모든 어린이는 교육이라는 피라미드의 맨 밑부분에서 평등하게 출발하고, 가장 우수한 학생들은 지고의 자리, 곧 '도다이'란 약칭으로도 불리며 그 졸업장이 관계(官界)와 재계에서 가장 화려한 출세길을 열어주는 열쇠로 간주되는 도쿄 대학교에 입학한다. 자신의 능력과 노력에 따라 피라미드 속에서 각자 자기 자리를 차지할 수 있는 것이다.

1946년에 제정된 헌법 제23조는 교육의 자유를 보장한다. 제26조는 "각자 자신의 능력에 맞는 교육을 받을 권리가 있으며〔……〕 각자 아들과 딸에게 공통된 교육을 시킬 의무가 있다. 의무 교육은 무료이다"라고 명시한다. 1947년에 공포된 교육에 관한 기본법 전문은 다음과 같은 구절을 포함하고 있다. "우리는 각자의 존엄성을 인정해야 하며, 진리와 평화를 사랑하는 개인들을 육성하도록 애쓰며, 개성적이고 고유하면서도 보편적인 문화 창달을 추구하는 교육을 널리 그리고 깊이 확산시켜야 한다." 군국주의 체제와의 단절을 표명하는 이 이상주의적 신조는 그러나 불행하게도 50년대의 냉전 구도를 틈타 권력을 잡은 보수주의 정권 아래서 힘을 잃고 만다. 진보주의적이고 평화주의적이던 일본의 교육 이념은 조금씩 애국주의적이고 민족주의적인 방향으로 되돌아간다. 이데올로기 통제 및 일본 민족에의 소속감 강화는 은밀하거나 공개적인 방법을 통해 수학이나 일본어와 똑같은 자격으로 교과 과정에 편입된다.

도쿄 대학교 교육학과의 호리오 데루히사 Horio Teruhisa 교수에 따르면, 자민당 단독 집권과 일치하는 고도 경제 성장기가 경제적 합리주의의 출발점이 되었다. "경제적 합리주의는 노동 현장을 변화시킨 것은 물론 가정까지도 냉랭한 인간 관계의 자리로 탈바꿈시켰다. '최대의 효율, 최소의 인력'이 슬로건으로 떠오른 사회에서 각자가 자기를 표현하고 자기만의 독특한 풍미를 보여주는 것은 어려워진다. 이러한 상황 속에서 사는 젊은이들의 감수성과 지성은 변할 수밖에 없다. 〔……〕 젊은이들은 마치 모든 게 허용된 듯 행동하지만, 사실 그들은 정말로 운이 없는 존재들이다. 그들에게는 목표도 이상도 없으며, 개인적 표현이 가져다 주는 만족감 또한 없다."

정부의 통제는 일본 군대의 중국 침입이 체계적으로 말소되는 역사 교과서의 내용에서 특히 잘 드러난다. 정부에 의해 반박된 역사 교과서를 쓴 교수의 이름을 따서 "이에나가Ienaga 소송"이라 부르는 사건은 일본 교육계는 물론 아시아 외교관들에게 하나의 상징이 된바, 이들은 오늘날까지도 난징 대학살과 그에 따른 수십만 희생자를 유보 없이 인정하길 거부하는 일본 정부의 기만적 태도를 격렬히 비난한다.

보수적인 정부와 진보주의적인 교육자들은 또한 일본 국가(國歌)인 '기미가요'와 일장기 '히노마루'를 초·중·고등학교에 들여오는 문제를 둘러싸고 대립했는데, 이 갈등은 40년 넘게 지속되었다. 문부성 장관은 젊은 일본인들에게 국가에 대한 존중을 가르치기 위해 이 두 상징이 학교 안에 존재하는 것이 필수불가결하다고 주장한 반면, 오랫동안 다수였던 좌파 교원 노조는 일본인들을 파멸로 이끈 이 군국주의 상징들을 규탄했다. 수십 년 동안의 논쟁 끝에, 이제 급격한 사양길로 접어든 좌파 교원 노조는 문부성의 주장 앞에 무릎을 꿇었고, 국가와 일장기는 90년대 초부터 초등학교와 중·고등학교의 모든 공식 의례에 편입되었다.

학생들 편에서는 평등 의식을 고취시키는 것으로 간주되는 교복 착용과 '중'처럼 짧은 머리를 점점 더 견딜 수 없어한다. 학교마다 다른 이 교복은 학생들 간의 사회 계층의 차이를 지움으로써 학교 집단에 대한 자부심과 소속감을 고취시키는 것으로 통한다. 교복을 입으면 부자도 가난뱅이도 없다고, 프러시아풍의 남학생 교복과 여학생 세일러복의 옹호자들은 말한다. 복장 규칙과 관련한 엄격한 규칙들에도 불구하고, 개성을 드러내거나 교내 소그룹의 소속을 표시하고자 굳게 마음먹은 학생들은 교복을 가지고 장난을 친다. 남학생들은 보통 사이즈보다 세 배는 더 넓거나, 아니면 심하게 짧은 바지를 입는다. 여학생들은 치마를 발목까지 내려오게 하거나, 아니면 무릎보다 훨씬 올라가는 미니스커트로 만든다. 흰 양말을 아코디언처럼 아무렇게나 늘어뜨리기도 하고, 스카프를 자기만의 독특한 모양으로 동여매기도 한다. 기성 질서에 대한 용납할 수 없는 반항들에 맞서, 교장들은 학생들의 복장에 허울 좋은 통일성과 위엄을 부여하고자 일련의 규칙들을 제정한다. 학교에 따라 각양각색인 복장 규칙은 땅과 치맛단 사이의 거리를 규정하는가 하면, 머리핀의 색깔을 제한적으로 허용하기도 하고, 심지어 속옷 색깔까지 규정하는 경우도 있다. 물론 금지 조항에 새로운 항목이 추가되자마자 그것을 우회하는 새로운 형태들이 생겨나고, 이 형태들은 또다시 검열 대상이 된다. 그리하여 규율 교육은 종종 부조리에 맞닿는다.

지금까지의 묘사들이 사실이기는 하지만, 그렇다고 해서 일본의 학교들이 오로지 철통 같은 규율이 지배하는 입시 공장들인 것만은 아니다. 일본의 학교들은 어린이들에게 집단의 가치를 가르치기 위한 다른 방법들도 갖고 있다.

아주 어릴 적부터, 일본의 어린이는 학교는 마땅히 존중해야 하는 공공 장소이자 공공 재산이라는 점, 그리고 이 공간은 학생들의 것이기도 하지만 교사들의 것이기도 하다는 점을 배운다. 공공 재산에 대한 개인적 책임 의식은 학생들이 학교 시설을 관리하는 것으로부터 습득된다. 초등학교에서부터 대학 입시 때까지, 학생들은 매일 번갈아가며 교실·복도·화장실, 그리고 운동장을 청소한다. 각자가 집단 생활 공간의 청결을 책임진다. 기물을 훼손하거나 땅에 쓰레기를 버리거나 더럽히는 학생도 차례가 오면 청소에 참가해야 한다. 파괴 욕구는 이렇게 해서 일찌감치 싹이 잘린다.

일상적 환경에 대한 개인적 책임의 의식화는, 수업이 없을 때조차 학교는 어린이에게 있어 자율적 생활 공간이라는 인식을 거쳐 이루어진다. 일본 교육 전문가로서 CNRS[1]에 소속된 사회학자 장 프랑수아 사부레Jean-François Sabouret는 유네스코가 개최한 학회에서, 일본 샐러리맨들이 저녁 늦게까지 직장에 남아 있으려 하는 것은 유년기 동안에 든 습관이라고 지적한 바 있다. "일본에서 일의 장소는 그것이 학교이건 직장이건 벗어나고픈 장소가 아니다. 그것은 오히려 개인의 삶을 조직하는 주축 가운데 하나이다"라고 그는 설명했다.

프랑스에서와는 달리, 일본의 학교는 운동장·체육관·수영장 등을 수업 시간 이외에도 개방한다. 학생들은 여름 방학에도 문을 여는 학교의 체육 시설을 자유로이 이용할 수 있다. 방과 후에도 학교는 서클 활동을 하는 학생들을 위해 계속 문을 열어놓고, 이는 때로 밤까지 계속된다.

마지막 수업 종료를 알리는 종이 울리자마자 각 교실로부터 모습을 드러내는 서클들은 사회화 과정에서 중요한 역할을 담당한다. 엄격한 규율에 짓눌려 있던 학교는 오후 3시가 되면 서로 교통하면서 휴식을 취할 수 있는 청소년 문화 회관으로 바뀐다. 교실들은 서클들의 회합 장소가 되고, 사물함으로부터 전자 기타·붓·카메라 또는 장기판이 나온다. 사진·비디오·시(詩)·록·합창·바둑·장기·교지 편집·테니스·양궁·유도·축구·야구·배구 등등, 교내 서클을 통해 일상적으로 즐길 수 있는 활동의 목록은 학생들의 관심에 따라 변화하기도 한다. 이 모든 집단 활동들에 공통된 특징은 그것들이 전적으로 학생들 자신에 의해 자율적으로 운영된다는 점이다.

---

1 프랑스 국립과학연구센터 Centre National de la Recherche Scientifique. 파리에 있다.

멀찌감치서 서클들의 활동을 감독하는 책임 교사들이 있기는 하지만, 활동의 조직과 운영은 전적으로 학생들의 몫이다. 문화와 스포츠 활동에 입문하고 열중할 수 있는 이 서클들에서 연령의 벽은 무너지고, 선배들은 후배들을 이끌며, 베테랑들은 초보자들의 존경을 자아낸다. 어린 학생들이 처음으로 수직적 사회 관계를 경험하는 곳에서 하나의 작은 공동체가 형성된다. 학교 축제에 대비한 공동의 계획들이 수립되고, 학교측이 시골에 마련한 장소에서 10여 일 동안의 체육 훈련이 조직되는 것은 바로 이러한 분위기 속에서이다. 각자가 집단 내부에서 자기의 자리를 차지한다. 수업과 병행하여 진행되는 이 서클 활동 덕분에 일본 어린이들은 집단을 움직이는 메커니즘을 배운다. 리더가 있고, 추종자들이 있고, 돋보이게 해주는 이들이 있고, 또 왕따당하는 자가 있는 집단 말이다.

학력 경쟁

무거운 땔감을 잔뜩 짊어져 등이 구부러진 어린이가 교과서를 읽는 데 열중한 채 기계적으로 걸어간다. 이 그림은 수백만 일본인에게 잘 알려져 있다. 왜냐하면 그것은 일본의 수많은 초등학교 교문에 서 있는 동상이기 때문이다. 이 학구적인 학생의 동상은 일본에서 아마 모나리자보다 더 유명할 것이다. 이 동상의 주인공은 니노미야 긴지로Ninomiya Kinjiro[1]로서, 사회적 상승 의지 및 아무리 미천한 사람이라도 열심히 공부하면 정상에 도달할 수 있다는 가능성을 상징한다.

일본의 의무 교육은 초등학교 6년과 중학교 3년을 합해, 모두 9년이다. 일정 수준에 이르지 못한 학생에게도 낙제는 없다. 교사들은 동기생 집단의 단합이 개인적인 지식 습득보다 더 중요하다고 생각한다. 그래서 초등학교 1학년 교실에서 만난 친구들은 중학교를 졸업할 때까지 함께 간다. 이 기간 동안에는 도태도 진로 선택도 없다. 학교 교육을 평준화시키려는 의지는 때로 극단적인 모습으로 나타나기도 한다. 일본의 모든 공립 초등학교와 중학교에서 같은 학년에 속한 학생들이 배우는 학과의 진행은 날짜가 하루이틀 차이나는 것을 제외하고는 항상 똑같다.

고등학교 입시 때가 되어서야 성적과 능력에 따른 학생들의

---

1 봉건 시대 말엽(19세기 중엽)의 지식인. 파산한 부농의 아들로, 열심히 공부한 끝에 농촌 개혁 운동의 선봉에 서서 정부의 농촌 정책을 이끌었다.

분류가 이루어진다. 가장 높은 수준의 학생들은 명문 대학들의 입학 시험에서 가장 높은 성공률을 기록하는 고등학교들로 향하고, 그보다 못한 학생들은 덜 유명한 고등학교에 간다. 한 학년의 95퍼센트가 고등학교 과정을 마치는데, 그 중 75퍼센트가 일반 고등학교에서이다. 고등학교 졸업생의 50퍼센트는 4년제 대학에 진학하거나, 아니면 프랑스의 BTS(전문 기술 자격증)에 해당하는 전문 직업 훈련을 받기 위해 2년제 전문 학교에 간다.

일본의 모든 중학교와 고등학교는 서열에 따라 분류된다. 이 분류의 유일한 기준은 각 학교에서 명문 상급 학교에 진학시킨 학생들의 숫자이다. 이러한 경쟁 체제 속에서 교사들은 학생들의 성적을 감시하고, 교육적 발달보다는 시험 준비를 우선시한다. 뿐만 아니라, 명문고들은 입시 논리를 극단으로 밀고 간 나머지, 공식 교과 과정을 2년에 마친 뒤, 보다 많은 학생들을 도쿄대, 와세다대, 게이오대 등, 대학의 골고다로 보내기 위해, 마지막 1년을 복습과 모의고사에 사용한다. 보다시피, 학력 경쟁은 '중삐리'나 '고삐리'들에게만 한정된 현상이 아니다. 교사들 또한 거기에서 자유롭지 못하다.

일본인들은 점점 더 오래 공부하는데, 그것은 기업들의 신입 사원 채용에 있어 유일한 기준으로 작용하는 학력 증명서를 보다 많이 얻기 위해서이다. 이 같은 경향과 그것이 낳은 과도함은 일본 사회에 '이력서 사회'라는 별명을 붙였다. 화려한 이력서 없이는 구원이 없다는 말이다.

대학 입시 합격률이 높은 명문고에 진학할 가능성을 높이기 위해, 41퍼센트의 초등학생, 66퍼센트의 중학생, 그리고 41퍼센트의 고등학생이 적어도 일주일에 한 번 '주쿠'라 불리는 사설 학원에서 과외 수업을 받는다. 월 평균 과외비는 학생 1인당 160달러에 이른다. 이 주쿠들에서 학생들은 학과를 복습하

고, 응용 연습을 하고, 시험 문제의 정답을 찾는 요령을 배우
며, 그들의 운명을 심판할 시험을 대비하여 모의고사를 치른
다. 주쿠는 사실 비정규 교육을 담당하는 하나의 산업으로서,
이제는 입시에 성공하기 위해서뿐만 아니라 학교 수업을 더 잘
따라가기 위해서라도 꼭 필요한 것으로 간주되고 있다. 문부성
이 1994년 여름에 발표한 조사 결과에 따르면, 일본에는
45,000개의 주요 주쿠가 있고, 동네의 작은 주쿠까지 합치면
전체 주쿠는 무려 200,000개가 넘는다. 주쿠는 학생들의 생활
에서 점점 더 큰 자리를 차지한다. 1985년과 1997년 사이에 정
기적으로 주쿠에 가는 초등학생들의 비율은 17퍼센트에서 41
퍼센트로 증가했고, 중학생의 경우 같은 기간 동안에 45퍼센트
에서 66퍼센트로 증가했다.

　비정규 교육의 중요성은 학교의 역할을 재검토하게 만든다.
많은 학생들은 교사들이 이해보다 진도에 더 신경을 쓴다고 불
평한다. 학급당 평균 40명의 학생을 데리고 수업해야 하는 공
립 학교 교사들 또한 할말이 많으리라. 주쿠 강사들은 따라서
학교 교사들을 대신하게 되는데, 그들은 학과 교육을 심화시키
기보다는 학생들이 명문대 입학 시험을 통과할 수 있도록 꼭
필요한 암기술을 가르치는 데 더 역점을 둔다. 그것은 교사로
부터 학생으로 향하는 일방 통행적 교육이자, 순전한 억지 주
입식 교육이다.

　일본 초등학생들이 주쿠에 등록하는 주된 이유는, 문부성의
조사에 따르면, 시험에서 더 나은 점수를 얻고자 하기 때문이
다. 문부성은 명문 사립 중학교에 합격할 가능성을 높이기 위해
주쿠에 가는 초등학생 수가 급격한 증가를 보였다고 지적한다.
교육 문제를 전문으로 하는 또 다른 사설 연구 기관의 조사에
따르면, 도쿄나 오사카 같은 대도시에 살면서 명문 사립 중학교

에 진학하기를 희망하는 초등학생들은 입시 전문 주쿠에 적어도 일주일에 4번(한 번에 4시간씩) 가는 것밖에 다른 방도가 없다. 이 어린이들은 저녁 10시 이전에는 집에 돌아올 수 없다.

과중한 학습에도 불구하고, 주쿠에 등록하기 위해 부모들을 조르는 것은 흔히 어린이들 자신이다. 왜냐하면 어린이들로서는 친구들의 압력을 벗어나기가 어렵기 때문이다. 거기에 가지 않는 것은 학급에서 있으나마나 한 존재로 취급될 위험을 감수하는 것이고, 사회적 성취의 계단을 오를 기회를 놓치는 것이나 다름없기 때문이다. 역시 문부성의 조사에 따르면, 60퍼센트의 학부모들이 "과도해진 주쿠 제도가 또래끼리 어울려 놀 시간도, 가족과 이야기할 시간도, 이웃 간의 생활에 참여할 시간도 앗아버림으로써 아이들의 건강과 정서에 나쁜 영향을 미치고, 또 아이들이 협동 생활에 참여하는 것을 가로막는다"고 비판한다. 하지만 학력 경쟁의 톱니바퀴에 들어간 이상 학생들은 다른 선택의 여지가 없다.

일본 학생들의 경쟁 의식은 '헨사치,' 곧 '편차값'이 없다면 그렇게까지 첨예하지 않을 것이다. 헨사치는 중고등학생들의 성적을 국가적 차원에서 측정하는 시스템인바, 공사립 구별 없이 전국의 모든 학교에서 시행되는 표준 월말고사 결과를 한데 모아 평균을 산출한 뒤 거기서 50점을 뺀 수치를 각 학생의 점수와 비교하여 편차값, 곧 헨사치를 낸다. 이 헨사치에 따라 각 학생은 같은 학년에 속한 전체 학생들 가운데에서의 자기 학력을 가늠하고, 또 상급 학교 합격 가능성을 예상한다. 일본의 모든 중학교와 고등학교는 나름의 수준을 갖고 있으며, 선발하고자 하는 학생들의 수준에 따라 입시의 난이도를 조정한다. 헨사치가 70인 중학생은 헨사치 70 이하의 고등학교에 지원할 수 있는 반면, 헨사치 80에서 90의 학생들을 뽑는 고등학교에는 붙을 확률이 거의 없다.

이러한 지속적 평가 방식은 일본 어린이들의 마음에 뿌리 깊은 경쟁심을 불러일으킬 뿐만 아니라, 그들로 하여금 자아를 평가하는 기준으로서 성적만을 고려하게 한다. 개인적으로 알지 못하는 같은 나이의 어린이들 전체와 대결하는 어린 학생은 헨사치 이외의 다른 표지를 갖고 있지 않다. 그는 경쟁자들을 알지도 못하고, 본 적도 없을 뿐더러, 그들이 어떤 성격을 가지고 있는지 상상조차 하지 않는다. 그가 자신을 그들과 비교할 수 있게 해주는 유일한 지표는 헨사치이다. 개인적 자질·성격·도덕성, 간단히 말해 개인을 하나의 온전한 인간으로 만드는 모든 것은 헨사치로 측정되지 않는 만큼, 학력 경쟁으로 혼미해진 일본 청소년들에게서 하찮은 것으로 치부되어버린다. 학력 경쟁만이 사회적 성공, 곧 행복의 유일한 열쇠로 간주된다.

일본 청소년들이 아주 가까운 주위 사람들에 대해서까지 보이는 냉정함 및 인간적 자질에 대한 무관심은, 범죄·자살 등, 일본 매스컴들이 반인류적이란 수식어를 붙여 마지않는 청소년들이 연루된 인간 드라마들이 나날이 증가하고 있다는 사실에 새로운 빛을 던진다.

이지메, 튀어나온 못 사냥*

중학생이던 A[1]에게는 친한 친구가 세 명 있었다. 그들은 함께 전자 오락도 하고, 한잔하기도 했다. 그들은 별문제 없는 소년들이었고, 성적도 제법 좋았다. 그러나 고등학교 입학 시험을 치렀을 때, A는 다른 셋보다 좋은 결과를 얻었다. 그는 세 친구가 들어간 고등학교보다 수준이 높은 도립 고등학교에 들어갔다.

그 결과, 그의 장래는 친구들의 것보다 더 촉망되어 보였다. A는 이러한 입시 결과 때문에 '튀어나온 못'이 되었다. 입시 결과가 알려지자마자, 그의 옛 친구들은 그가 저 유명한 비디오 게임 「드래곤 퀘스트 3 Dragon Quest 3」을 돌려주지 않았다고 우겼다. 그들은 그가 게임 값 50달러를 '갚을' 때까지 몰매를 때렸다. 나중에는 또 그들이 '전에' 내주었던 술값을 환불해야 했다.

불과 몇 주 만에 가장 친한 친구들이 학대자들로 변해버렸지만, A는 그들과의 관계가 '예전처럼' 회복되는 것을 보려는 희망에서 그들의 공갈을 다 들어주었다. 그가 옛 친구들의 관대함을 사기 위해 치른 돈은 통틀어 210달러였다. 그러나 그것으로도 부족하여, 그는 세 '친구'들에 의해 몇 차례 더 구타

---

* 여기서 '사냥'은 중세 유럽 교회의 '마녀 사냥'을 암시한다(옮긴이 주).
1 가족이 익명을 보장할 것을 요구할 때, 일본 언론들은 범죄에 가담했거나 자살한 미성년자를 지칭하기 위해 이니셜을 사용한다.

당했다.

1994년 6월 3일, A는 다른 한 친구에게 모든 것을 끝장낼 결심을 알린 뒤, 건물 14층에서 뛰어내렸다. 그는 즉사했다. 그의 부모는 그의 방에서 '유서'를 발견했다. 이 유서에서 그는 친구들에게 배신당한 슬픔과 그들의 왕따를 더 이상 참지 않겠다는 의지를 말하고 있었다. "나는 그들의 왕따를 더는 못 견디겠다. 하루하루가 지옥 같다." A가 공책에 남긴 마지막 말이었다.

1994년 7월 자기 방 벽장에서 목매어 자살했을 때, B는 14살이었다. B가 자살한 날 아침, 중학교 2학년 같은 반 여학생 여섯이 그의 책상에 마가린을 바르고, 의자를 분필 가루와 압정 투성이로 만들어놓았다. 그를 왕따시키는 데 여학생들이 가세한 것은 이날이 처음이었다. 14살의 나이에 여자 아이들로부터 미움받는 것은 정말로 끔찍한 일이리라.

B가 도쿄 변두리에 위치한 그 중학교에 다닌 지는 별로 오래되지 않았다. 그의 아버지가 가족들을 이끌고 그곳에 자리잡은 것은 그해 4월이었다. 4월 새 학기에 맞추어 학교에 들어오자마자 급우들은, 신참으로서 무사히 공부를 계속하고 싶으면 얌전히 굴어야 한다는 것을 B에게 가르쳐준다. 개학 첫날, 남학생들은 그가 아무래도 '거만'하다고, '솔직한 눈빛이 아니'라고 생각한다. 그들은 전학 온 아이를 고분고분하게 만들기 위해 방과 후에 발길질과 주먹질을 퍼붓는다. B는 군말 없이 견딘다. 신발을 숨기고, 교과서들을 휴지통에 던져도, 그는 말없이 그것들을 찾아들고 자기 자리에 가 앉는다. 5월부터, 그의 영어 공책과 교과서들은 매일매일 새로운 욕설들로 뒤덮인다.

"그만 좀 뻐겨라, 병신아."

"빠가."

"모두들 너를 싫어해. 꺼져! 죽어!"

"나는 마법사다. 모두들 너를 미워하는 것은 네가 악령에 사로잡혀 있기 때문이지. 너는 사라져야 해."

그의 공책 세 페이지 가득 B의 필체가 아닌 글씨로 욕설이 갈겨져 있다. 걱정이 된 그의 어머니는 담임 선생을 만난다. 그녀를 안심시키기 위해서 내부 조사를 하지만, 사실 담임은 '애들 장난'에 별다른 주의를 기울이지 않는다.

이제 B의 고초는 전보다 한결 더 심해진다. 불평해서는 안 되었던 것이다. 게다가 어른들은 이 문제와 아무런 상관도 없다. 그의 교과서들은 마가린으로 떡칠되고, 그는 하교길에 뭇매를 맞는다. 발설하거나 고발하면 그때는 정말로 각오하라고 위협한다. B는 수척해지지만, 그래도 의연하게 견딘다. 2년만 참으면 이 중학교를 졸업하고, 애송이 고문자들의 마수에서 벗어날 수 있을 것이다. 15명 가량의 이 고문자들은 두 그룹으로 나뉘어 그를 학대하면서 자기들 사이의 유대감을 다진다. 그는 그들과 같지 않다. 왜냐하면 그는 다른 데서 왔기 때문이다. B는 참는다. 그러나 여학생들이 가세하는 순간, 그의 시야에서 출구는 사라지고, 1994년 7월 15일, 마지막으로 학교에서 돌아온 그는 짧은 생애에 갑작스런 종지부를 찍는다.

B가 다니던 중학교 교장은 "그는 아주 정상적이고, 개방적이고, 활달한 학생이었습니다. 그는 으레 시비를 거는 학생들 간의 싸움에, 익살스런 장난에 걸려들었을 뿐이며, 학교는 그의 죽음에 아무런 책임도 없습니다"라고 말한다. 그의 자살은 별탈 없이 지나갈 것이다. "튀어나온 못은 두드려야 한다." 그러나 B는 이 두드림을 견딜 수 없었다.

1994년 말, 또 다른 중학생의 자살이 신문에 보도되면서, '이지메 ijime' 곧 '왕따'를 둘러싼 새로운 논쟁이 벌어졌다. 이 야기의 주인공은 13살 난 기요테루Kiyoteru 군. 1994년 11월

27일, 그는 자기 집 정원의 한 나무에 목을 매단 채 발견되었다. 며칠 뒤, 그의 부모는 책상 서랍에서 손으로 '유서'라고 쓴 봉투를 발견했다. 이 봉투 안에는 기요테루를 자살로 몰고 간 기나긴 시련을 증언하는 넉 장의 종이가 들어 있었다. 이 유서를 읽으면서 그의 부모는 그가 이지메당하는 것이 부끄러워 숨기고 있었음을 비로소 알게 되었다.

우리 반 애들 넷은 제게 늘 돈을 요구해요. 오늘은 그들에게 줄 돈을 정말로 구할 수가 없었어요…… 이렇게 살아서 뭐 해요…… 그래서…… 엄마, 아빠, 모두와 행복하게 살고 싶었는데.

가족들 모두 보세요.

함께 보낸 지난 14년에 대해 감사드려요. 저는 이제 여행을 떠납니다.

하지만 언젠가는 다시 보게 되리라 믿어요. 그때는 우리 모두 행복하게 살 수 있을 거예요. 돈 문제는 정말로 죄송해요. 일해서 갚을 수 있으리라고 믿었는데, 이 꿈마저도 오늘 저랑 같이 끝나버리는군요.

그리고, 제게 돈을 빼앗은 애들을 제발 야단치지 마세요. 그 애들한테 아무런 저항 없이 돈을 준 제가 잘못했지요.

하고 싶은 일들이 정말 많았는데…… 정말 죄송해요. 항상 말썽만 일으키고, 저는 이기주의자예요. 절 가르치시느라 많이 힘드셨죠. 엄마, 제발 건강에 유의하세요. 아빠, 호주에 여행 보내주신 거 감사해요. 엄마, 맛있는 음식 만들어주셔서 고마워요. 형, 만날 귀찮게 굴어서 미안해. 동생아, 너는 이기주의자가 되어선 안 돼. 우리 모두 언젠가 다시 만나게 되겠죠.

SEE YOU AGAIN.[2]

저는 초등학교 5학년 때부터 친구들로부터 왕따당하기 시작했어요. 중학교 1학년에 가서 더 심해졌고, 그 애들이 돈을 뺏기 시작했어요. 2학년에 올라가서부터 강탈이 훨씬 더 심해졌어요. 방학 전에는 최악의 경우 한 번에 600달러였고, 보통 300달러, 400달러씩 요구해왔어요. 그리고 17일에 또다시 400달러를 요구했어요. 그래서…… 만약에 제가 거절했더라면 아마 이렇게 되지는 않았을 거예요. **죄송해요.**

저도 오래 살 수 있었으면 좋았을 텐데…… 가족과 함께 있을 때 제일 행복했어요. 저를 별별 데 다 데리고 가시고, 함께 여행도 많이 했죠. 정말이지 엄마 아빠는 흠잡을 데 없는 분들이세요. 그렇지만……

호주 여행 갔을 때, 정말 재미있었죠. 아, 그런데, 저는 왜 **그**들의 요구를 다 받아주었을까요? 그건 강가에서 일어난 일 때문이에요. 그들은 절 강가로 끌고 가서는, 그들이 무얼 하려는지 제가 미처 깨닫기도 전에, **풍덩**, 제 머리를 물 속에 빠뜨렸어요. 죽을 것 같아서 제가 팔을 휘저었더니, 제 머리를 물에서 꺼냈다가 다시 **풍덩** 집어넣었어요. 이런 식으로 몇 번이나 했는지 아세요? 네 번? 더욱이 그건 야사쿠가와Yasakugawa 강이었어요. 어떤 곳은 5미터, 6미터도 넘어요.

그들이 저를 물에 빠뜨렸을 때, 저는 화살표 방향³으로 헤엄쳐 도망가려 했는데, 제 발을 잡더니 또다시 **풍덩**. 강바닥이 발에 닿지 않는 만큼 전 정말로 겁이 났어요. 이 일이 있은 뒤, 안타까웠지만, 저는 그 애들이 시키는 것은 뭐든 다 했어요.

저는 그들의 종이었어요. 창피해서 도저히 말할 수 없는 짓들을 제게 했지요. 그리고 제 머리를 억지로 염색시켰어요. 아빠,

---

2 편지 원문에 영어로 씌어져 있음.
3 기요테루는 강과 자신과 고문자들의 위치를 스케치해놓았다.

제가 스스로 머리를 물들였다고 생각하셨죠. 정말로 견디기 힘들었어요. 그리고, 20일에, 그들은 또 돈을 요구해왔어요. 정말 견딜 수가 없었어요. 그리고 가장 견디기 힘들었던 것은 제가 제 방에 있는 동안 그들이 엄마의 목걸이를 훔쳤다는 사실을 알았을 때였어요. 정말 충격이었어요.

그리고, 엄마 아빠에게서 돈을 훔쳐야 한다는 것……

제가 자살하는 이유는 그들이 오늘 또다시 400달러를 내놓으라고 했기 때문이에요. 돈이 없는데, "돈을 가져올 수가 없다"고 설명했는데, 그들은 저를 학대하면서 다시 가서 돈을 가지고 오라고 명령했어요. 제가 빈손으로 돌아가자, 그들 중 하나가 저에게 발길질을 하면서 말했어요. "내일 1,200달러 가져와." 제가 어떻게 그 많은 돈을 구할 수 있겠어요? 엄마가 머리 깎으라고 주신 10달러까지 빼앗기고, 제 스스로 머리를 잘라야 했어요. 정말 견딜 수가 없는 일이었어요(23일).

오늘도 그들은 100달러를 빼앗았어요(24일).

오늘 그들은 제게 200달러를 빼앗았고, 내일 400달러를 가져오래요(25일).

게다가 아침 일찍 나가야 하고, 그들에게 차(茶)를 갖다 줘야 하고, 그들을 위해 별짓을 다 해야 하고, 정말이지 더는 견딜 수가 없어요.

제가 훨씬 일찍 자살하지 않았던 것은 저한테 너무나도 잘해 주는 가족 때문이었어요. 학교에서 일어나는 일은 그 자리에서 잊을 수 있었어요. 그런데 요즘 들어 구박이 점점 더 심해지고, 돈이 없는데도 자꾸만 더 가져오래요. 더 이상 어쩔 도리가 없어요. 이렇게 마지막까지 괴로움을 드려서 죄송해요.

저는 왕따당하는 다른 애들보다 더 불행해요. 왠지 아세요? 우선 그들이 넷이나 되기 때문이에요. 100불이 400불이 되거든요. 게다가, 셋은 아무것도 아닌 일로 저를 때려요. 그리고 그들이 제게서 갈취하는 돈은 남들과 비교할 때 열 배는 되는 것 같아요. 그토록 많은 돈을 구하기란 정말 힘들었어요. 이 일만 아니라면, 평생을 행복하게 살 수 있었을 텐데.

TV에서 자살한 사람들을 볼 때, 저는 언제나 겨우 그깟 액수 때문에 자살하느냐고 생각해요. 마지막으로, 엄마, 정말 죄송해요.[4]

이 네 장의 편지와 함께, 기요테루가 어머니한테 해야 했던 모든 '차용'을 꼼꼼히 기록한 영수증이 나왔다. 기요테루가 '급우들'을 만족시키기 위해 집에서 훔친 돈은 모두 114만 엔 (11,400달러)이었다. 이 유서가 발견된 후에 나온 또 다른 증언들은 기요테루가 겪어야 했던 왕따가 어떤 것이었는지 알 수 있게 해주었다.

왕따의 희생물이 되기 전까지 학년에서 가장 우수한 학생들에 속했던 기요테루는 2년 전에 있었던 '친구들 간의' 맞대결에서 꼴찌를 하면서 구박데기로 전락했다. 가장 허약했던 만큼, 그는 집단 속에서의 이 위치를 받아들인다. 가방 나르기와 '종 노릇'(종이 그의 별명이 되었다면, 우두머리는 '주인님'으로 불렸으며, 기요테루가 '주인님'에게 말을 할 때는 존대말을 써야 했다)을 하던 기요테루는, 얼마 후 '방과 후 외출 자금 조달책'이 된다. 집단의 네 우두머리는 그를 고분고분하게 만드는 책임을 맡는다. "기요테루, 가라오케 가게 200달러 가져와. 안 그러면……"

"안 그러면……," 그것은 구타("너무 눈에 띄니까 얼굴말고

배나 다리를 조져"라고 '주인님'은 충고한다) 아니면 숨이 끊어
질 때까지 강물에 머리를 처박는 것을 뜻한다.

수사 결과에 의하면, 기요테루가 가져온 돈은 패거리들이 가
라오케나 오락실 가는 데, 그리고 초밥이나 주전부리를 사먹는
데 사용되었다. 기요테루가 받아야 했던, 우리가 이미 아는 학
대와 조롱들에, 포르노 비디오카세트 사기, 동료들 앞에서 수
음하기(기요테루가 너무 수치스러워 유서에 쓸 수 없었던 것), 동
네 슈퍼에서 개처럼 네 발로 기어다니기, 그리고 친구들 대신
자전거 도둑 누명쓰기(진짜로 훔친 것은 그들인데) 등을 더 보
태야 하는데, 자전거 절도 사건 때문에 기요테루와 그의 아버
지는 경찰서에 다녀와야 했다. 그는 또한 체육관에서 팬티 바
람으로 서 있거나, 슈퍼 한가운데서 닭 벼슬 모양의 가발을 써
야 했다.

기요테루 가족에게 조의를 표하러 왔던 학대자들은 어린 희
생자의 아버지가 요구한 반성문에, 그를 때리고 구박한 것은
'재미있었기' 때문이다, 라고 썼다. 기요테루에 앞서 왕따당했
던 패거리의 한 멤버는 이렇게 증언했다. "아마도 저는 의지가
부족했던 것 같아요. 그를 한바탕 두들겨패고 날 때마다 너무
했다 싶은 생각이 들고는 했지만, 막상 그를 때리는 동안에는
그게 그리 큰 잘못이라는 느낌이 안 들었어요. 저로서는 우리
가 기요테루로부터 곧 받게 될 돈의 액수만을 생각했을 뿐, 다
른 것은 아무것도 생각하지 않았어요. 걱정이 있었다면 그것은
오로지 우리가 하는 짓이 혹시 발각되지나 않을까 하는 것이었
지요. 저는 돈에 미친 나머지 모든 가치 판단을 잃은 상태였어
요." 다른 하나는 한술 더 뜬다. "처음에는 꽤 망설이기도 했는
데, 돈을 받으면 받을수록 점점 자신감이 생겼어요. 저는 거만
한 어조로 그에게 돈을 가져올 것을 명령했고, 그러면 망설임

이 사라졌어요."

패륜적 부도덕성에 대한 이 같은 태연함은 고(故) 스탠리 큐 브릭Stanley Kubrick 감독의 영화「시계 장치의 오렌지A Clockwork Orange」를 연상시킨다. 그러나 가장 이해하기 어려운 것은 아마도 기요테루의 불찰을 지적하며 모든 책임을 회피하고자 하는 학교의 태도일 것이다. 동료들로부터 왕따당하는 것을 그 누구에게도 고백한 적이 없다는 것이 그들의 평계이다. "얌전해 보이기는 했지만 불량 소년들과 한 패거리였다고 본다"고 교장은 말한다. 기요테루의 자살이 있은 지 며칠 후, 교장은 전교생을 모아놓고 다음과 같은 연설을 한다. "유감스러운 사건이 생겼습니다. 사건이 심각한 만큼, 여러분이 불필요한 이야기를 하고 다니면, 예측하기 어려운 일이 생길 수 있습니다. 그러므로 입을 다물 것을 권고합니다." 기자 회견 때 그는, 기요테루의 자살의 직접적 원인은 사건 전날 어머니 지갑에서 없어진 돈 때문에 아버지와 심하게 다툰 데 있다고 기자들에게 나직하게 암시한다.

기요테루가 자신이 이지메당하는 것을 인정하려 하지 않았다면, 그것은 아마도 일본식으로 자란 그의 눈에 집단으로부터 배척받는 것보다는 왕따를 감수함으로써 언젠가 친구들의 신의를 되찾고 그들과 하나가 되길 희망하는 것이 더 나아 보였기 때문일 것이다. 일본의 많은 교육자들은 이지메 현상을 개인의 심리적 구조화에 꼭 필요한 청소년적 통과 제의로 간주하면서, 아이들의 일에 끼여들기를 거부한다. 언론에 따르면, 기요테루를 왕따한 아이들 역시 예전에 선배들에 의해 왕따당했고, 그들은 약한 동료에게 자기들이 겪은 왕따를 되풀이하거나 한술 더 뜬 것일 뿐이다. 이 악순환을 어떻게 깨뜨릴 것인가?

일본 문부성의 공식 통계에 따르면, 1996년 한 해 동안 학생들 사이에서 69,355건의 왕따가 있었고, 그 가운데 35,000건은 중학생들 사이에서 일어났다. 이 통계는 신중하게 받아들여져야 한다. 학교와 관청에서는 가능한 한 왕따 문제를 무마시키려 하기 때문이다. 그것이 아이의 자살로 비화될 때조차 그러하다. 물론 모든 교육 전문가들이 이 통계에 대해서 의혹을 품고 있다. 하지만 1994년의 어린 기요테루 사건처럼 가시적인 경우들은 은닉될 수 없었고, 이지메 문제에 직접 관련된 일곱 건의 자살이 정부에 의해 인정되었다. 어쨌거나 학생들 사이의 폭력이 증가한 나머지 문부성은 이 문제에 대한 특별 심의반을 창설하기에 이르렀다(1994년). 이지메 현상의 실제를 파악하기 위해서는, 리크루트Recruit 그룹이 고등학교 3학년 학생들을 대상으로 1990년에 실시하여 1995년에 발표한 여론 조사 결과를 참조하는 것이 더 나을 것이다. 이 조사에 따르면, 53퍼센트가 이지메당한 적이 있으며, 32퍼센트가 동료들 가운데 한 명을 이지메했다. 그리고 77퍼센트가 이지메를 직접 목격한 적이 있다고 대답했다. 이처럼 이지메 현상은 어린 불량배들 주변에만 국한되는 것이 결코 아니다.

'스트레스 해소기'란 이름의 전자 오락 기계는 이지메 개념이 일본인들의 정신 속에 얼마나 깊은 뿌리를 내리고 있는지 보여준다. 1994년에 나온 이 오락 기계는 이제 일본의 모든 전자 오락실에서 볼 수 있다. 그것은 화면과, 딱딱한 플라스틱으로 된 실제 크기의 머리통으로 이루어져 있는바, 물렁물렁한 망치를 가지고 이 머리통을 때리게 되어 있다. 게임의 첫 부분에서 게이머는 일단 제비 뽑기를 통해 화면의 인물을 이겨야 한다. 그러면 그는 망치로 플라스틱 머리통을 실컷 두드릴 수 있고, 화면을 통해 자기 적수의 머리통이 망치에 이지러지는 것을 볼 수 있다. 이 기계는 공격 충동을 해소하는 데 탁월한 효과를 보이는 듯하다. 게이머는 물론 제시되는 전자 인물들 가운데 혼내고 싶은 사람을 하나 고를 수 있다. 폭군 같은 사장, 짜증나게 하는 직장 동료, 낭비 심한 애인, 그리고, 물론, 견디기 힘든 급우. 고안한 사람들 자신이 '건전하다'고 생각하는 이 게임은, 그러나 그것의 상징적 의미를 생각할 때, 나를 전율케 한다. 스트레스를 해소하기 위한 방법으로, 스트레스의 원인으로 여겨지는 사람을 때리는 것보다 더 나은 방법은 없다고 이 게임은 말하고 있는 것이다. 이러한 정신 자세와, 학력 경쟁이 유발하는 스트레스를 고려할 때, 학교에서 이지메가 늘어만 가는 것은 놀라운 일이 아니다.

이지메 현상은 어른들의 세계를 지배하는 관계가 어린이들의 사회에 반영된 것일 뿐이다. 미야모토 마사오Miyamoto Masao 박사가 『일본: 구속하는 사회』라는 책에서 분석하고 있듯이, 사회 구조들은 반순응주의자들을 복종시키는 책임을 맡은 일종의 자기 통제 세력을 생성한다. "일본에서 이지메는 본질적으로 개인으로 하여금 집단의 논리를 받아들이게 하는 수단이다. 집단의 조화를 어지럽히는 아이를 복종시키는 일에 교사가 앞장서는 경우도 드물지 않다." 미국에 11년 동안 체류하며 정신의학과 정신분석을 공부한 미야모토는 일본 보건성 정신건강국 부국장으로 임명되었다. 그러나 행정부에 새로 들어온 그는 사무실 동료들과 상사들로부터 왕따의 대상이 되어 결국 1995년 초에 보건성을 사임했다. 베스트 셀러가 된 그의 저서에서, 그는 스스로 겪은 왕따를 상세히 묘사하면서, 현대 일본 사회가 일탈을 용인하지 않는 이유를 분석한다. "관료들의 행동은 도덕적 가치를 따라서는 안 된다. 관료들을 이끄는 유일한 가치는 바로 '메쓰히 호코messhi hoko,' 곧 전체의 이익을 위한 개인의 희생이다. 〔……〕 개인적 편향을 드러내지 않은 채 부과되는 업무를 잠자코 수행해야 하는 관료에게 있어 강한 개성은 족쇄나 다름없다. 〔……〕 행정 조직처럼 거대한 조직들이 개인성의 부정을 중요한 원칙으로 삼을 경우, 채택되는 행동 강령들은 뻔하다. '다이카 나쿠taika naku'(중대한 과오를 범하지 않고. 이 표현이 활용된 대표적인 예로서 '그는 우리와 함께 30년 동안 일하면서 아무런 중대한 과오도 범하지 않았다'와 같은 말을 들 수 있다)와 같은 일상적 표현에서 잘 나타나듯, 어떤 대가를 치르고서라도 평화를 유지한다는 철학, 자율성과 창의성의 부인, 자유로운 경쟁에 대한 왜곡된 평등의 선호, 비전에 대한 조화의 우선, 능력 있는 사람보다 선임자를 더 우대하는 것 등이 그것이다. '네마와시nemawashi' 관행, 또는 일체감 추구는 허울 좋은 불패(不敗)의 분위기를 조성하는 데 나름대로 기여하는바, 그것은 '신호등이 빨간색이라도 우리가 함께 건너는 한 아무것도 겁낼 게 없다' 같은 일상 표현에서 잘 관찰된다.”

주간지 『스파!Spa!』는 29세의 동료 S를 왕따한 한 컴퓨터 전문 기업 사원들의 본의 아닌 증언을 보도한 바 있다.

“며칠 전, S가 출장에서 돌아오면서 부서 사람들 먹으라고 잼이 든 과자를 한 상자 가져왔는데, 아무도 손을 대지 않아 그 자리에서 썩어버렸어.”

“게다가 아무런 이유도 없이 정기적으로 그에게 메시지 없는 이메일을 보내지 않아?”

“맞아. 하지만 가장 우스운 일은 그에게 가명으로 엄청난 양의 물건을 주문한 것이었어. 막 배달하려고 하는 순간, 그는 주소와 전화 번호가 엉터리라는 것을 알았고, 이 주문에 대해 책임을 져야 한다는 생각에 겁을 집어먹었지.”

“맞아. 진짜 웃겼어. 그리고 이번에는 그의 책상을 쓰레기통으로 만들어버렸지 않아?"

"그럼. 모든 부원들이 주머니 턴 것과 쓰레기를 그의 책상 위에다 버렸지. 이제부터는, 일이 파한 뒤에 그를 달랑 빼놓고 우리끼리 한잔하러 가도록 하자. 사실 여사원들조차도 그가 자리에 끼는 것을 달가워하지 않아."

"일시에 사무실을 나가면 표시가 날 테니까, 5분 간격으로 한 명씩 나가도록 하지. 우리 역시 힘들기는 마찬가지야."

"맞아. 그런데 만약 S가 없으면 조금 곤란할지도 모르겠네. 왜냐하면 스트레스를 풀기 위해 곯려줄 사람이 없으니까."

현장에서 자연스럽게 녹음된 이 대화는 해설이 필요 없을 정도이다.

일본의 학교에서 왕따가 출현한 것은 학력 경쟁이 심해진 것과 일치한다. 일본에서 이지메라 불리는 것에 대한 토론이 언론 매체와 학부모들의 관심을 끌기 시작한 것은 70년대 말부터이다. 이미 설명한 바대로, 헨사치는 가장 우수한 학생들을 선별하고 그들을 가장 적당한 분야로 유도하기 위해, 전국적으로 실시되는 시험들의 결과를 전국적인 단위에서 평가하는 시스템이다. 그러나 시험 앞에서는 모든 학생들이 평등하다는 원칙이 오히려 역효과를 불러, 학생들은 단순한 학력의 범주를 훨씬 넘어서는 경쟁심을 키우게 된다. 전국적 단위에서 평가된 점수들 하나하나가 자기들의 운명을 결정한다는 사실을 의식하는 학생들은 자기보다 나은 점수를 얻는 다른 학생들에 대해 잔혹한 태도를 취한다. 이지메가 중학교에서 훨씬 빈번한 것은 우연이 아니다. 학생들은 고등학교 입시 결과에 그들의 미래를 걸고 있는 것이다.

수학 능력이 탁월하거나, 다른 급우들보다 더 재주가 있거나, 어떤 이유에서건 학급에 수립된 질서를 뒤흔들 가능성이 있는 학생은 누구나 이지메의 희생자가 될 위험이 있다. 보복심 강한 아이들은 학급의 침묵하는 다수를 등에 업고, 섣불리 게임의 룰을 어기거나 규칙을 따르지 않는 아이들을 제자리로 보내고자 시도한다.

이지메에 주로 희생되는 아이들은, 머리는 좋지 않으나 꾸준히 노력하는 아이, 진도를 늦추는 지진아, 외국에 살다 와서 영어를 유창하게 잘하는 아이, 아니면 정반대로 시골 사투리를 쓰는 아이들이다. 부모가 이혼한 아이, 혼혈아, 학기 중간에 전학 오는 아이들 또한 이지메 목록, 다시 말해 인간성을 파괴하는 어린 파시스트들의 슬픈 사냥감 목록에 오를 위험이 아주 크다.

학급 전체가 동조하기 위해서는 단 몇 명의 몰이꾼으로 충분하다. 침묵하는 다수의 책임은 학대받는 아이들의 고통에서 간과할 수 없는 요소이다. "제가 초등학교 4, 5학년일 때 이지메 희생자는 학급 전체보다 성적이 약간 뒤떨어진 여자 아이였어요. 즐거워할 것까지는 없겠지만, 누군가 자기보다 못한 사람이 있다는 것이 상대적 우월감을 느끼게 해주는 것은 사실입니다. 저는 이 여자 아이를 미워하지는 않았는데, 그러나 만일 제가 그 애를 돕는다면, 이번에는 제가 집단의 미움을 살까 두려웠습니다. 학급을 선동하는 아이의 반응이 겁나서 저는 한 번도 끼여들지 못했죠." 이제는 대학생이 된 한 여학생이 회상한다.

스캔들을 피하고자 눈을 감지 않더라도, 그리고 사건의 심각성을 과소 평가하지 않더라도, 학교 당국이 이지메 문제를 해결하는 데 무력한 것은 마찬가지이다. 학대자들은 이지메 희생자들을 괴롭히기 위해 학교 밖으로 나가고, 고발당하지 않기 위해 학급에 침묵의 법을 강요하기 때문이다. 교사들의 눈을 벗어나는 체계적인 왕따와 끝없는 심리적 학대는 가장 용기

있는 어린이들까지 집단의 법에 굴복시키며, 가장 약한 어린
이들의 삶을 파괴하여 A, B 등 슬픈 익명의 이니셜들로 전락
시킨다.

이러한 극단적인 예들이 도사린 가운데, 매년 75,000명의 중
학생들이, 다시 말해 60명 가운데 한 명이 왕따가 무서운 나머
지 학교에 가기를 공식적으로 거부하고 교육 제도 밖으로 나가
특례 과정을 이수한다. 또 다른 학생들은 그들을 고문자들로부
터 보호해주는 상상 세계 속으로 피신한다. 이들이 바로 오타
쿠들이다.

바로 기리토시 리사쿠Kiritoshi Risaku가 이 경우에 해당
한다.

내 친구 괴물들

기리토시 리사쿠는 1964년에 태어났다. 내성적이고 신중하며 약간 통통한 젊은이인 그를 나는 편집일을 하는 친구의 소개로 처음 만났다. 기리토시는 마침 『소년과 괴물 조련사들』이라는 책을 출간한 참이었는데, 이 책은 영화와 연속극에 나오는 괴물들에 대한 그의 열정을 이야기하고 있었다. 이 열정은 우연히 생긴 것이 아니었다. 괴물들은 어린 리사쿠의 제일 친한 친구들이었다.

리사쿠는 언제나 지진아였다. 학교는 그에게 정말로 맞지 않는 곳이었다. 초등학교 시절부터 그는 선생님들의 벼락 같은 노여움과 조소 섞인 질책을 유발하는 확실한 재주를 갖고 있었다. 리사쿠가 학교와 관련된 모든 것에 대해 반항한 것은 그의 부모가 둘 다 고등학교 교사였기 때문인가? 그러나 구박이 학교에서도 집에서도 비 오듯 쏟아졌던 것은 사실이다. 그의 부모들은 그들의 하나뿐인 아들이 왜 이런 지진아인지 이해할 수 없었고, 결국 그에게서 관심을 거두어버리기에 이르렀다. 그나마 중학교보다 융통성이 있는 초등학교에서는 그도 존재한다는 느낌과, 동료들에게서 학생으로서는 아니지만 조가비와 곤충 수집가로서 인정받고 있다는 느낌을 가질 수 있었다. 그는 풀밭을 뒤지거나 연못에서 풍덩대며 초시류[1]로부터 물결 무늬

---

[1] 곤충류의 약40%를 차지하며, 딱정벌레, 갑충등이 여기에 속한다(옮긴이 주).

조가비에 이르는 것들을 찾는 데 온종일을 소비하곤 했다. 곤충 채집 덕분에 그는 얼마간의 자부심과 자신감을 가질 수 있었다. 그러나 중학교에 가서부터는 오로지 학교 성적만이 중요했다. 줄곧 지진아로 분류된 그는 동료들과의 관계 속에서 자신의 가치를 부여받을 가능성을 잃어버린다. 그는 곧 조롱의 표적이 되어, 급우들로부터 비웃음과 왕따를 받게 된다. 손쉬운 표적인 그는 자신을 방어하지도, 교사들 뒤로 피하지도 못한다. 교사들은 교과에 관심을 보이지 않는 이 학생에게 조금의 관대함도 표시하지 않는다. "저는 아무것도 아니었고, 귀찮은 짐이었을 뿐입니다. 저 자신 그것을 잘 느끼고 있었어요. 저는 여러 번 모든 걸 끝장내려 했지만, 용기가 부족했어요. 죽는 문제에 있어서마저도 저는 수준 미달이었다고나 할까요. 그것은 제 생애 최악의 순간들이었습니다." 그는 이야기한다.

친구가 없는 그는 학교가 파하자마자 TV 앞으로 달려가 온갖 프로그램들을 보는 대로 집어삼킨다. 오래지 않아 그는 괴물들이 나오는 연속극에 관심을 갖게 된다. "그들은 꼭 저 같았습니다. 어쩌다 친구들과의 놀이에 참가했을 때, 저는 한 번도 슈퍼 히어로로 역할을 한 적이 없어요. 저한테는 언제나 괴물의 역할이 배정되었지요." 처음에 그는, 아직 비디오가 나오기 전인지라, 괴물 연속극을 녹음해서는 자기 방에 가서 몇 번이고 되풀이하여 들었다. 80년대 초 처음으로 가정용 비디오가 출시되었을 때, 리사쿠는 15살이었다. 그는 꿈에 그리던 이 기계를 사기 위해 여름 내내 일한다. 이 기계만 있으면, 500종류가 넘는 괴물 영화들로 개인 비디오테크를 만들 수 있기 때문이다. 날이면 날마다 그는 친구들을 찾기 위해 TV 프로그램을 샅샅이 뒤진다. "저는 괴물들을 좋아합니다. 왜냐하면 그들의 파괴력은 도시와 사회 전체를 없애버리기에 충분하기 때문입니다.

저는 그들이 제가 다니는 학교와 주위 사람들을 몽땅 없애버렸으면 좋겠다고 생각했습니다. 그들은 저와 마찬가지로 사회에서 천대받는 존재들이지만, 그들의 힘은 모든 것을 파괴할 수 있습니다. 몇 번의 발길질에 산산조각나버린 세상을 보면 저는 마침내 해방감을 느낄 수 있을 것 같았습니다." 그가 회상한다.

그는 자기의 유일한 친구인 괴물과 멀리든 가깝게든 관계가 있는 것이라면 무엇이건 모으기 시작한다. 책·비디오·잡지 기사·모형·장난감·스티커 등으로 그의 방은 점점 더 '괴물스럽게' 된다. 오늘날 그것은 엄밀히 말해 그의 방이 아니다. 왜냐하면, 방이 어찌나 많은 괴물 수집품들로 가득 찼던지, 그는 그 방을 놔두고 부모님 집으로 들어가야 했기 때문이다. 그 방은 이제 그의 '자료실'이다. 문서 보관소의 방들처럼, 천장에 이르는 책꽂이들이 겨우 지나다니기에 필요한 공간만을 남긴 채 방을 가득 메우고 있다. 이 방에서, 그를 안심시켜주는 온갖 추억들의 한가운데에서, 리사쿠는 가장 큰 편안함을 느낀다.

특수 고등학교에 들어간 그는 자기와 비슷한 친구들을 만나고 얼마간 사회성을 되찾는다. 그러나 또다시 상처받지나 않을까 하는 두려움에 집단의 주변부를 떠도는 그는 계속해서 상상 세계 속으로 도피한다. "이 고등학교에서 저는 저와 동일한 고통을 겪은 친구를 만났습니다. 그는 사이비 종파들에 빠짐으로써 삶의 의미를 되찾았지요."

학생들의 실정에 맞춘 이 특수 고등학교의 교육 방법 덕분에, 리사쿠는 그래도 공부에 대한 취미를 되찾게 된다. 그는 대학에까지 진학한다. 그는 거기서 '종족 인종주의의 기원'에 대해 연구한다. 왜냐하면, 초등학교 1학년 때부터 4학년 때까지 그의 담임 교사가 "지진아들은 다음주부터 가까운 데 있는 한국인 학교에 보내겠다"는 말을 쉬지 않고 했었고, 그 자신 이런 위협을 여러 번 당했기 때문이다. "일본에 사는 한국인들은 따돌림받습니다. 일본인들은 그들에게서 흠이란 흠은 다 잡아요. 그들은 게으르고 지저분하고 거짓말쟁이인 데다가 문맹이라고 말하지요. 제 담임 선생님이 상상할 수 있었던 가장 심한 욕은 바로 한국 사람보다 더 멍청하다는 말이었어요. 저는 이해할 수가 없었는데, 왜냐하면 저희 집이 바로 한국 어린이들을 위한 학교 옆에 있어서, 그들이 근처 공원에서 노는 것을 볼 수 있었기 때문이죠. 가끔 저는 그들과 함께 놀기도 했는데, 그들은 그렇게 멍청하지도 지저분하지도 않았어요. 그들은 다른 사람들과 똑같음에도 저처럼 배척받는다고 느꼈죠. 나중에 대학에 갔을 때 저는 이러한 집단적인 반감의 근원을 이해해보고자 했어요. 저로서는 그들이 받는 배척에 저 자신을 투사하기가 어렵지 않았는데, 왜냐하면 저 역시 배척받았기 때문이죠."

그가 자신의 오타키즘에 대해 생각하기 시작한 것도 이 무렵이다. "그것은 제가 현실과 허구를 구별하지 못하는 것이 아니라, 현실보다 허구를 선호한다는 것이죠. 여기서부터 오는 것이 사회적 현실감의 상실, 그리고 옷차림이나 외모 등, 제 또래의 젊은이들이 신경 쓰는 모든 것에 대한 무관심입니다. 인정해주지도 않는 세상의 관습을 존중해서 무엇 한단 말입니까? 저는 포근한 상상 세계 안에 있는 게 더 좋아요. 저를 이렇게 만든 교육 제도를 단죄하고 싶진 않아요. 하지만 모든 사람이 다 공부를 잘할 수는 없는 노릇이며, 그들 또한 나름대로의 존재 방식을 갖고 있다는 점을 인정해주었으면 좋겠어요. 일본에서 학교는 평등주의 원칙에 입각해 있어요. 하지만 '노력하면 누구나 성공할 수 있다'는 말은, 성공하지 못하는 사람을 게으름뱅이로 간주하여 일말의 여지 없이 배척해버리는 것으로 나타날 수 있어요. 저 같은 젊은이들은 앞으로 점점 더 늘어날 거예요. 다른 방식으로 행동하고 사고할 수 있다는 것을 사회가 인정하지 않으니까요."

성년이 되어서도 리사쿠는 어떻게 사회 생활과 내면 세계를 일치시키는가 하는 딜레마에 직면했다. 수많은 오타쿠들처럼, 그는 그의 정열이 선택한 분야에서 전문가가 되었고, 이제는 작가까지 되었다. 『소년과 괴물 조련사들』의 서문에서 그는 이렇게 쓰고 있다.

"미야자키 사건은 나에게 큰 충격이었다. 세상으로부터 고립된 채 나만의 우주 속에 사는 것이 나에 대한 배척을 한층 더 강화한다는 것을 깨달았기 때문이다. 나는 내가 미야자키와 크게 다르지 않다고 생각했다. 내 방 역시 비디오테이프들로 가득 차 있지 않은가? 나는 그와 같은 만화책들을 읽지 않았는가? TV에 나온 그의 방에 내가 제일 좋아하는 괴물 영화들의 제목이 꼭 내 방에서처럼 검정 사인펜으로 씌어 있는 것을 보았을 때 나는 정말 큰 충격을 받았다. 그러나 내게 가장 큰 충격을 준 것은 미야자키의 방에 대한 여론의 반응이었다. 여론을 들끓게 하는 것은, 여러 명의 어린 소녀들을 살해했다는 끔찍한 사실보다 어른이 되어서까지 만화책과 괴물 모형들을 가지고 논다는 사실이었다. 미야자키 사건에 대한 한 주간지의 제목은 마치 내 가슴 한복판에 비수를 꽂는 듯했다. '아직도 어린이 프로그램을 보는 26세 남자.' 언젠가 TV · 만화 · 문학이 똑같은 자격으로 취급될 것이라고 믿고 있던 나는 이 잡지의 제목을 통해 내 개인적인 감정은 내 앞세대 사람들이나 내 뒷세대 사람들과 아무런 상관도 없다는 것을 갑자기 깨닫게 되었다. 다시 말해, 서른이 가까운 어른이 다른 사람들의 눈에는 한낱 소싯적 어린이 공상에 불과한 것에 아직까지도 열광하며, 순수한 어린이의 감수성을 간직하는 것이 좋다고 정당화하는

것은 사리에 맞지 않을 수도 있다는 점을 깨닫게 되었다. 사실,
진짜로 '순수한 어린이들'은 괴물 이야기나 만화 영화를 다 떼
었고, 친구들을 많이 사귀었고, 사랑에 빠졌고, 건전한 어른이
되었다. 사실, 순수한 어린이의 감수성을 제대로 경험하지 못
한 사람들이 성장을 못 한 채 계속해서 괴물들에 관심을 갖는
지도 모른다. 그저 단순한 습관일 뿐이라고 주장하건, 아니면
그 반대로 거창한 현학적 이론들을 동원해 자신의 기벽을 정
당화하건, 이 기벽을 버릴 수 없다는 그 사실 하나만으로도 우
리가 불안을 야기하는 미성숙 어른일 뿐이라는 사실을 증명하
기에 충분하다. 이 점을 우리는 분명히 의식하고 받아들여야
한다."

항상 더

오타쿠들이 즐기는 '놀이'들은 일본 학교의 학습 형태를 반영한다. 무엇이건 모으고 분류하고 수집하고 체계화하는 그들의 성향은 그들이 학교에서 받은 교육 논리의 연장선상에 위치한다. 수학 또는 역사적 지식의 축적과, 아이돌이나 만화 영화에 관한 자료의 축적 사이에 사실 이 두 축적이 지향하는 궁극적 목적말고 무슨 차이가 있겠는가.

어릴 적부터 일본의 젊은이들은 교육 제도가 표방하는 생산주의적 논리에 의해 지배된다. 때문에, 그 목표들을 거부하면서 상상 세계 속으로 도피한다고 해도 그들에게는 잘 만들어진 머리보다 가득 찬 머리를 선호하는 교육 제도의 심리적 후유증이 남는다. 편집광적인 열정을 통해 그들은 그들이 거부하는 교육의 기능적 도식을 그들도 모르는 사이에 되풀이한다. 그리하여 그들은 도대체 쓸모 없는 세부적인 것들을 모으고 분류하는 데 허무주의적인 정성을 기울인다. 가장 극단적인 경우로서 '전화번호부 오타쿠'들이 있다. 이들은 역사적 인물들과 이름이 같은 모든 사람들 및 그들의 전화번호를 목록으로 정리하려는 목적에서 전화번호부를 게걸스럽게 그리고 더할 수 없이 진지하게 읽고, 그렇게 해서 개인적인 전화번호부를 만드는데, 그것의 일화적인 흥미는 의심할 바 없지만, 그것의 역사학적 가치는 엄밀히 증명할 수 있는 성질의 것이 아니다. 다른 오타쿠들은 매주, 매달, 매년, 헨사치 분류 방식에 따라 아이돌, 레슬링 선수, 혹은 스모 선수들의 히트 퍼레이드를 작성한다. 그들은 이렇게 해서 미디어의 각광을 받는 스타들 역시 청소년들이 매일매일 당하는 가차없는 선별의 고통을 겪게 하는 것이다. 지식 관리 시스템을 패러디하는 비디오 게임이나 컴퓨터 오락 또한 많이 나와 있다. 정답의 수에 따라 발랄한 여교사가 자신의 알몸을 많이 또는 조금 보여주면서 학생을 치하한다. 어떤 상품이나 논리의 궁극성에 대한 왜곡은 오타쿠들의 정신에서 거의 예외 없이 발견되는 현상인데, 그것의 기원은 극도로 예민한 젊은이들이 목표도 가치도 없는 사회에 대해 품는 경멸에서 찾아야 하리라.

가정·학교·기업과 같은 사회적 구조들은 안정과 경제적 성공의 요인인 사회적 조화를 집단에게 보장해주지만, 그와 동시에 내적 모순들과 초라함을 포함하는바, 가장 예민하고 똑똑한 젊은이들은(그 가운데 오타쿠들이 많다) 그것을 냉철하게 감지한다. 이 젊은이들에게 있어 주위의 초라함은 금방 견딜 수 없는 것이 되고, 그들은 일상적 삶의 초라함을 보지 못하는 사람들을 경멸하기에 이른다. 겉으로 보기에 잘 결속된 듯 보이는 사회 속에서 이 오만하고 조소적인 젊은 허무주의자들의 존재는 풍파를 일으키지 않을 수 없다. 시스템을 따르는 척하는(그들이 시험에서 좋은 성적을 거두는 만큼 아무런 문제도 없다) 그들은 여자 친구와의 관계이건 직장 상사와의 관계이건, 학교 지식이 아무런 도움도 되지 않는 개인적인 관계들을 경영하는 데 점점 더 큰 어려움을 느낀다. 인간 관계는 실패를 무릅쓴 여러 번의 시도를 통해 배우는 것이며, 경험을 거쳐 진보하게 마련이되, 이 오만한 젊은이들은 실패에서 오는 굴욕감을 견디지 못한 나머지 다른 사람들과의 접촉을 그 무엇보다 더 겁내기에 이른다. 사실, 스스로의 존재가 초라하다는 사실을 깨닫지 못하는 사람들로부터 조롱받는 것보다 더 끔찍한 일이 있을까? 그리고 이러한 외부와 접촉하면서도 놀림받지 않는 방법이 있을까? 최선의 방법은 '아무것도' 하지 않는 것이다. 아무것도 하지 않는 한, 자부심을 보존할 수 있다. 비록 이러한 태도가 주위 사람들에게 그들의 사회적 무용성을 알리고, 그로 인해 그들은 또 한 번 웃음거리가 되어야 하는 단점이 있기는 하지만 말이다. 이 문제에는 사실 해결책이 없다. 하지만 그것을 통해 그들의 자아는 더 커지고 더 무감각해진다. 주위 사람들과의 소통 능력이 그토록 나쁘지만 않다면, 그리고 일본의 경제 번영이 그들에게 일하지 않고도 살 수 있는 환경을 만들어주지 않았다면, 그들은 아마 그 어떤 어려움이라도 딛고 일어나서 외부 환경에 맞섰을 것이다. 그러나, 그들에게는 '불행'이라고 해야겠지만, 현대 일본의 경제적 번영이 어찌나 눈부신지, 그들은 노력 없이 부모의 덕을 보면서 경제 활동에 참여하지 않은 채 영원한 학생으로 살 수가 있다. 부모들로서도 자녀들이 가정의 울타리를 속히 떠나는 것을 원치 않는다. 젊은이들은 자기들의 별로 좋지 못한 모습을 가까운 사람들에게는 보일지언정(여기에서 아마에가 제 역할을 한다), 사회에 적응하지 못하는 자신들의 모습이 외부인들의 구경거리가 되는 것은 참지 못한다.

전후의 경제 성장 및 70년대가 저물 무렵의 이데올로기 쇠퇴는 똑똑하기는 하지만 일본적인 집단 생활에는 전적으로 부적격인 젊은이들을 양산해냈다. 만화 영화나 만화같이 안도감을 주는 세계 속으로 도피하는 그들은 온 정력을 철저히 비생산적인 활동에 투자한다. 그들의 부모나 일반 여론이 이런 활동들을 유치하고 무의미한 것으로 치부하며 인상을 찌푸리면 찌푸릴수록 그들은 그들의 비생산성을 더욱더 고집한다. 마치 그들의 열정이 쓸모 없고 비생산적일수록 그들은 더 큰 만족을 얻는다는 듯이.

그러나 그것이 그들의 '투쟁'이라면? 다시 말해 고도 생산 사회에 대한 투쟁이라면? 오타쿠들은 생산성이나 합리성의 용어를 통해서만 사유하는 사회와는 아무런 관계도 맺을 수 없다. 이 세계에 부족한 것이 무엇이란 말인가? 모든 것이 손 닿는 데 있고, 모든 욕구가 충족된다. 무엇을 더 생산하려 하는가? '일본'이라는 자전거가 나아가게 하기 위해 페달을 밟을 차례가 된 그들은 도대체 무엇을 더 생산해야 한단 말인가? 이 질문에 대해 아무도 그들에게 해답을 제공해줄 수 없었다. 유년기 내내 사람들은 그들에게 인간이 땅 위에 있는 것은 생산하기 위한 것이며, 살아 있는 동안은 생산하고 일하고 부를 축적해야 한다는 말만을 되풀이해왔다. 이 생산주의의 라이트모티프만큼 의미없는 것이 세상에 또 있을까?

그들을 교활하게 억누르는 사회에 대항하여, 오타쿠들은 그들의 욕구 불만을 표현할 수단을 찾는다. 70년대라면 그들은 아마도 정치적인 학생 운동에 참여했을 것이다. 그 당시에는 그래도 '이상적 사회'의 이미지가 존재했고, 이데올로기가 그것의 실현을 위한 노력을 뒷받침했다. 그러나 오늘날의 젊은이들은 이데올로기가 허상에 불과하다는 것을 잘 알고 있다. 혁명의 성공은 가능하지만 노래하는 내일은 존재하지 않으며, 일상이 언제나 그 권리, 즉 인간을 권태롭게 하는 권리를 금방 되찾는다는 사실을 잘 알고 있다.

그렇다면 무엇을 할 것인가? 오타쿠들은 대부분의 경우 자신들도 모르는 사이에 조소를 무기로 선택했다. 그들은 생산주의 사회의 목표와 상징들을 거칠게 왜곡함으로써 자기들이 속한 이 사회를 웃음거리로 만든다. 학교와 주쿠가 그들의 미래

에 왕도를 열어주는 것으로 간주되는 지식을 그들에게 주입한
다? 그들은 이 암기력을 1971년에 울트라맨이 TV에 출현한 횟
수를 세는 데 사용할 것이다. 그들의 머릿속을 만화와 한심한
TV 프로그램들로 꽉 채운다? 그들은 이것들을 팬진에 패러디
하는 한편, 카메라를 이용하여 아이돌들의 순결한 팬티를 사진
찍을 것이다. 그들이 마지막 1엔까지도 써버리도록 자극한다?
그들은 소비 용품들을 철저하게 왜곡시키고, 파렴치하게 복제
함으로써, 그들의 등을 치며 자본 증식을 꾀하는 기업들의 허
를 찌를 것이다.

　오타쿠들은 일상, 생산주의적 분위기, 상식으로부터 자기들
을 벗어나게 해주는 모든 것들을 좋아한다. 그들은 멋없는 일
상에, 그들에게 제안된 이 범용한 사회에 참여하기를 거부하는
데서 스스로의 존재 이유를 찾는다. '일상 속에서 예외적인 것
을 살자'는 것이 바로 그들의 슬로건인 것이다.

'오타쿠를 위한 모든 것,' 그리고
그것의 표류

소비 잠재력이 높은 것으로 알려진 오타쿠들은 이제 기업가들의 표적이 된다. 그들의 정열을 만족시킨다는 핑계 아래 생겨난 수많은 오타쿠 전문점들은 오늘날 엄청난 수입을 올린다. 대부분의 다른 업종들이 경제 위기로 어려움을 겪고 있음에도 말이다. 정열을 만족시키기 위해서 사는 오타쿠들은 자기들이 욕망하는 물건을 손에 넣기 위해서라면, 그리고 누가 그것을 팔기만 한다면 가진 돈을 다 주고서라도 살 준비가 되어 있는 바, 점점 더 많은 사업가들이 이 시장의 잠재력을 포착하고, 고객을 확보하기 위해 갖은 애를 다 쓴다. 오타쿠들을 직접적인 고객으로 설정하지 않는 일반 기업들과 달리, 이 신종 상점들은 아예 오타쿠들의 특별한 요구들에 부응하고자 하는 의도에서 기획된다.

쉬운 예로 들 수 있는 것이 만다라케인데, 1982년에 창립된 이 중고 만화 서점의 매출액은 해마다 20퍼센트씩 증가한다. 만다라케의 구호는 '오타쿠를 위한 모든 것'이라 할 수 있다.

만다라케를 창립한 후루카와 마스조Furukawa Masuzo는 원래 만화가였다. 1982년까지만 해도 만다라케는 빛을 못 보는 만화가가 생존을 위해 자기가 가진 만화책들을 팔 생각으로 꾸민 7평방미터 넓이의 작고 누추한 가게에 지나지 않았다. 그러나 그 초라하던 가게가 얼마 지나지 않아 만화광들의 만남의 장소가 되었다. 그들은 만다라케에서 그들에게 꼭 필요한, 그리고 그들을 이해해주는 장소를 발견했던 것이다.

이 작은 가게는 금방 두 배로 커졌고, 중고 만화 재고는 다양해졌으며, 후루카와는 만화를 그리기보다 가게를 운영하는 데 더 많은 시간을 보내게 되었다.

1994년 3월, 그는 도쿄에서 젊은이들이 많이 모여드는 구역 가운데 하나인 시부야Shibuya에 '중고 만화 백화점'을 개업했다. 600평방미터 넓이의 2층 매장에는 아마추어들과 수집가들을 위해 이제 유통이 끝난 온갖 만화 시리즈들과 엄청난 양의 팬진들이 진열되었다. 가장 소비를 많이 하는, 그리고 가장 열광적인 고객들을 위해 슈퍼마켓처럼 '캐디'도 비치했다. 열쇠로 잠긴 진열대는 만다라케가 자랑하는 컬렉션들을 담고 있는데, 그 가운데에는 일본 만화의 아버지 데즈카 오사무Tezuka Osamu의 한 권에 6천 달러씩 하는 초기 작품들말고도, 도라에몽 Doraemon의 아버지 후지코 후지오Fujiko Fujio의 작품으로서 전세계에 7권밖에 없는 것으로 간주되는 『최후의 세계 대전』이 2만 5천 달러짜리 가격표를 달고 있다.

만다라케는 오타쿠들이 가장 선호하는 백화점이 되겠다는 야심을 품고 있다. 거기에 도달하기 위한 일환으로 만다라케는 여직원들에게 코스프레cosplay 차림으로 일하도록 권장한다. 이에 응해 춘리나 란마Ranma[1]로 변장하고 계산대에서 일하는 직원들에게는 시간급을 더 높게 책정한다. 만화 영화의 타이틀 음악이나 인기 좋은 아이돌들의 음반을 배경 음악으로 틀어 놓는다. 상점의 한 코너에는 개라지―키트와 중고 장난감들이 있고, 또 다른 코너에는 아이돌 사진집들이 있다.

만다라케는, 오타쿠들과 마니아들이 편안함을 느끼는 가운

---

1 만화와 게임으로 나와 있는 「란마 1/2」에 등장하는 캐릭터(역자 주).

▲ 외관이 근사한 만다라케 시부야점

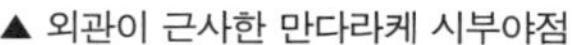

만다라케 내부 전경 ▶

데 오타키즘을 만끽할 수 있도록 모든 것이 구상되었다. 성공은 지체 없이 왔다. 백화점이 개장한 날 만다라케는 불과 몇 시간 만에 15만 달러의 매상을 올렸고, 재고가 바닥이 나는 바람에 일찌감치 문을 닫아야 했다. 개점 후 몇 주가 지났을 때, 월간 매출액은 70만 달러로 평가되었다. "한 해 10억 달러에 이르는 새 만화책 판매액과 비교하면 약과입니다." 불행한 만화가에서 행복한 사업가로 변신한 후루카와가 상대화시키면서 겸손하게 말한다. 오타쿠 시장을 신뢰하는(90년대 후반부터 일본 열도를 뒤흔들고 있는 소비 위기에도 불구하고) 후루카와는 자기 고객들말고는 누구도 공략하려 하지 않는다. "그들은 가장 좋은 소비자들이죠. 그들은 볼 만큼 봐서 이제 지겨움을 느끼는 만화 시리즈들을 팔러 오는데, 얼마나 보관들을 잘했는지, 꼭 새 책들 같아요. 게다가 가져온 책을 판 돈으로 다른 책들을 사가죠." 그가 행복에 겨워 설명한다.

내친 김에, 그는 1996년 오사카에 1,800평방미터 넓이의 매장을 열고, 그 다음해에는 도쿄에 또 다른 매장을 열면서 사업을 확장한다. 이제 코스프레 차림의 점원들은 단지 계산대 뒤에만 머무르는 대신에 무대 위에 올라가 만화 영화를 통해 인기를 얻은 가요들을 고객들과 더불어 가라오케로 부르기도 한다. 오늘날 만다라케 그룹은 연간(1998년) 2천 8백만 달러의 매출을 기록하고 있으며, 130명의 직원을 고용하고 있다.

이 그룹의 다음 목표는 2001년까지 중고 만화 백화점을 하나 더 여는 것인데, 이번에는 신주쿠에 10층으로 올리겠다는 야심을 키우고 있다. "은행들은 마침내 이 시장의 잠재력을 깨달았어요. 요즘은 오히려 그들이 제게 확장을 권유합니다. 종내에는 일종의 오타쿠 디즈니랜드를 열어, 오타쿠들이 자기들 세상에서 하루를 보낼 수 있게 하고 싶습니다"라고 말하며 이 견자(見者)는 꿈꾼다.

만다라케를 흉내낸 다른 오타쿠 전문 상점들이 90년대에 속속 문을 열었다. 아이돌 오타쿠들은 '컬처 스테이션'[2]에서 만날 약속을 하는데, 그것은 지방의 상인들에게서 무게로 사들인 오래된 잡지들을 권당 300달러에 파는 가게이다. 이 잡지들이 벌어들이는 엄청난 부가가치는, 누렇게 변색된 페이지들 사이에 오타쿠들을 제외한 모두에게 잊혀진 7, 80년대의 아이돌들이 잠들어 있다는 사실로부터 온다.

비디오 게임 분야에서는 도쿄의 아키하바라 Akihabara 전자상가에 위치한 전문 체인점 '메세 사노 Messe Sanoh'가 횡재한다. 1990년 거의 빈손으로 출발한 이 체인점은 게임 오타쿠들에게 희귀한 게임 프로그램 및 팬진을 구해주면서 이제 연간

---

2 제1부의 「아이돌 오다쿠들의 천태만상」을 보라.

(1998년) 6천 4백만 달러에 달하는 매출을 기록하고 있다. 매우 '상술이 좋은' 메세 사노는 고객들을 단골로 만들기 위해 매수가 한정된 전화 카드를 선물하는데, 순수 강경파 오타쿠들은 그것을 얻고자 겨울에도 새벽 4시부터 줄서기를 주저하지 않는다. 오타쿠 고객들을 겨냥한 다른 가게들에서와 마찬가지로 메세 사노에도 광적인 손님들이 최근 소문들 및 최신 유행을 주고받는 게시판이 설치되어 있다. 물론 이 게시판은 가게 경영자들에 의해 세심하게 검토된다. 경영자들은 고객들의 관심이 어디로 끌리고 있는지를 돈 한푼 안 들이고 잘 파악할 수 있다는 점에서 아주 만족한다.

오타쿠 시장이 유망하다는 것을 증명하기 위해 들 수 있는 가장 확실한 증거는 아마도 야마이치증권의 한 직원이 1995년에 차린 브로콜리Broccoli란 이름의 상점일 것이다. 설립된 지 2년 만에 천 8백만 달러의 매출에 5개의 매장을 보유한 브로콜리는 비디오 게임 주인공들에 대한 라이선스를 얻어 파생 상품을 제작 판매함으로써 오타쿠 시장을 주름잡는바, 게임의 주인공들을 활용하여 온갖 종류의 상품을 만들어낸다. 지우개로부터 게임의 오리지널 사운드를 담은 CD에 이르기까지, 수집용 엽서·티셔츠·모형 조립 세트 등, 그야말로 없는 게 없다. 브로콜리 사장님은 야마이치에서 증시 분석하던 기억을 되살려, 잠재력 높은 게임을 골라내기 위해 오타쿠 시장의 추이를 탐색한다. 그는 시장이 포화되려면 아직 멀었다고 확신한다. 그는 또 오타쿠 산업이 머지않아 매우 유망한 수출 분야가 될 것이라고까지 단언한다.

섹스 산업 또한 오타쿠 시장에 민감하다. 시부야에 있는 '코스프레 세인트 아카데미'는 오럴 섹스를 전문으로 한다. 이것이 다른 '패션 마사지'(이런 종류의 외설스러운 장소들을 통틀어 일컫는 용어)들과 다른 점은, 대개 나체이게 마련인 젊은 여자들이 여기서는 의상을 걸친다는 사실이다. 이 세인트 아카데미는, 고객의 70퍼센트가 오타쿠들로서, 저들의 성적 환상, 곧 좋아하는 만화 영화나 비디오 게임의 여주인공들과 육체 관계를 맺는 것을 가상적으로나마 허락해준다. 워낙에 코스프레 애호가들이기도 한 젊은 매춘부들은 맡은 인물을 연기하는 데 별다른 어려움이 없다. 그들의 대부분이 용모와 오타키즘을 감안하여 채용되기 때문이다. 그리하여 일초 일초 값이 매겨진 소중한 시간이 어떠어떠한 만화 영화의 장점들에 대해 열띠게 토의하다가 흘러가버리고, 정작 '본론'에는 들어가보지도 못하는 경우가 생기기도 한다. 이 공생 관계를 완성하기 위해 세인트 아카데미는 고객과 호스티스들이 서로 만날 수 있도록 웹 사이트와 전자 우편함을 개설하는 한편, 의상 및 섹스에 대한 고객들의 취향의 추이를 파악하고자 고객들이 자기들의 느낌이나 제안을 적을 수 있는 공책을 마련했다.

오타쿠들 고유의 영역 속으로의 상업의 침투는 그들의 필요에 부응하면서 생활을 편리하게 해주기도 하지만, 무시할 수 없는 위험을 내포한다. 오타키즘 신전의 상인들은 오타쿠들의 주머니를 너무나도 가까이에서 겨냥하는 나머지 그들을 옴짝달싹 못하게 할 수 있는 것이다. 온전한 오타쿠의 장비에 어울리는 액세서리를 단지 가게의 진열대 위에서 고르기만 하면 된다면, 오타쿠의 본원적 행태의 중심에 위치하는 위반의 느낌과, 독특한 하위 문화를 지닌 엘리트 집단에의 소속감은 더 이상 표현될 길이 없을 것이다. 예컨대 데즈카 오사무의 앨범 전집이 아무 오타쿠 전문 상점에나 진열되어 있다면, 다락방이나 지방의 헌책방을 끈질기게 뒤져 그것을 발견하는 즐거움은 어떻게 될 것인가? 오타쿠 시장의 확장은 오타쿠(적어도 현 상태에서의)의 소멸을 내포하고 있다. 그러나 오타쿠 시장의 확장과 함께 오타쿠들의 관심은 상업주의가 찾아와서 그들을 비웃지 못할 영역들로 이동한다.

사실, 비의적이고 병적이며 현대 사회의 이해를 확연히 넘어서는 주제들에 대해서 오타쿠들이 점점 더 민감해지는 것은, 사람들이 그들을 따라와서 방해할 수 없을 문화 영역을 확립해야 한다는 그들의 필요에 의해 부분적으로 설명된다. 그것이 인터넷을 통해서건 전문 서점을 통해서건, 특별한 의미에서의 '금지'를 향해 표류하는 것은 입문한 사람들끼리 있고 싶다는 바람의 표현이기도 하다. 그리고……

『아부나이 *Abunai*』(문자 그대로 번역하면 '위험') 창간호가 나온 것은 1996년 4월이다. 보통 크기에 225쪽을 헤아리는 이 월간지는 모든 금지된 것과 이를 무시하는 방법을 끈질기고 집요하게 조사해놓았다. 그것의 슬로건은 'Nothing is true; everything is permitted'(아무것도 진리가 아니며 모든 것은 허용된다), 또는 '성적 환상에서 금기는 없고, 오로지 그것의 표출만이 금기일 뿐이다'로서, 단숨에 색깔을 드러낸다. 이 잡지의 목차는 더할 수 없이 선명하다.

"특집: 살인과 시체." 살인과 시체를 어떻게 볼 것인가? 가장 위대한 살인자의 물건을 구하는 방법은? 당신의 아들을 연쇄 살인범으로 만드는 법./악몽을 꾸고자 하는 사람들을 위한 시체 비디오 가이드.

"특집 2: 변태." 항문 섹스에 대한 모든 것과 분뇨담./소아 성애 전문 상점 전국 지도./근친상간보다 더 아름다운 것은 없다./추녀와 섹스하기./오랜 결혼 생활 후에도 아내와 계속 섹스하기.

"특집 3: 육체 예술." 돌이킬 수 없는 신체 변형./섹스 보석.

같은 호에는 이 밖에도 "마약 중독자 특집" "변태 만화 특집" "어둠의 인터넷 특집" "도청 특집" 등이 이어지고, 최근 몇 년 동안 도쿄에서 일어난 주요 범죄 장소들에 대한 사진을 곁들인 가이드까지 있다. 민감한 영혼들이여, 두리번거리지 말고 당신들의 길을 가라. 전국 유명 서점에서 판매 중인 『아부나이』 28호에서도 어조는 여전하며 다음과 같은 분야에 대한 실용적인 충고들을 담고 있다. 화염병 만들기, 플라스틱 권총 기능 '향상'시키기, 진열대에서 물건 훔치기, 해커 되기, 마약의 진미 맛보기(한 줄의 코카인 들이마시는 방법을 화보를 곁들여 설명하고 있다), 캄보디아로 섹스 관광 가기 등.

이 정보들이 사실이기는 하지만 거기에 빠져드는 것은 위법임을 명시하는 편집자의 경고에도 불구하고, 이 잡지가 보여주는 풍부한 디테일들과 초연한 어조는 등골이 오싹하게 한다.

무절제한 상업주의로써 오타쿠들을 언더그라운드 세계의 뒷방에 몰아넣기보다는, 만화나 만화 영화에 기초한 순진한 꿈들로 가득 찬 잠재 세계를 그들에게 의식적으로나마 남겨주는 편이 더 낫지 않을까?

마스코미의 독재

영어의 매스커뮤니케이션에서 온 마스코미라는 용어가 무엇을 의미하는지 이해하기 위해서는 아마도 일본에 살아보아야 할 것이다. 물론 이 용어를 번역하기는 쉽다. 대중 매체나 대중 소통을 뜻한다. 그러나 이 말과 이 말이 일본에서 포괄하는 것 사이에는, 그것을 일상적으로 경험해보지 못한 사람이 상상하기 힘든 차이가 있다.

몇몇 수치를 살펴보자. 일간지 · 출판 · 영화 · 비디오 · 비디오 게임 · 원격 통신(라디오 · TV · 전화)을 포함하는 대중 매체 분야와 광고 분야는, 한데 뭉뚱그려, 매년 4,680억 달러의 매출액(97년 자료)을 기록하며, 그 가운데 광고가 차지하는 비율은 13퍼센트이다. 매일 통틀어 5천 4백만 부를 찍어내는 일간지들 가운데 55퍼센트가 전국적으로 배포된다. 요미우리신문은 하루에 천만 부를 찍는데, 이는 회사 소유 야구팀의 인기에 힘입은 결과이다. 아사히신문은 하루에 8백만 부를 찍어내며, 일본에서 가장 모범적인 일간지로 통한다. 일본 가정들은 적어도 전국 일간지 하나와 지역 일간지 하나를 구독하는바, 그것은 수십 년 전부터 존속되고 있는 습관이다.

만화와 정기 간행물에 의해 유지되는 출판계에서는 4,600개가 넘는 출판사들이 그럭저럭 연평균 260억 달러의 매출을 올리고, 출판계를 주도하는 세 그룹, 곧 고단사Kodansha, 슈에이사Shueisha 그리고 쇼각간Shogakkan이 이 매출액의 20퍼

센트를 점유하고 있다. 매년 약 6만 2천 종의 새 책이 서점에
발매되며, 약 180개의 새 잡지가 창간된다(반면에 130개의 잡지
가 폐간된다). 일본에는 도합 3,300종이 넘는 정기 간행물이 있
고, 일반 정보를 취급하는 5개의 주요 주간지들을 포함하여 매
주 3백만 부 이상을 찍어내며, 3개의 주요 여성 주간지들이 매
주 150만 부를 가볍게 넘어선다. 만화 잡지들의 기하급수적인
비약 덕분에 출판업계는 1975년과 1997년 사이에 매출액이 세
배나 증가한바, 22년 사이에 그 매출액이 100억 달러에서 260
억 달러로 신장되었다. 원격 통신 분야에서는 공영 부문(NHK:
Nippon Broadcasting Corporation)과 민영 부문을 구별해야 한
다. 공공 서비스의 임무를 맡은 NHK는 전국으로 송출되고, 시
청료를 통해 재원을 충당한다. 시청각 매체의 걸리버인 NHK
는 직접 15,000명의 직원을 고용하며, 연간 60억 달러의 예산
을 운영한다. NHK는 전세계로부터 프로그램의 질을 인정받고
있는데, 공영 방송인 만큼 기벽을 부릴 여지는 없다. NHK의
맞은편에서는, 후지TV를 선두로(1997년에 약 32억 달러의 매출
을 기록) 한 5개의 거대 상업 방송망이 156개에 달하는 지역 방
송국들을 통해 연간 230억 달러에 달하는 광고 노다지를 나누
어 가진다. 일본의 상업 방송은 네트워크로 이루어지며, 스폰
서들, 특히 광고 대행사들과 긴밀한 관계를 맺는다는 특징을
갖고 있다. 미국에서 그러하듯, TV 방송국들은 재정 독립을 유
지하는 동시에 사다리 경제의 혜택을 보기 위해 지역에 자리잡
은 뒤 네트워크를 통해 기능한다. 모두 도쿄에 본부를 둔 5대
방송망은 크기 순으로 후지TV · TBS · NTV · 아사히TV(아사
히신문의 계열사), 그리고 도쿄TV이다. 각 방송망의 수뇌부는
관련 지역 방송국들과의 합의 아래 프로그램을 편성하고, 그들
에게 제작비를 분배하는가 하면 방영권료를 받는다. 하지만 방

송망 및 지역 방송국들이 직접 제작한 프로그램은 황금 시간대
(주로 뉴스에 할애됨) 방송 시간의 20퍼센트에도 채 못 미치니,
방송망과 지역 방송국들은 프로그램 제작―생산자보다 송출―
배급자의 역할이 더 크다 하겠다.

　사실 프로그램 편성 책임은 스폰서―광고주들의 예산을 관
리하는 광고 대행사들이 맡는바, 이들은 광고주들의 통신 전략
에 비추어 방송 프로그램 제작 회사들(모두 독립 프로덕션 체제
로 운영된다)과 계약을 체결하여 프로그램을 확보한 뒤, 방송
사로부터 돈을 지불하고 할당받은 시간대의 프로그램을 직접
편성한다. 광고주들과 프로그램 편성자들 사이의 이 같은 결탁
은 장르의 혼합으로 이어지는데, 여기서 가장 큰 득을 보는 것
은 물론 광고주들이다. 그들은 온갖 상황을 이용하여 이익을
얻으며, 대중 조작을 통해 가공할 만한 권력을 누린다.

　사자의 몫을 차지하는 것은 세계 제일의 통신 대행사 덴쓰
Dentsu이다. 1901년에 설립된 이 회사는 광고 통신 분야 전체
매출액의 18퍼센트에 해당하는 연 134억 달러의 매출을 기록
하며, 6,000명의 직원을 고용하고 있다. 비교를 통해 설명하자
면, 이 분야에서 두번째인 하쿠호도Hakuhodo사는, 매출액을
고려할 때, 덴쓰사의 53퍼센트밖에 안 된다. 세계에서 유례를
찾아볼 수 없는 경우로서, 덴쓰사는 경쟁사들의 예산을 공동으
로 관리하면서 '한 업종에 한 기업'이라는 신성불가침의 직업
규칙을 위반한다. 1964년 도쿄 올림픽 이후, 일본에서 올림픽,
축구 월드컵, 1970년 오사카 세계박람회, 1992년 세빌리아 세
계박람회 같은 대형 행사들의 홍보를 담당하는 것은 덴쓰사이
다. 통신 분야에서의 덴쓰사의 압도적 지배는, 정부가 이 회사
의 활동 범위를 크게 넘어서는 임무까지 맡기기를 서슴지 않을
정도로 중요하다. 그리하여 1979년에 교황 요한 바오로 2세

가, 그리고 1990년에 미하일 고르바초프가 일본을 공식 방문했을 때, 외교 이외의 다른 방문 프로그램 기획을 맡은 것은 덴쓰사였다.

이처럼 광범위한 덴쓰사의 지배는, 매번 미디어 세계를 뒤흔든 뒤 대중을(소비자들이라 부르는 게 더 적합하지 않을까) 향해 번져나가는 붐 현상의 주요 근원들 가운데 하나이다. 예를 들어, 1992년이 사실상 '스페인의 해'였다고 한다면, 그것은 덴쓰사가 바르셀로나 올림픽과 세빌리아 세계박람회의 홍보 계약을 따냈기 때문이다. 프로그램 편성과 홍보를 동시에 장악한 덴쓰사는 특집 프로그램, 공개 퀴즈, 퀴즈, 그리고 스페인 관광 및 역사에 대한 취재 프로그램 등을 통해 대대적인 스페인 유행을 일으켰다. 올림픽 개막에 앞선 8개월 동안 매스컴은 불처럼 타오르는 정열적인 스페인말고는 다른 구원이 없음을 일본인들에게 납득시키기 위해 총력을 기울였다. 메시지를 더욱 효과적으로 전달하고자 덴쓰사는 광고주들에게 영향력을 행사하여 공조를 강화했다. 요구르트·양념·자동차 등, 무슨 광고이건 유행에 맞추어 그 배경에 스페인적 모티프를 포함시키도록 했다. 덴쓰사가 기획한 백화점 전시회들의 테마는 피카소, 달리 또는 가우디였다. 스페인에 대한 이 갑작스런 열정이 무엇을 위한 것인가는 불을 보듯 뻔했고, 올림픽과 세계 박람회에 의해 자연스럽게 형성된 미디어의 파급 효과로부터 최대한의 이익을 뽑아낼 수 있도록 모든 것이 완벽하게 조직되었다. 그리고 덴쓰사의 이러한 이중 역할 덕분에 모두가 만족을 얻었다. 올림픽 조직위원회와 세계박람회 조직위원회는 그들의 목표를 달성했고, 일본의 미디어들과 광고주들은 1년 내내 스페인 물결을 타며 배를 두드렸다. 올레! 그러나 해가 바뀌고 1993년이 되자, 개발 도상국을 갓 벗어난 유럽의 작은 나라 스페인과 그 실업자들은 송두리째 잊혀진다. 이제 적어도 이 부분에서만큼은 순진한 사람들에게서 돈을 빼앗을 만큼 빼앗았고, 덴쓰사는 새로운 포고를 내린다. "이제부터는 축구다." 그리고 J-리그 붐이 시작되었다.

생각해보면, 미디어의 기능 방식은 오만하기 짝이 없다. 소비자들(정말이지 시청자나 독자라고 부를 수가 없다)이 무엇을 하고 무엇을 생각하는 것이 좋은지를 명령하는 것은 미디어 귀족들이다. 정보의 물결은 일방적으로 흐르고, 미디어는 물고기에게 매일 먹을 것을 주는 사육자처럼 소비자에게 정보를 공급한다.

습관의 노예가 된 일본인들은 정보를 과다 섭취한다. 모르는 것은 젊은이들 사이에서는 수치로, 성인들 사이에서는 직업적 과오로 통한다. 미디어가 민간 사회의 결합제 역할을 담당하고 있는 것이다. 각자가 수준을 유지하고 대화에 가담함으로써 집단 속에서의 자기 위치를 공고히하는 데 필수적인 정보들을 제공하는 것도 미디어이다. 대형 서점에 가면 언제나 많은 것을 알아낼 수 있다. "빌 클린턴의 당선과 그것이 미일 관계에 미칠 영향" "러시아의 붕괴를 걱정해야 할까?" "경기 침체에서 어떻게 살아남는가?" "히로시마, 당신이 결코 보지 못했을 사진들"…… 국가적으로 중요하다고 판단되는 어떤 사건으로부터 앞뒤로 몇 주 동안 서점의 진열대 위에서 그 사건을 다룬 25, 30, 더 나아가 50종의 새로운 간행물들을 발견하기란 그리 어렵지 않다. 출판사들이 그토록 짧은 기간에 어디에서 그 많은 전문가들을 찾아냈는지 놀라울 지경이다. 초등학생은 닌텐도의 새 비디오 게임 출시와 관련된 소문들, 중학생은 어떤 야구 선수의 프로팀 입단과 관계된 기사들, 고등학생은 새로 나온 혼다 오토바이의 기술적 특징, 샐러리맨은 경제 호황이 끝난 뒤 금융 업계가 겪는 어려움 등, 각자 자신이 바보로 보이지 않게 해줄 정보들을 광적으로 쫓아다닌다. 『일본: 구속하는 사회』란 제목의 책에서 미야모토 마사오Miyamoto Masao는, 미국에서 10여 년 동안 체류한 뒤 일본 행정부에 돌아와 겪은 일들을 회상한다. "나는 내 상급자들이 나를 비난하는 말을 들으면서 언제나 어안이 벙벙했다. '여기서는 모든 사람이 그걸 아는데, 당신도 알아야 하지 않겠소'라든지, '그걸 모르는 건 당신 책임이오'라고 그들은 말하곤 했다." 서구의 개인주의적 사회에서 정보 통제는 사회를 지배하려는 의도로부터 기인한다. 그것은 엘리트주의적 행태로서, 진정한 권력이란 정보를 배포하는 데 있지 않고 정보를 독점하는 데 있다는 사실에 대한 인식에 기반한다. 일본에서는 이와 정반대로 혼자서 정보를 쥐고 있는 것(앞으로 보게 되겠지만, 오타쿠들은 예외이다)은 그 사람의 가치를 높이지 못한다. 게다가 사회로부터 낙오되지 않기 위해서는 자기가 가진 지식을 계속 업데이트하는 것이 필요한데, 이는 훨씬 더 비뚤어진 효과를 낳는다. 왜냐하면 사람들이 쉬도록 내버려두지 않기 때문이다. 어떤 한 문제가 제기되었을 때, 비판 정신과 분별력은 정보의 양의 뒷전으로 밀린다. 자세히 들여다보면, 이 같은 반응은 일본인들이 학교에서 받은 교육을 전형적으로 반영한다. 다시 말해 정보는 시험의 질의―응답과 같은 방식으로 저장된다. 정보에 대한 이러한 태도는 미디어의 독재에 전적으로 유리하다. 왜냐하면 미디어가 정보를 '필수적'인 것으로 소개하며 마음대로 조작함에도 불구하고, 집단의 아무도 그것을 거부하는 위험을 감수하지 않기 때문이다. 미디어/광고주들의 전략은 바로 여기에 근거하는바, 인위적으로라도 붐을 조성하면 그것이 눈덩이처럼 불어나면서 대중의 움직임을 만들어내고, 더불어 경제라는 기계를 작동시키거나 여론을 조작하는 것이 가능해지는 것이다. 교육 제도처럼, 정보 독재는 일본주식회사에 소속된 각자의 의식을 평준화시킨다.

전부 다? 아니오, 하며 다시 한 번 오타쿠들이 격렬하게 항의한다.

현혹의 거울을 깨뜨리다

도리미키 Torimiki는 특별한 오타쿠이다. 1958년에 태어난 그는 직업 만화가이다. 하지만 그의 열정은 TV이다. "그건 당연해요. 저는 TV와 거의 같이 태어났으니까요. 다른 일본 어린이들처럼 저는 TV를 보면서 유년기를 보냈어요. 18에서 20살 경에는 모든 형편없는 프로그램들에 진절머리가 났어요. 그건 너무 작위적이었지요. 많은 오타쿠들이 저와 비슷해요. 청소년기가 지나면 그들은 비디오를 보기 위해서가 아니면 게임을 하기 위해서만 TV를 사용하죠. 물론 최근의 경향을 파악하기 위해 채널을 돌리기도 하지만, 어떤 프로건 처음부터 끝까지 보는 적은 드뭅니다."

TV 프로그램에 대해 염증을 느끼면서도, 도리미키는 혹시 대참사 소식이라도 들을까 하는 희망에서 언제나 TV를 켜놓고 산다. 그가 만화를 그리는 작업 테이블 바로 옆에는 TV와 비디오가 자리잡고 있다. 지진, 비행기 납치, 테러 같은 대형 사고가 보도되면 그는 사건에 관련된 모든 것을 비디오로 녹화하며, 보다 생생한 정보를 수집하기 위해 이 채널 저 채널로 건너다닌다. 그리하여 그는 운젠 Unzen산 화산 분출, 미국 우주 왕복선 챌린저호 폭발, JAL 점보기 사고, 히로히토 천황 사망, 그리고 미야자키 사건에 관한 온갖 정보들을 소중히 담은 수십 개의 비디오카세트를 소유하고 있다. 그러나 그것은 세상의 불행들에 대한 병적인 열정에 의해서라기보다는 정보의 참얼굴을 붙잡기 위해서이다. "평소에 TV 프로그램은 시청자들을 현혹하기 위해 구상되고 기획되고 배정됩니다. 철저히 작위적이지요. 그러나 어떤 돌발 사건이 일어나면 채널들은 즉각적으로 반응해야 하기 때문에 화장을 할 시간이 없어요. 저는 이러한 혼란 및 준비 부족 상황을 재빨리 포착함으로써 TV를 현행범으로 붙들기를 좋아해요. 제게 있어 TV는 이처럼 예측하지 못한 사건들을 다루는 때를 제외하고는 거짓의 세계예요. 거기서는 현실의 일부분만을 보여주죠. 저는 순진하기를 거부해요. TV에서 하는 말을 믿는다면 필시 배반당하게 마련입니다. 예를 들어 80년대에 반핵 운동의 물결이 일본을 휩쓸 때, 주요 뉴스 프로그램들은 전기 회사들 가운데 적어도 하나의 후원을 받았습니다. 따라서 뉴스들은 핵 찬성 쪽으로 완전히 기울어 있었지요. 사정이 이럴진대 어떻게 TV를 믿을 수 있겠습니까?" 하고 도리미키는 비판한다.

세련의 극치를 달리는 도리미키는 사전에 준비되지 않은 뉴스에 대한 여러 채널들의 서로 다른 취급들을 비교하는 즐거움까지 누린다. 하여 상업 방송들 가운데 가장 큰 후지TV는 대참사가 일어날 경우 가장 먼저 특별 방송을 마련하며, 채널의 기자들과 카메라맨들은 위급한 상황에서도 그 참사를 연출하기에 이른다는 것을 그는 지적한다. "태풍이 몰아치는 동안, 현지에 파견된 후지TV의 기자는 다른 기자들처럼 몸을 피하지 않고 바람이 세차게 부는 곳에 작은 우산을 들고 서서 자연 현상과 싸우는 모습을 보여주는데, 이는 물론 폭풍우의 위력에 대한 인상을 더 강화하기 위해서지요"라고 말하며, 도리미키는 나에게 한 비디오 화면을 분석해준다.

"외부 세계가 오직 TV를 통해서만 우리에게 오다 보니, 그것은 이제 세상에서 일어나는 일들과 접촉을 유지하려면 없어서는 안 되는 물건이 되었지요. 저는 이 같은 사실을 받아들이기는 하되, 미디어 체제에 걸려들고 싶지는 않습니다. 제 비판 의식을 지키려 애쓰지요." 만화가가 결론짓는다.

일본 가정의 99퍼센트가 TV를, 그리고 80퍼센트가 비디오를 보유하고 있다. 10세에서 29세에 이르는 6,700명의 젊은이들을 대상으로 일반문제조사연구소가 실시한 여론 조사에 따르면, 13~15세의 12퍼센트, 16~18세의 21퍼센트, 19~22세의 40퍼센트가 자기만을 위한 TV를, 그리고 16~18세의 12퍼센트, 19~22세의 21.4퍼센트, 23~26세의 24.6퍼센트가 자기만을 위한 비디오를 갖고 있다. 딸랑이 대신에 리모컨을 쥐고 태어난 도리미키 세대 이후의 젊은이들은 TV의 첫번째 사용자들인 동시에 일반화된 미디어 조작의 첫번째 희생자들이기도 하다. 모든 이들이 도리미키만큼 주의 깊지는 않은 것이다. 70년대 말 이후, 각 가정의 자녀 수 감소, 생활 수준 향상, 그리고 학력 경쟁에 대한 강조와 함께 아이가 자기 방을 쓰는 것이 가능해짐은 물론 거의 필수적인 것이 되었다. 독방과 함께 개인용 TV 또한 흔한 일이 되었다. "학교에서 공부 잘하면 네 방에 TV를 놓아주마." 그런데 이러한 부모의 선처는 미처 짐작하지 못한 결과를 낳았다. 어머니의 훈계가 닿지 않는 자기들만의 왕국에 들어앉은 어린 학생들은 미디어와의 관계 속에서 독립을 얻었다. 그들은 이제 마음대로 방송 프로그램을 선택할 수 있으며, 숙제를 핑계 삼아 그 속에 깊숙이 들어갈 수 있다. 학교와 주쿠를 오가는 그들의 시간표는 친구들과 나가 놀 시간을 허락하지 않지만, TV는 언제나 이용이 가능할 뿐더러 가장 매력적인 숨바꼭질 놀이보다 훨씬 더 재미있다. 만화 영화, 오락 프로그램 등을 통해 TV는 금방 그들에게 친구가 되었고, 부모들에게는 최선의 베이비시터가 되었다. "애들이 TV 앞에 앉아 있는 한 말썽도 안 부리고, 또 어디 있는지 알 수 있어요." 이렇게 TV는 청소년 생활의 구성 요소가 되었을 뿐만 아니라 타인 관계보다 더 중요한 것이 되었다. 앞서 인용한 일반문제조사연구소의 여론 조사에 따르면, 10세에서 30세에 이르는 젊은 남성들의 70퍼센트가 TV를 그들의 삶에 꼭 필요한 매체로 생각하는 반면, 전화가 꼭 필요하다고 평가한 이들은 44퍼센트, 부모나 친구들과의 대화가 꼭 필요하다고 응답한 이들은 36퍼센트에 불과했다. 같은 연령층 여성들의 경우, 조사 결과는 각각 71퍼센트, 66퍼센트, 62퍼센트로 나타났다. 커뮤니케이션 전문가로서 수필가이기도 한 야마자키 고이치 Yamazaki Koichi는, 인간들 사이의 직접적 의사 소통이 얻은 낮은 수치를 이렇게 설명한다. "역사적으로 볼 때, 일본에서 의사 소통은 필수불가결한 것이 아닙니다. 수세기 전부터 같은 섬 안에서 외부와 큰 교류 없이 살면서 우리의 집단 의식은 획일화되었습니다. 평등주의 교육은 집단에 우선권을 부여하고, 그 결과 모든 사람들이 똑같은 것을 생각하며 똑같은 순간에 똑같은 방식으로 반응합니다. 따라서 자신의 의견을 표현한다거나, 이해받기 위해 말을 하는 것이 별로 중요하지 않지요. 정보는 의사 소통 수단이기보다는 그 자체가 하나의 목적으로서, 그것을 지닌 사람의 가치를 높여주는 반면, 그것을 제때 갖지 못한 사람은 낙인찍히게 되지요. 정보를 소유하는 것은 집단 내부에서 생존하기 위해 꼭 필요한 바이기도 하지만, 다른 사람들과의 관계에 비추어 자신을 평가하는 데도 개입됩니다. 문제가 극도로 전문적이어서 그것에 맞게 대답하는 출연자들이 미디어의 스타가 되는 퀴즈 프로그램이 인기를 얻는 것은 바로 이러한 이유에서입니다. 그리고 그것은 오타쿠들이 영광을 누리는 유일한 순간들이기도 하지요."

그들이 경멸해 마지않는, 그러나 그들 자신 그것의 순수한 산물인 현대 사회에서 정보의 축적이 얼마나 중요한지 확인하면서, 오타쿠들은 정보를 그들이 가장 선호하는 놀림거리로 삼고, 역설적이게도 거기에서 자신들의 존재 이유를 찾는다. 정보는 모두에 의해 공유되어야 한다고 믿는 집단과 반대로, 오타쿠는 '쇼 비즈니스에 첫발을 내디딘 아이돌에 관한 한 세계 최고의 전문가'로서 확실하게 자처할 수 있도록, 아무도 관심 갖지 않는 정보들에 열중한다. 동료들에 의해 그렇게 인정받으면 그는 마치 TV 해설가들이 '교수'나 '대가'로 불리는 것 모양으로 오타쿠 공동체 안에서 위신을 얻는다. 만에 하나, 장차 스타가 될지도 모른다고 그가 각별히 눈독을 들이던 풋내기가 정말로 유명해지는 날에는 미디어들보다도 먼저 그녀를 알아봤다고 자부할 수 있을 것이다. 이런 식으로, 오타쿠들의 취미·습관·기벽 하나하나에마다 전문가들이 있고, 정기적으로 오타쿠들을 소집하는 모임들은 상황을 점검하는 한편 누가「울트라맨」「세일러 문」또는「드래곤 볼」을 패러디한 팬진들의 세계 최고 권위자인지 결정한다.

제일 허약한 오타쿠들에게 미디어는 현혹의 거울이 되어 그들의 초라함을 비춰줄 수도 있다. 만화 영화 여주인공들처럼 상냥한 소녀를 찾을 길 없어 낙심한 나머지 인형을 수집하기로 한 가와모리타 유, TV 화면에서 윙크를 보내는 아이돌들의 아주 작은 일부라도 아유화하고자 주말마다 카메라를 둘러메고 기차에 오르는 카메라 고조 요시유키가 바로 이 경우에 해당한다. 미디어가 가족·친구·사회를 대신하면서 준거 대상으로서의 '타인' 또는 '이상적 모델'이 될 때, 싸움은 너무 불공평하고, 일상은 무미건조해진다. 경쟁심 고취 및 자아 실현 욕구 자극을 주된 임무로 삼는 사회나 가족과 달리, 미디어와 거기에 종사하는 사람들(게이노카이 geinokai. 직역하면 '연예계'로서, 미디어 속에서 '사는' 게 직업이고, 그 사생활이 대중의 먹이로 던져진 사람들을 지칭하는 막연한 용어)은 꿈꾸게 하고 일상을 벗어나게 하며 대리적 삶을 살게 해주는 도달할 수 없는 세계를 구성한다. 하지만 거기에 빠지는 사람은 자신의 초라함에 가차없이 맞닥뜨린다. 출판업자이자 하위 문화 전문가인 아카다 유지 Akada Yuji에 의하면 "일본에서는 TV 화면이 마약을 대신한다. 당국의 단호함은 일본에서 마약 문화가 발전하는 것을 막았다. 그래서 사람들은 꿈꾸기 위해 TV로 향한다. LSD와 비디오 사이에는 그다지 큰 차이가 없다. 중요한 것은 해방되는 것, 일상의 진부함을 잊는 것이고, 그렇기 때문에 오타쿠들은 거기에 특별히 민감하다. 서구 사회에서라면 그들은 스스로가 불만스러운 다른 젊은이들이 하듯 마약을 복용할 것이나, 일본에 있는 만큼 이미지의 대양에, 미디어의 신기루에 몸을 던진다."

그들은 거기에 몸을 던지지만, 그러나 보복을 하기도 한다. 미디어의 원래 메시지들을 뒤바꿔놓음으로써, 그리고 미디어를 통해 유혹하는 소비 사회의 목표들을 좌절시킴으로써, 그들은 자신들이 속아넘어가지 않았음을 무의식적으로 보여준다. 그 대표적인 예로 들 수 있는 것이, 쇼 비즈니스 종사자들이 아이돌의 최신 디스크를 팔려고 할 때 아이돌의 팬티 위에 대형 렌즈를 들이대는 카메라 고조들과, 장난감 판매를 겨냥하여 고안된 만화 영화를 패러디하여 주인공들을 웃음거리로 만들고, 그렇게 함으로써 날마다 자기들의 초라함을 확인하게 만드는 미디어 귀족들에게 보복을 가하는 팬진 만화가들의 경우이다.

하얀 밤들의 검은 화면

1991년 말, 슈퍼 아이돌 미야자와 리에 Miyazawa Rie는 『산타 페 *Santa Fe*』라는 누드 사진 앨범으로 장안의 화젯거리가 되었다. 한 권에 50달러 하는 이 앨범은 150만 부나 팔렸고, 그것만으로도 사건의 규모를 짐작하기에 충분하리라.

타임 머신을 타고, 또 다른 미야자와가 총리가 되는 동안 미야자와 리에가 대중 앞에 누드로 나타난 역사적인 주간으로 돌아가보자. 우연은 일본 총리에게 우호적이지 않았다. 그가 지명을 받은 바로 그 주, 언제나 그렇듯 카메라의 탐욕스런 눈이 "민주적으로 선출된"(원문 그대로) 인사의 환한 얼굴에 초점을 맞추고 있어야 할 시점에, 돌아온 거물 정치인 미야자와 기이치 Miyazawa Kiichi는 벌써부터 가장 비열한 정쟁에 휘말려 있었다.

불쌍한 미야자와! 감히 그와 같은 성(姓)을 지녔을 뿐만 아니라 미디어들로 하여금 자신에 대해 말하도록 하기 위해 훨씬 더 눈에 띄는 술책을 사용한 18살짜리 소녀에 의해 압도당하고, 능가당하고, 잊혀지다니. 자민당이 헤아릴 길 없는 은덕으로 1991년 11월 일본에 하사한 존경할 만한 미소 띤 얼굴이, 일본 열도를 흥분시키고 서점들 앞에 교통 혼잡을 일으키기 위해 광택지 위에 누드로 나타나는 것보다 더 좋은 방법을 찾지 못한 인기 절정의 아이돌 미야자와 리에에 의해 추월당한 것이다. 이 정도면 정치가라는 직업에 대해 구미를 잃을 정도가 아닌가……

미야자와 리에

미야자와 리에는 어떻게 하면 시선을 끌 수 있는지 이미 잘 파악한, 그리고 미소를 비롯한 자신의 모든 것을 새로운 센세이션을 탐욕스레 추구하는 미디어에 가장 비싼 값에 팔 수 있을 만큼 자신이 충분히 예쁘다는 것을 알고 있는 소녀의 장난스럽고 자신에 찬 웃음을 갖고 있었다. 이 포동포동한 몸매의 소녀는 벌써 1년 전에 아직 미성년자로서 거의 전라에 가까운 상태로 카메라 앞에서 포즈를 취해 세간의 화제를 불러일으킨 바 있었다.

1973년에 네덜란드인 아버지와 일본인 어머니 사이에서 태어난 미야자와 리에는 그러나 일을 어중간하게 하지 않았다. 딸의 활동을 감시하며 '기쁠 때'[1]와 엔을 위해 움직이는 진짜 포주 같은 스테이지 마마의 인도 아래, 풍만한 미야자와 리에는 일본에서 가장 유명한 누드 사진 작가 시노야마 기신 Shinoyama Kishin의 카메라 렌즈 앞에서 옷을 벗었다.

인기 절정에, 그 친어머니가 아주 섬세하게 말했듯이 몸매가 둔해지기 전에, 예쁜 리에는 그 수준의 아이돌에게는 금기 중의 금기로 통하는 것을 위반했다. 다시 말해, 스폰서들을 잃는 것은 물론 TV에 더 이상 못 나올 위험을 무릅쓰고 팬들 앞에 누드로 나타났다.

대신에 이 예쁜 아가씨는 요미우리나 아사히 같은 일간지들 (이 두 신문은 도합 1,800만 부를 찍어낸다)의 한 면 전체에 자신의 매력을 드러내보이면서 자신의 누드 앨범을 홍보한 첫번째 여성으로 자부할 수 있을 것이다. 하지만 일본 독자들이 기억하기에 그런 일은 결코 없었다.

수많은 가족들이 보는 앞에 거리낌없이 알몸을 내보인 노출의 결과는 문제의 앨범을 주문하기 위해 해당 출판사에 전화가 빗발친 반면, 보여주지 말았어야 할 젖가슴을 감히 보여준 아사히신문에는 겨우 50여 통의 위선적인 항의 전화가 걸려왔다는 것이다. NTT(일본통신공사) 집계에 따르면, 아사히출판사 (방금 인용한 일간지와 아무런 관계도 없다)는 그 비난의 대상이

---

1 결혼식에서 신랑 신부 선서 때 주례가 하는 말 "기쁠 때나 슬플 때나……"를 빗댄 표현으로, 이 어머니는 부녀 관계에서 오로지 "기쁠 때"만 생각한다는 것을 암시한다(옮긴이 주).

된 전면 광고가 나간(1991년 10월 14일) 다음날부터 앨범에 대해 문의하는 30만 통의 전화를 받았다.

그리고 일본 특유의 미디어 폭주가 이어졌다. 불과 며칠 만에 이 앨범의 발매를 예고하는 기사들이 600개 넘게 신문에 발표되었다. 아마 세상의 종말을 예언하는 메시아가 나타났다고 해도 이보다 더 큰 반응을 얻지는 못했으리라.

앨범 출시에 앞선 출판사의 전략적인 함구에 맞서, 잡지들은 별의별 예측들을 다 내놓았다. 체모를 볼 수 있을 것인가? 미야자와 리에는 비너스의 모습을 하면서 얼마를 받았을까(사람들은 3백만 달러를 말한다)? 그것은 예술인가 외설인가? 그리고 가장 중요한 문제를 빼놓을 수 없다. 몇 권이나 팔릴 것인가?

미디어들이 광고 회사 역할을 대신하고 있는 동안, 주문은 순조롭게 진행되었다. 폭주하는 주문에 응하기 위해 17개의 전화선을 추가로 설치했음에도 모자랄 지경이었다. 아사히출판사는 이 무렵만큼 이름에 걸맞은 적이 없다. 그것은 밀려오는 전화와 팩스로 완전히 '아사이'[2]되었다. 며칠 만에, 30만 부의 앨범이 예매되었다. 정말이지 그것은 광란이었다.

프랑스에서의 최저 임금 인상 발표 때와 같은 초조함 속에서 기다린 앨범이 마침내 발매된 것은 11월 13일이었다. 서점들에는 일대 소동과 혼잡이 일어났다. 마야자와의 아버지뻘 되는 샐러리맨들은 앨범을 움켜쥐고 눈물을 흘렸다. 흥분은 극에 달했다.

국영 방송으로서 가장 점잖은 NHK조차도 취재팀을 현장에 보내어 서점들의 위급한 상황을—마치 걸프전 때처럼—실황으로 보도했다. 한국 신문들은 기회를 놓칠세라 이 사건을

---

2 불어에서 '공격하다' 또는 '덮치다'라는 뜻을 지닌 동사 'assaillir'의 수동형 'assailli'가 '아사히'와 발음이 유사한 데서 온 말장난(옮긴이 주).

보도하면서 '알몸에 미친 일본인들'을 흉봤다.

3주 만에 앨범 판매량은 80만 부에 이르렀다. 이처럼 엄청난 성공의 와중에, 동명이지만 거의 익명이 되어버린 미야자와 총리가 사임한다 해도 관심을 가질 사람은 아무도 없을 것이었다.

평화롭고 행복한 나라 일본. 사건 아닌 사건에 그토록 광란하다니. 벗는 것. 도대체 이런 사건도 있나! 일본 미디어들은 쓸 거리가 그토록 없더란 말인가.

훈계를 마다하지 않는 한 저명한 기자는, 앨범 발매 직후 공항에서 미야자와 리에의 도착을 기다리던 기자들의 수(250명)를 같은 시간 마드리드에서 중동 평화 회담을 취재하던 기자들의 수(약 10명)에 비교했다.

그러나 모든 별은 언젠가 빛을 잃게 마련이다. 위대한 스모 챔피언 다카노하나Takanohana와의 떠들썩한 약혼 발표, 그리고 미디어를 한층 더 시끄럽게 했던 파혼 이후, 150만 팬들로 하여금 전국 모든 서점 주인들의 따가운 눈총을 무릅쓰게 했던 통통한 리에는 과거의 무절제에 걸맞은 의기소침을 겪어야 했다. 거식증은 그녀를 알아볼 수 없게 만들었다. 그녀를 그토록 숭배했던 것에 대해 보복이라도 하듯, 관객은 빼빼 마른 리에로부터 등을 돌렸고, 리에는 1999년 아이돌 잡지에서 367위에 랭크되었다. 높이 오른 만큼 추락은 힘든 법……

자기도 모르는 사이에 미야자와 리에는 하나의 붐을 일으켰고, 그 반향은 수년이 지난 지금에도 여전히 남아 있다. 팬들을 위해 자신을 드러내는 여배우나 아이돌의 사진 앨범이 바로 그것이다. 미국에서 마돈나가 그랬듯이, 미야자와 리에가 길을 보여준 이상, 팬들의 마음속에 자기들의 위치를 유지하고자 하는 아이돌들은 그보다 덜할 수는 없는 노릇이었다. 더구나 수

입이 톡톡했기 때문에, 어린 리에만큼 사진 앨범을 판다는 전
망은 많은 아이돌들로 하여금 부끄러움은 시대에 뒤떨어진 감
정이라고 생각하게 했다. 컴백한 여배우들 역시 이 붐에 편승
하여 20년 늦게나마 늙은 팬들에게 자신들의 매력을 드러내었
고, 팬들은 먼 청소년기에 꿈꾸었던 여인들의 비밀을 마침내
발견할 수 있었다.

그리고 이것이 바로 1992년에서 1994년에 이르는 기간 동안
출판계가 굴러갈 수 있게 해준 '헤어 누드 붐 Hair Nude
Boom'의 시작이었다(1994년 이후에는 여배우들의 사진 앨범에
'헤어'가 나오는 것이 너무나도 당연해지면서 '헤어'라는 말은 사
라진다). '헤어'는 물론 오랫동안 검열에 의해 삭제되어왔던 음
모를 가리킨다. 출판업자들은 정숙한 듯 아슬아슬한 털과 더불
어 즐거운 시간을 가지면서, '털이 보이는' 선정적인 사진 앨범
들을 인쇄했고, 그 앨범들은 날개 돋친 듯 팔려나갔다. 출판과
학연구센터에 따르면, 1994년에 한 해 동안 시중에 발매된 여
성 누드 사진 앨범은 모두 200종에 이르며, 앨범당 평균 10만
부씩 인쇄되었다. '헤어 누드 붐'은 이제 연간 매출액이 2억 달
러로 추산되는 시장이 되었는바, 시장이 명백한 포화 상태에
있음에도 불구하고 누드 앨범은 여전히 1997년 출판물 가운데
가장 많이 팔린 10개 장르에 들어간다.

새로운 표현을 만드는 데 전혀 막힘이 없는 미디어들은 주의
를 끌고자 하는 의도에서 벗는 아이돌들을 지칭하기 위해 '누
들nudole'(영어에서 국수를 가리키는 'noodle'처럼 발음된다)이
란 신조어를 만들었다. 불과 몇 달 만에, '털이 보이는 누드'(필
자의 개인적인 직역)는 인기 주간지들의 광고에서까지 탐낼 만
한 자리를 차지했고, 지하철에 붙은 이 광고들은 굵은 글씨로
"이번 주: 헤어 누드 특집" 혹은 "헤어 누드: XXX 독점 사진

들"(XXX를, 독자의 아드레날린이 상승하는 것과 같은 속도로 자신의 인기가 상승하길 꿈꾸는 애송이 스타의 이름으로 바꾸라)을 알린다. '헤어 누드' 사진 앨범을 발표하는 것은 이제 일본에서 예술적 포부를 가진 아가씨들이나 인기가 사양길로 접어들기 시작한 여배우들에게 있어 성공에 이르는 지름길이 되었다. 적어도 연예 에이전시들과 출판사들은 그들로 하여금 그렇게 믿게 하려고 애쓴다.

"미야자와 리에도 했는데 나라고 못 할까?" 하고 소녀들은 생각한다. 누드는 이제 밝은 곳으로 나왔다. 『스파!』지(1994년 5월 4일자)가 100명의 여고생들을 상대로 실시한 여론 조사에 따르면, 41퍼센트가 누드 앨범 발표를 원하고, 22퍼센트는 이런 사진 앨범들이 '예술적'이라고 생각한다. 또 36퍼센트는 사진 앨범을 발표함으로써 두둑한 돈을 만질 수 있다고 믿고, 8퍼센트는 그것이 유명해지기 위한 좋은 수단이라고 생각하는 반면, 29퍼센트만이 그것은 한물간 여배우들의 인기를 되찾기 위한 수단이라는 것을 깨닫고 있다. 같은 여고생들에게 어느 정도의 조건이면 누드 사진을 위해 포즈를 취할 것인지 물었을 때, 34퍼센트가 단호히 거부한 데 반해, 10퍼센트는 1만 달러 이상에, 35퍼센트는 5천 달러에, 10퍼센트는 사진이 예술적으로 찍히기만 한다면 무료로 옷을 벗겠다고 했고, 7퍼센트는 유명 사진 작가가 제안한다면 무보수로, 그리고 4퍼센트는 아무 조건도 달지 않고 포즈를 취하겠다고 대답했다. 18살에 벌써 용단을 내린 4명의 여고생에게 있어 누드 사진을 찍는 것은 '여배우가 되기 위해 거쳐야 하는 단계'이거나 '젊을 때밖에 할 수 없는 일'이다. 다른 한 명은 이렇게 말한다. "평범한 일상을 견딜 수가 없어요. 저는 평범한 사무실 여직원으로 끝나고 싶지 않아요. 학교를 졸업하고 회사에 취직하고 그 회사 사원들 가운데 하나와 결혼하는 것, 그것은 재미없는 삶이에요, 안 그래요? 옷을 벗고 포즈를 취하는 것은 얼마간의 용기를 필요로 하지만, 그것은 아무나 할 수 있는 일이 아니고, 게다가 미디어의 주의를 끌 수 있는 절호의 기회잖아요." 절묘한 수작 끝에, 미디어들은 마침내 누드로 포즈를 취하는 것이 정체성을 확립하고 가치를 확보하는 수단이라는 생각을 어린 소녀들에게 주입하는 데 성공했다. 붐이 시작된 이래로, 수많은 촬영 스튜디오들은 일반 사진 앨범 이외에 한창때를 간직하게 해주는 '개인 누드 앨범' 패키지를 만들어 젊은 여성 고객들에게 제안한다.

국가적인 차원에서 거대한 세뇌 작업이 일어났다 하겠다. 도대체 알몸말고는 다른 구원이 없단 말인가? 그러나 이 현상은 일본의 여론을 한순간에 뒤바꿀 수 있는 막강한 미디어의 영향력을 예시하는 것에 지나지 않는다. 이 힘은 1989년, 훨씬 덜 경박한 상황에서 효력을 나타냈다.

M *

오타쿠 세계는 M, 다시 말해 미야자키 쓰토무 Miyazaki Tsutomu가 없었더라면 오늘과 결코 같지 않을 것이다. 모든 사람이 아는 것으로 간주되는 M. 언급하지 않아도 되었으면 더 좋았을 M.

1988년 여름부터 4살에서 7살에 이르는 4명의 여자 어린이들이 실종되었다. 한 명이 사라질 때마다 미디어들은 들끓었다. 의례적으로 카메라맨과 기자들은 유괴 장소로 추정되는 곳으로 몰려들었고, 단서들 하나하나가 곧이곧대로 받아들여졌고, 그 동네 강아지까지 유명세를 탔다고 앤디 워홀 Andy Warhol은 말했다. 모든 마이크가 던지는 질문은 단 한 가지뿐이었다. "누가 이런 유괴들을 저질렀을까? 도대체 일본에 그런 짓을 할 수 있는 사람이 있단 말인가?"

첫번째 희생자인 어린 A가 사라진 지 6개월 뒤, 가족들이 아이의 치아와 뼈가 몇 개 담긴 소포를 받으면서 미스터리는 한층 더 깊어진다. 얼마 후 범죄를 시인하는 편지가 '이마다 유코 Imada Yuko'란 여자 이름 아래 가족과 기자들에게 배달된다.

---

* 「M」은 원래 프리츠 랑 Fritz Lang이 1931년에 발표한 독일 표현주의 영화로서, 베를린의 한 소녀 살해범이 조직 폭력 집단에 붙잡혀 재판을 받는다는 이야기를 담고 있다. 영화에서 살해범을 발견한 사람은 그를 표시하기 위해 자기 손바닥에 횟가루로, 독어에서 '살해범'을 뜻하는 'Mörder'의 이니셜 'M'을 쓴 뒤 살해범의 오른쪽 어깨 뒤쪽에 찍는다. 저자는 소녀 살해범 미야자키의 이니셜 M을 영화의 M에 결부시키고 있다(옮긴이 주).

그렇다면 아이를 갖지 못하는 여자의 범행일까?

마침내 1989년 7월 23일, 27살의 한 청년이 다섯번째 소녀를 유괴하려고 시도하다가 경찰에 의해 체포된다. 오래지 않아 그는 다른 네 범행을 시인한다. 신속한 자백을 얻어내기 위한 일본의 험악한 심문 방식이 효과를 거둔 것이다. 며칠 동안 비밀에 부쳐지다가 미야자키 쓰토무는 8월 10일 언론에 공개되고, 'M 사건'은 시작된다.

직업적 상식에 따라 기자들은 혐의자의 집으로 몰려간다. 몇몇 화면을 주워모아 방영함으로써 TV 앞에 앉아 있는 가정 주부들에게 마치 범행 현장에 와 있는 듯한 느낌을 주기 위해서이다. 도무지 믿어지지 않는 일인 데다가, 아들의 결백을 확신하고 있던 쓰토무의 아버지는 별다른 경계 없이 아들의 방문을 열어주고, 사진 기자와 카메라맨들은 이게 웬 횡재인가 즐거워한다. 그리고, 일본 전체가 오타쿠가 무엇인지 알게 된다.

쓰토무의 방에는 무려 6,000개에 이르는 비디오카세트가 차곡차곡 쌓여 있었고, 방바닥에 어지럽게 흩어진 만화 잡지들이 방 주인의 성적 취향을 명명백백하게 보여주었다. 신문에 나온 방의 사진들을 주의 깊게 관찰한 많은 오타쿠들은, 쓰토무가 「울트라맨」같이 특별 효과가 많이 사용되며, 6세에서 12세에 이르는 어린 소년들이 좋아하는 장르의 비디오를 많이 수집해 놓았다고 했다. 다른 오타쿠들은 젊은 살인자 오타쿠의 방에 자기들이 좋아하는 책들이 있는 것을 보면서 얼마간 즐거워하기도 했다.

오타쿠라는 용어 그 자체는 당시만 해도 오타쿠 서클 안에서만 통용되었는데, 미야자키 쓰토무가 체포되면서, 피비린내 나는 변태적 괴물을 감춘 이 잃어버린 세대에 대한 기사와 분석들이 쏟아져나오기 시작했다. 수사가 진척되면서, M이 어린이들의 시체에 대해 심한 성추행을 했으며, 그들을 토막내고, 심지어 먹기까지 하고, 자신의 야만적인 행위를 비디오로 찍어놓았다는 사실이 밝혀졌다. 정말이지, 끔찍한 일에 단련된 사람이라도 구역질을 느끼지 않을 수 없다.

쓰토무의 심리적 초상은 오타쿠의 통속적 이미지에 잘 부합되었다. 날 때부터 쓰토무는 손바닥을 뒤집지 못했다. 이러한 장애 때문에 스스로에 대해 신뢰를 가질 수 없었고, 유치원에서부터 시작하여 학교 생활 내내 놀림받고 왕따당했던 그는 타인들에 대해 본능적인 불신을 품게 되었고, 자기 방에서 특수 효과를 사용한 연속극 녹화 테이프를 보거나, 아니면 그를 각별히 보살펴주는 할아버지와 함께 있을 때만 심리적 안정감을 느꼈다. 쓰토무가 행위적 표출로 넘어간 것은 할아버지가 죽은 지 석 달 후이다. 그는 길에서 우연히 마주치는 어린 소녀들에게 접근하기 시작했고, 할아버지를 되살리려는 희망에서 그들의 육체를 가지고 죽음의 의식을 집행했다.

미디어들은 즉시 다음과 같은 궤변적 혼동에 빠졌다. "미야자키는 오타쿠다. 미야자키는 살인자다. 고로 오타쿠들은 (잠재적인) 살인자들이다. 증명 끝!"

아무에게도 해를 끼치지 않았음에도 미디어의 전면에 떠밀려 나온 사람들, 오타쿠의 몽타주와 그럭저럭 일치하는 모든 사람들은 요주의 대상이 되었다. 미야자키가 좋은 오타쿠로서 코미케에 드나들었다는 사실이 알려지자, 1년에 두 번 열리는 이 괜찮은 팬진 박람회는 굳이 얻지 않아도 될 명성을 얻었다. 미야자키와 너무 강하게 결부된 오타쿠란 말은 90년대 초에 혼동을 겁내는 당사자들에 의해 기피되었다. 나카모리 아키오가 1983년에 만든 이 말은 공공연한 차별을 내포하기 시작했던 것이다.

오타쿠의 익살스런 캐리커처를 자처한 다쿠 하치로Taku

Hachiro는 미디어들이 기대하던 속죄양 역할을 홀로 떠짊어지면서 카메라 앞에서 포즈를 취하고 살인자 세대에 대한 질문에 친절하게 대답했다. 현상 위에 놓을 얼굴을 발견한 미디어들은 넋을 잃고 기뻐했다.

한편, 오타쿠 첫 세대들은 폭풍우가 지나가기를 기다리며 몸을 숨겼다. 이런 와중에도 그들은 『M 세대』(오타Ota출판사, 1989년 12월) 같은 책을 통해 미디어들의 혼동을 문제삼는 위험을 무릅쓰기도 했다. 이 책의 서문에서 편집자는 'M 세대'라는 것이 실제로 존재했음을 강조한다. M은 '미디어' '마니아' '메이저' '마이너' '미들'의 M이며, 젊은 미야자키를 말하는 'M군'의 M이기도 하다.

오타쿠 첫 세대에 속하는 사회비평가 오쓰카 에이지Otsuka Eiji는 당시 다음과 같은 점을 강조했다. "현재 진행되고 있는 미디어의 심판은 단지 오타쿠뿐만 아니라 우리 세대 전체에 관련된다. 그가 저지른 범행이 어떤 것이든, 우리는 미야자키를 변호해야 한다. 왜냐하면 그를 통해 한 문화 전체가 공격받고 있기 때문이다. 그런데 〔TV를 통해: 저자 주〕 전달되는 메시지의 수용에 기초하는 이 문화는 이제 우리의 일부를 이룬다. 현재 심판받고 있는 것은 미야자키의 방에서 발견된 비디오테이프들인데, 그 테이프들은 우리들 방에 얼마든지 있을 수 있다. 우리는 같은 감수성을 지니고 있기 때문이다. 성장 과정의 어느 한순간에, 성년으로 넘어가고 또 심리적인 균형을 찾기 위해 이런 방에 피신해야 할 필요를 느끼는 아이들은 언제나 있을 것이다. 미야자키의 방이 우리 세대의 부정적 상징이 되지 않도록 투쟁해야 하는 것은 바로 이 아이들을 위해서이다."

미야자키가 체포된 것은 벌써 10년 전의 일이다. 체포에 따른 미디어의 히스테리 이후, 소송의 우여곡절은 미디어에 가장 끈질기게 집착하는 사람들조차 진력나게 만들었다. 그것은 한 세대에 대한 소송이었다. 그러나 오타쿠 문화에 대한 논쟁은 피고인의 정신 감정을 둘러싼 온갖 궤변들에 밀리고 말았다. 사건 당시 M의 정신 상태를 규정하기 위해 적어도 세 차례의 서로 다른 감정이 이루어졌고, '이중 인격'의 가설은 개인의 형사 책임이 온전히 유지되는 '정신 분열증적 경향의 정신 장애' 가설에 의해 밀려났다. '저주받은 M'은 1997년 4월 14일 사형 선고를 받았다. 그러나 합법적 청원의 여지는 여전히 남아 있는 상태이다.

그러나 오타쿠라는 말은 결국 다시 수면 위로 나온다. 그것도 그 어느 때보다 강하게. 미야자키 사건에 의해 촉발된 혹독한 '오타쿠 타도'도 이 사회 현상을 근절시키기에는 충분치 않았다. 채 식지 않은 잿더미로부터 다시 태어나는 불사조와도 같이 오타쿠는 다시 태어난다. 오타쿠는 심지어 일본 교육의 지성소인 도쿄 대학교에 당당히 입성하기까지 한다.

오타쿠 왕

내가 처음으로 그 소문을 들었을 때, 나는 도무지 믿어지지 않아 내 몸을 꼬집어보아야 했다.

일본 엘리트들의 요람, 미래의 국가 지도자들이 양성되는 도가니, 모든 어머니들이 자식의 입학을 꿈꾸는 학교, 일본에서 감히 필적할 만한 상대가 없는 도쿄 대학교에서, 잘 듣기 바란다, '오타쿠학(學)' 강좌를 설치했다! 그것은, 더 위신 있거나 최소한 더 고전적인 강좌들과 더불어 일본 학문의 전당에 당당히 입성했다. 그날이 만약 만우절이었다면 나는 이 모든 것이 거짓말이라고 생각했으리라.

1994년에서 1997년에 이르는 기간 동안, '오타킹 otaking,' 곧 오타쿠 왕을 자칭하는 오카다 도시오 Okada Toshio '교수님'은 일주일에 한 번씩 강단에 올라 대형 강의실에 모인 진지하고 열정적인 학생들에게 세상에서 가장 진지한 자세로 오타쿠에 대한 그의 무궁한 지식을 풀어놓았다. 오타쿠 왕은 매번 강의실이 꽉찬 상태에서 강의할 정도로 큰 인기를 누렸다. 초기 오타쿠 서클들의 반쯤 비밀스런 모임과 더 이상 공식적일 수 없는 이 오타쿠학 강좌 사이에는 얼마나 멀고 험한 길이 놓여 있는가!

나는 '도다이'[1]가 오타쿠 양성소라는 것을 익히 알고 있었다.

---

1 제2부 「학교 이데올로기」 참조(옮긴이 주).

나는 여러 명의 도다이 오타쿠를 만났는데, 그 중의 하나가 저 유명한 도쿄 대학교 의과대학을 나온 축소 모형 제작자 하시모토 히로키Hashimoto Hiroki이다. 수많은 학생들이 히로키처럼 시험에서 오는 일상적인 스트레스를 풀기 위해 유치한 심심풀이를 찾는다. 그러나 그것과 오타쿠가 되기 위해 강의를 듣는 것은……

사실 도다이 학생들은 선배들이 70년대 학생 운동에서 드높은 승리를 거두면서 얻어낸 학생 권력을 이어받았다. 선배들이 요구한 것들 가운데에는 커리큘럼의 자율적 운영이 포함되어 있었다. 그 결과, 도다이 학생들은 다섯 과목을 마음대로 선택할 수 있게 되었고, 이 과목들은 온전한 학점으로 인정된다. 1994년 4월 어느 날, 학생들의 열화와 같은 요청 아래 오카다 토시오가 '오타쿠 문화론'이라는, 세상에서 가장 소박하게 이름붙여진 강의를 들고 도쿄 대학교 대형 강의실에 들어간 것은 바로 이러한 맥락에서이다. 오카다에 따르면, 이 강좌의 목표는 도다이 학생들이 오타쿠 문화의 잠재적 가능성을 의식하도록 하는 데 있었다. 오타쿠 문화는 "일본이 선구자를 자처할 수 있는 유일한 문화 영역"이라고 오카다 '교수님'은 지적한다. "할리우드가 영화 동호인들의 메카인 것처럼, 하루미[2]는 젊은 미국인이건 프랑스인이건, 오타쿠 왕국으로서의 일본을 꿈꾸는 모든 세대의 메카이다."

오카다에게 있어, 진정한 오타쿠란 가능한 모든 각도에서 자기의 열정의 대상을 바라볼 수 있는 사람이다. 만화 영화를 보면서 수동적 독서에 빠지는 것으로는 충분하지 않고, 이미지 배후에서 그 작품의 진정한 의미를 해독하고자 노력해야 한다.

---

2 도쿄 만에 있는 박람회장으로, 1996년까지 코미케가 열렸다(1997년에 코미케는 도쿄 빅 사이트Tokyo Big Site로 옮겨갔다). 오타쿠 문화의 신화적 장소.

"관객의 눈을 가져야 할 뿐만 아니라, 감독, 비평가, 그리고 만화 영화의 경제적 여파를 분석하는 제작자의 입장까지 취해보아야 한다. 물론, 친근감을 주는 루머들도 무시하지 말아야 한다. 이 모든 각도에서 작품을 고려하고 나서야 오타쿠는 확신을 가지고 그의 감탄을 표현할 수 있다. 단 하나의 각도에서 보았을 때는, 그것의 탁월성이 어떠하건간에, 만화 영화는 용인할 수 없는 결점을 드러낼 수 있다. 오타쿠는 작품에 대한 이러한 피상적 접근에 속아서는 안 된다." 오타쿠의 길, 곧 오타쿠도(道)는 검도나 다도와 마찬가지로 오타쿠 견습생들이 생각하는 것보다 훨씬 더 어렵다.

도다이에서 강의한 3년에 대해 오카다는, 대부분의 학생들이 선의를 가지고 있었음에도 불구하고, 그가 가르친 것을 하나도 이해하지 못했다는 점을 특별히 지적한다. "저는 1997년에 이 강의를 중단했어요. 결정적인 이유는 학생들이 제가 강의를 통해 역설한 것과 정반대로 반응했기 때문이지요. 저는 그들에게 한 작품을 모든 시각에서 바라볼 것을 요구했는데, 그들은 마치 제가 예언자라도 되는 양 제 말을 곧이곧대로 (한 시각에서만) 받아들였던 거예요. 아무도 제가 이야기하는 것을 저와 제 조언들에는 적용하지 않았어요. 그리하여 저는, 그들이 전통적인 주입식 교육에 너무나 길들여져 있고, 이런 강의를 들으면서조차 습관에서 탈피할 수 없다는 것을 깨닫게 되었지요. 저는 그들이 이 강의를 듣는 동기에 대해 약간 어리둥절했던 게 사실입니다. 하지만 저는 제가 누구를 상대하는지 알았어야 했어요."

1958년에 오사카에서 태어난 오카다 도시오는 오타쿠 첫 세대에 속한다. 교사를 그만두고 섬유 중소기업을 차린 아버지 밑에서 자란 온순한 성격의 도시오는 순탄한 학교 생활을 하면서 자유 시간이 생기기만 하면 공상과학소설 속으로 빠져들어 간다. 대학생이 되었을 때, 그는 자기와 같은 열정을 가진 사람들이 많다는 것, 그리고 자신은 그들에 비해 뒤떨어져 있다는 것을 발견한다. 그의 집에 산더미같이 쌓인 만 2천 권의 SF소설을 읽었음에도 불구하고 말이다. "저는 오사카 대학의 SF 클럽에 들어가면서, 진지한 축에 들기 위해서는 적어도 2만 권의 장서를 보유해야 하고, 영어로 된 것을 일주일에 한 권은 읽어야 한다는 사실을 깨달았어요." SF 마니아로서의 자부심에 상처를 입은 오카다는 그의 부진을 만회하기 위해 두 배로 노력한다. 그는 또한 독립 영화를 만드는 영화 클럽에도 가입한다. "그렇게 해서 저는 오타쿠가 되어버린 거죠"라고 그는 소탈하게 말한다. 취미와 일이 분리되는 것을 피하기 위해, 오카다는 저금을 털어 공상 과학 상품을 전문으로 취급하는 조그마한 가게를 (벌써!) 연다. 이 가게는 얼마 안 가서 그 지역 오타쿠들의 만남의 장소가 된다. 1985년, 그는 자신의 SF 영화를 제작하기 위해 마침내 상경하고, 서클에서 만난 동지들과 함께 저 전설적인 가이낙스Gainax를 설립하는데, 이 회사는 오타쿠들이 만든 최초의 진정한 기업체이기도 하다.

그는 우선 「오네아미스의 날개」나 「나디아」같이 지금은 신화가 된 만화 영화들의 제작에 뛰어들고, 그 다음에는 '프린세스 메이커' 게임 생산에 나선다.

해가 거듭되면서 그는 오타쿠 현상의 눈부신 발전을 본다. 이제 25세 이하의 모든 일본 젊은이들은 잠재적인 오타쿠들로 생각될 정도이다. 그들은 아주 어릴 때부터 같은 문화를, 이제 바야흐로 지배적 위치에 올라선 오타쿠 문화를 섭취하며 자라났기 때문이다.

오카다에 따르면, 안노 히데아키Anno Hideaki(가이낙스의

가이낙스사 제작, 「에반게리온」

또 다른 창립 멤버)가 감독하고 30억 달러의 수익을 올린 만화 영화 시리즈 「에반게리온 Evangelion」의 깜짝 놀랄 만한 성공은 오타쿠들의 사랑을 받아온 전통적 주제들을 달콤하게 완화시킨 덕택이라기보다는 모든 젊은 세대의 오타쿠 세계에 대한 관심 덕분이다. "예전에는 전형적으로 오타쿠스러운 것으로 치부되던 영역들에서, 저는 순수 강경파 오타쿠들의 손아귀를 벗어나고자 하는 그 어떤 힘 같은 것을 발견합니다. 「에반게리온」과 거의 동시에 나온 「투 하트 Two Heart」 같은 시뮬레이션 게임은 오타쿠 세계를 결코 벗어나지 말았어야 합니다. 왜냐하면, 그것은 「비쇼조 게임 Bishojo Game」[3]이기 때문이죠. 그런데 이런 유형의 게임이 요즘 전에 없는 성공을 거두고 있어요. TV 방송국들 쪽에서는 시청률이 높은 시간대에 오타쿠 세계에서 애호되는 만화 영화 주제 음악에 대한 특집 방송들을 편성합니다. 이는 제가 대학생이던 시절에는 상상조차 할 수 없던 일인데, 이런 종류의 프로그램은 시청률의 장벽을 결코 넘을 수 없었기 때문이죠. 요즘 이런 프로그램들의 생존이 가능해진

---

3 소녀들이 나오는 에로틱한 성격의 비디오 게임.

것은 일본 사회 전체가 오타쿠화되었기 때문이에요. 오늘날 일본에는 2천만 명의 잠재적인 오타쿠들이 있다고 저는 생각하는데, 이 수치는 30세 이하의 모든 세대를 다 합친 것과 다름없어요." 오타쿠 왕이 단언한다.

이제 그는 일본 사회에서 점점 더 커져만 가는 이 주변부에 그의 시간을 할애한다. 오타쿠들을 겨냥하는 입바른 비난들에 대한 자신의 생각을 수많은 책들을 통해 개진하면서, 그는 이 현상으로부터 극적인 요소들을 제거하려 애쓴다. "오타쿠들이 롤리타, 다시 말해 갓 사춘기에 이른 어린 소녀들을 좋아한다고 말하는데, 그것은 일본에서 중세 이후 역사적으로 존재해왔던 경향을 그들에게 뒤집어씌우는 격이에요. 15세기에 일본인들은 겨우 14살 먹은 아내를 취했고, 2차 세계 대전이 일어날 때까지 예술가들은 자신들보다 훨씬 어린 아내들을 항상 거느렸죠. 정치가들로 말하자면, 그들은 겨우 소녀 티를 벗을까말까 한 15살 또는 16살짜리 게이샤들과 관계를 맺었습니다. 사회가 그것을 인정하건 말건, 일본인들 — 나아가 아시아인들 전반 — 은 언제나 여성의 신선미에 끌렸어요. 그러나 이제 그런 경향들은 정치적으로 부도덕한 것이 되었고, 아무도 그것을 용납하지 않아요. 그리하여 이런 '나쁜 버릇'을 규탄하고 미성년자를 탐하는 것이 옳지 않다는 것을 모두에게 상기시키기 위해 오타쿠들을 이용하는 겁니다."

그렇다고 90년대의 여고생들이, 이 세상만큼이나 오래된 상거래를 할 준비가 되어 있는 '아저씨'들의 품에 의식적으로 몸을 던지면서 상품 가치가 그토록 높은 자기들 육체의 신선함을 돈과 바꾸는 것은 막지 못한다.

"오타쿠들은 모두 자폐 성향이 있다고 미디어들이 말하는 것도 마찬가지입니다. 70년대 말에 오타쿠라는 말이 생기기 전에

도, 젊은이들은 '네아카 neaka'와 '네쿠라 nekura'의 두 부류로
구분되었다는 사실을 기억해야 합니다. 네아카가 소속 대학의
스포츠 클럽에 참가하며 활동적인 생활을 하는 학생들을 가리
켰다면, 네쿠라는 축소 모형 제작에 심취하거나 만화책을 읽거
나 만화 영화에 몰두하며, 의사 표현에 어려움을 겪는 학생들
을 가리켰지요. 그러나 제 소견으로 그것들은 언제나 존재해온
성격들입니다. 여하튼, 어른들로서는 이해하기 어려운 분야에
열정을 쏟는 이 내성적인 젊은이들에게 사회는 낙인을 찍었고,
그것이 바로 나카모리 아키오가 1983년에 오타쿠란 말을 만들
기도 전에 시작된 첫번째 '오타쿠 타도'입니다. 그 다음에는 미
야자키 사건에 이은 두번째 타도 바람이 있었고, 마지막으로
1995년, 사이비 종파 옴진리교 Aum 사건이 터졌을 때, 세번째
바람이 일었습니다. 그러나 오늘날 오타쿠 현상은 매우 일반화
되었기 때문에, 행동 양식을 가지고 세대 전체를 낙인찍는 것
은 불가능한 일이 되었죠. 그렇지만 일본 사회의 결점들을 떠
맡길 새로운 희생양을 찾아야 할 것입니다. 왜냐하면 일본인들
은 자성(自省)하거나 자신들을 문제삼기보다는 타인들을 손가
락질하기를 더 좋아하니까요."

　　그러나, 오타쿠들이 또 한 번 논쟁의 한가운데에 놓이는 계
기가 되었던 그 유명한 옴진리교 사건은 어쩌면 일본 사회의
자성을 유발할 수 있을지도 모르겠다.

오 타 쿠 와 옴 진 리 교

제 3 부

오 타 쿠 와 옴 진 리 교

옴의 아이들

1995년 3월 20일, 일본은 끔찍한 뉴스에 아연실색했다. 사린 sarin이라는 치명적인 가스가 방금 도쿄 지하철의 다섯 열차 내부에 살포되었기 때문이다. 피해는 컸다. 12명의 사망자와 5,500명의 부상자. 이 다섯 열차의 공통점은 그들이 모두 정부 부처들이 모여 있는 가스미가세키 Kasumigaseki로 가고 있었다는 것. 메시지는 더없이 명확했다. 미지의 테러리스트 집단이 국가의 상징에 원한을 품고, 죄 없는 국민들을 공격한 것이다.

사건 직후 경찰의 혐의는 불교에서 파생된 한 사이비 종파인 옴진리교 쪽으로 향했다. 이 종파는 이미 사린 가스를 사용한 사건에 연루되어 있었다. 가스의 흔적이 이 종파의 땅에서 발견되었을 뿐더러 1994년에는 나가노 현에 속하는 마쓰모토 Matsumoto 시의 한 주택가에 사린 가스가 뿌려져서 7명이 사망하고 600명 넘게 부상당한 적이 있었다. 이 동네의 주민들 가운데, 옴진리교와, 그것이 마쓰모토에 자리잡는 것을 반대하는 한 지역 단체 사이의 소송을 맡은 판사들이 살고 있었다는 사실은 단순한 우연이었을까?

수사가 확보한 요소들은 즉시 의혹을 굳혀주었다. 도쿄 지하철 사린 가스 테러가 일어난 지 이틀 후에 단행된 옴진리교 소속 건물들에 대한 일제 수색 결과, 병기창을 방불케 하는 창고와 여러 톤의 사린을 제조하기에 충분한 양의 화학 약품이 발견되었던 것이다. 정말이지, 이 종파는 두 얼굴을 가진 듯했다. 이 엄청난 사건에 얼이 빠진 일본 열도는 TV 화면에 눈을 고정시킨 채, 그날그날 수사를 통해 밝혀지는 세부 사항들 및 범행 동기를 챙긴다. 그때까지 지구상에서 가장 평화로운 나라에서 살고 있다는 안락한 확신 속에 잠겨 있던 일본인들은 이제 그 평화의 섬으로부터 그들을 거칠게 끄집어낸 이 악에 대해 불안을 느낀다.

이 테러 사건은 그 어떤 무엇인가의 전조가 아닐까? 그렇다면 무엇의? 종파의 정신적 지도자 아사하라 쇼코 Asahara Shoko의 개인적 광기가 어떤 것이건 간에, 그리고 아무리 세뇌를 받았다 한들, 일단의 젊은이들이 아무런 이유 없이, 다시 말해서 그들의 행동에 값하는 중대한 이유가 없이 지하철에 사린 가스를 살포하지는 않을 것이기 때문이다.

종파 책임자들의 대부분이 대학 엘리트층으로부터 온다는 사실은 해설자들과 일반 대중에게 있어 이 사건에서 가장 충격적인 요소들 가운데 하나였다. 가장 좋은 대학들을 나온 그 많은 젊은이들이 어떻게 어릴 적부터 그들에게 예정된 왕도를 따르는 대신 편집광에다 과대망상증 환자인 아사하라 쇼코의 신

옴진리교 교주, 아사하라 쇼코

통치 않은 소리를 따라 자살에 가까운 테러에 가담할 수 있단 말인가? 대다수의 일본인들이 결코 이해할 수 없었던 것은 바로 이것이었다.

그러나 좀더 가까이에서 살펴보면, 젊은이들, 특히 대학 엘리트들이 옴진리교와 그 교주에게 끌린 것은 하나도 놀랍지 않다. 왜냐하면, 그들이 옴Aum과 새로운 영성 쪽으로 향

하도록 한 동기들 속에서는, 오타키즘으로 기운 사람들에게서
와 똑같은 징후들이 발견되기 때문이다. 한편, 미디어들은 옴
진리교와 오타쿠를 나란히 놓으면서 다시 한 번 '오타쿠 세대'
를 규탄하기 위해 오래 기다리지 않았다. 그들은 마치, 무슨 문
제라도 생기면, 그것은 일체의 도덕적 가치를 잃어버린 이 세
대로부터 온다고 확신하고 싶어하는 듯했다. 정말이지, 일본
사회에 무엇인가 썩은 것이 있다면, 그 단서들은 젊은이들 쪽
에서 찾아야 한다. 훨씬 더 멀리 가야 하지 않는다면 말이다.

아사하라 쇼코 또는 맹목적인 복수

어떻게 불교에서 파생된 그 작은 종파가 유괴 · 독살 · 재산 사취 · 살해, 나아가 테러를 서슴지 않고 저지르는 그룹을 조직할 수 있었을까? 이 질문의 해답을 위한 단서들을 얻기 위해서는 종파의 카리스마적 지도자 아사하라 쇼코를 살펴야 한다.

1955년 3월, 마쓰모토 지즈오 Matsumoto Chizuo[1]는 7명의 자녀를 둔 가정에서 시각 장애를 가지고 태어난다. 이 장애 때문에 그의 부모는 그를 5살 때 맹아 학교에 입학시키고, 그는 20살이 되어서야 거기에서 나온다. "맹아 학교에서는 애꾸들이 왕이다"라는 말은 마쓰모토에게 잘 적용된다. 10분의 1의 시력 덕분에 그는 동료들에 대해 이론의 여지 없는 우월함을 누린다. 그는 학교의 왕이다. "로봇들은 인간보다 열 배, 백 배 더 힘이 세다. 그들은 우리 대신 일할 수 있다. 나는 나중에 우리를 도와줄 로봇을 만들 것이다" 하고 어린 지즈오는 공공연히 꿈꾼다. 일본 언론은 마쓰모토의 유년기에 대한 그의 옛 스승들 가운데 한 사람의 증언을 매번 잊지 않고 상기시킨다. 당시 그는 만화와 로봇에 심취한다. 그는 활동적이고 영리한 학생이지만, 교사들은 벌써 그의 뚜렷한 자기중심주의를 염려한다. 일본 맹아 학교의 교과 과정에 들어가는 마사지, 뜸질 치료를

---

1 아사하라 쇼코의 본명.

배우는 것 이외에 어린 마쓰모토는 정치가로서 출세할 것을 꿈꾸며 정치에 관심을 갖는다. 저돌적이며 자신의 두뇌를 믿는 그는 정치 입문의 왕도인 도쿄 대학교에 들어가기 위해 시험을 치른다. 그는 떨어지고, 이 첫번째 실패는 그의 장래에 결정적인 영향을 미친다. 그는 입학 시험에 낙방한 것을 자신에 대한 사회의 거부로 생각한다. 그는 앞 못 보는 사람들에 대한 보는 사람들의 배척에 자신이 희생되었다고 믿는다. 지금껏 장님들의 왕이었던 그가 사회에서 하인이 되어버린 것이다. 사회가 그를 지식 엘리트의 전당에 받아들이기를 거부하는 이상, 그는 종교로 도피한다. 불교 연구에 몰두한 그는 1969년에 창설된 아곤-슈Agon-Shu라는 종파의 열렬한 추종자가 된다. 후일 그의 아내가 된 도모코Tomoko를 만난 것도 바로 이 무렵이다. 도쿄 대학교 입학 시험에서 쓰라린 실패를 맛본 마쓰모토는 그녀와 함께 뜸질 전문 병원을 연다. 한약재와 자연 식품 판매, 요가 강습 등, 그들은 조금씩 활동 영역을 넓혀간다. 80년대 초, 그들은 강습료가 8천 달러에서 만 8천 달러(48개월 할부 가능)에 이르는 3개월짜리 요가 연수를 조직한다.

그러던 1982년 마쓰모토는 감귤 껍질로 만든 기적의 영약을 판매하려 하다가 약사법 위반으로 체포되고 기소당한다. 이것으로 그의 가족 소기업은 끝이 나고, 그는 원점에서 다시 시작해야 했다. 1984년 '옴성산(聖山)회'²를 결성한 마쓰모토는 추종자들에게 원시 불교 및 명상을 통한 물질로부터의 초탈을 가르친다. 그는 신비주의적 방법에 의거하여, 누구나 명상을 통해 초자연적인 힘을 얻을 수 있다고 설파하기 시작한다.

1987년 2월 그가 달라이 라마를 만난 후, 추종자들이 몰려들

---

2 '옴'이라는 말은 힌두교에서 유래하며, 기독교의 아멘에 해당된다.

기 시작한다. 1986년 10월에 35명에 불과하던 추종자들이 1987년 봄에는 600명으로 늘어난다. 보잘것없던 약장사는 조금씩 교주의 역할에 익숙해지고, 야심은 점점 커져만 간다. 1987년 7월, 옴성산회는 이름을 '옴진리교'로 바꾸고, 추종자의 수는 또 한 번 배가된다. 아사하라는 자신감을 갖기 시작하며, 종파의 교주인 자신에게서 군사적 전략가로서의 의지를 발견한다. 같은 해 11월, 그는 추종자들에게 이렇게 말한다. "현재 일본 자위대의 공격력은 중국을 제외하면 아시아 최강이다. 따라서 일본 자위대는 엄청난 군사 장비를 소유하고 있다. 이런 식으로 나가면 핵 전쟁은 피할 수 없게 된다. 그것을 피하기 위해 우리는 강해져야 한다. 우리의 적들은 강력하다. 따라서 적의 힘을 누르기 위해서는 강한 군사력을 가져야 한다. 충분히 강해졌을 때, 우리는 전쟁에 대한 우리의 반대 입장을 표명할 수 있을 것이다. 그렇지 않으면 우리는 즉각 소멸될 위험이 있다."

아사하라가 여러 대학에서 강연을 하고, 그의 강신술 사진이 신비주의 잡지들에 실리는 한편, 초기 신도들의 포교 활동이 활발했던 덕분에, 옴진리교는 3천 명, 곧 이어 만 명의 신도를 헤아리게 된다. 최고의 구세주를 자처하는 아사하라는 먼저 에도 시대 세번째 쇼군인 도쿠가와 이에미쓰Tokugawa Iemitsu의 환생임을 천명했다가, 지금은 예수(그의 현재 모습)의 환생임을 주장하며, 세상의 종말(아마겟돈) 이후에는 요미우리 자이언츠 야구팀의 챔피언으로 환생할 것이라고 호언한다. 사이비 종교 집단의 교주 노릇이 쉬운 일은 아니지만, 그래도 지루하지는 않아 보인다.

1989년 8월, 도쿄 경찰청은 옴진리교에게 오매불망 염원하던 종교 단체로서의 지위를 인정한다. 이 특권적 지위는 일본의 종교 단체들에게 수입세를 면제해준다. 그러나 옴진리교의 세력이 확장될수록 지역들의 반응은 더욱 거세진다. 아사하라의 이주 계획은 지역에 이 사이비 종파가 들어서는 데 반대하는 주민 단체들의 반대에 정기적으로 부딪힌다. 옴진리교 의식들의 이상한 성격에 대해 가장 터무니없는 소문들이 돌기 시작한다. 이탈자들은 아사하라가 계율을 주입시키기 위해 세뇌도 서슴지 않는다고 증언한다. 아사하라는 그런 말들이 모두 "허위 진술, 종교에 대한 몰이해, 종파에 대한 편견"에 지나지 않는다고 못박는다. 지역 당국들의 거부는, 자신을 받아들이지 않는 사회에 대한 아사하라의 원한을 조금씩 부채질하는 결과를 낳는다. "나는 오래전부터 사회를 구하는 것이 내 운명이라고 믿어왔다. 그러나 얼마 전부터 나는 지옥으로 변해버린 인간 사회를 구하는 것은 아마 불가능하다고 생각하게 되었다"고, 그는 1988년 10월 그의 추종자들에게 선언한다. 그리고 또, "옴진리교가 엄청난 세뇌 기술을 마련했다면, 그것은 아주 좋은 일이다. 새 신도들은 모두 세뇌 및 사유 통제를 받아야 한다. 히틀러가 정치적 독재자였고, 마오쩌둥이 사유의 독재자였다면, 나는 여러분 모두를 최후의 해탈로 이끄는 믿음의 독재자가 되겠다"고 분명히 말한다. 아사하라의 야심은 그가 본보기로 든 사람들과의 비교를 통해서만 측량될 수 있을 정도이다.

1989년 11월, 야마모토Yamamoto 변호사와 그 가족이 돌연히 실종되면서, 경찰은 옴진리교의 활동에 대해 각별한 관심을 갖기 시작했다. 야마모토는, 청소년들에 대한 옴진리교의 영향을 걱정하는 학부모 단체의 소송을 준비하고 있는 중이었다. 증거 부족으로, 야마모토 가족의 실종은 6년 동안 해명되지 않은 상태로 머물러 있을 것이었지만, 모두가 옴진리교에게 강한 혐의를 두고 있었다.[3] 변호사가 준비하고 있던 소송은 여전히 정치 활동을 꿈꾸던 아사하라에게 심각한 타격을 줄 수 있었다. 1990년 국회의원 선거에 출마할 목적으로 1989년에 진리당을 창당한 그는 유권자들을 매혹하기에 앞서 좋지 못한 모든 광고를 피하려 애쓰고 있었다. 모두 180만 달러의 비용이 든 선거 운동 기간 동안, 일본인들은 아사하라에 대한 숭배를 발견하고 깜짝 놀랐다. 그는, 카니발에서나 볼 수 있는 머리에 푹 뒤집어쓰는 어마어마하게 큰 가면들을 자기의 얼굴 모양으로 만들어 신도들에게 씌워 거리로 내보내는 한편, 그들에게 "쇼코, 쇼코, 아사하라 쇼코, 그대는 빛을 해방한다. 보아라, 우리의 시대가 열린다. 우리 젊은 엘리트들이 전면에 나설 때다"라는 구호를 외치게 했다. 하지만 그 자신의 노력과 선거 운동원들로 탈바꿈한 신도들의 열성에도 불구하고, 진리당의 이름으로 출마한 25명의 후보자들은 전원 참패했다. 아사하라 역시 1,783표라는 한심한 결과를 얻었다. 그것은 가혹한 패배였다. 신도들에 대한 아사하라의 압도적인 카리스마에도 불구하고, 일반 대중은 '구세주'를 따를 마음이 추호도 없었던 것이다.

그의 자아 도취적 감정이 입은 이 새로운 상처는, 선거 패배 이후 종파를 위협하던 재정 위기와 맞물려 사건들의 진행을 앞당긴다. 신도들에 대한 그의 영향력은 극단으로 치닫는다. 그는 '입교식' 동안에 자신의 목욕물을 신도들이 마시게 하고, 자기가 마치 살아 있는 신이기라도 하듯 자기 앞에 무릎을 꿇고 경배하게 한다. 그는 'α파 수신 헤드폰'을 통해 사람들과 정신적 교류를 한다고 주장하면서, 그것을 1주일에 만 달러에 대여

---

3 1995년 여름, 변호사와 그 가족은 아사하라로부터 직접 명령을 받은 종파 책임자들에 의해 살해되었다는 것이 사실로서 입증되었다.

하거나 아니면 죽을 때까지 사용할 수 있도록 10만 달러에 판다. 그의 예언들은 점점 더 심각한 성격을 띤다. 그는 노스트라다무스에 근거하여, 1999년에 세상의 종말이 올 것이라고 예언한다. 재정을 회복하기 위해, 그는 1인당 3천 달러씩 하는 대규모 연수를 개최하고, 거기에 1,200명 이상이 참가한다. 이 연수 기간 동안, 아사하라는 신도들에게 속세를 버리고 '입적'할 것을 촉구한다. "그것이 최후의 멸망을 피할 수 있는 유일한 방법이다. 내 계명을 충실히 따르지 않는 자들은 개처럼 죽을 것이다"라고 그는 경고한다. 신도들은 가진 전재산을 마지막 지하철표 한 장까지 종파에 희사한 뒤 종파 소유지에 들어가 산다. 종파는 작업장에서 일하는 대가로서 그들에게 식사를 제공하는 것으로 만족한다. 모두 1,200명이 넘는 신도들이 '존사(尊師)'를 곁에 모시고 살면서 그와 함께 세상의 종말을 기다리는 '특권'을 누린다. 사회가 아사하라의 위대함을 인정하지 않으므로, 교주는 그 나름의 사회를 만든다. 그리하여 그는 모든 오타쿠들의 궁극적 희망, 곧 가상 세계에서 명실상부한 지도자로서 사랑받으며 자급자족의 삶을 사는 꿈을 실현하게 된다. 그는 어릴 적부터 꿈꾸어왔던 로봇 제국의 왕이 되는 데 성공한 것이다.

1990년부터 종파가 괴멸된 1995년에 이르는 기간 동안, 옴진리교는 완전히 주식회사로 변모했다. 레스토랑, 상점, 컴퓨터 대여 및 판매, 출판, 병원 등, 종파는 소(小)회사들을 만들고 활동 영역을 다양화한다. 컴퓨터 상표의 하나인 마하 포시야Maha Posya가 일본에서 판매되는 컴퓨터들 가운데 가장 값이 싸다는 것은 아키하바라⁴에서 익히 잘 알려져 있는 사실인

---

4 가전 제품 및 컴퓨터 전문 매장들이 밀집해 있는 도쿄의 한 지역. 오타쿠들과 외국인 관광객들이 최신 발명품들을 찾기 위해 모여든다.

바, 그것은 바로 옴진리교 신도들이 만든 호환성 조립 PC이다. 1995년, 종파의 부동산 자산은 180억 달러에 달하고, 거기에 1억 달러의 기타 수입을 더해야 한다.[5] 아사하라는 이제 흰색 롤스로이스를 타고 다니며 하나에 100달러씩 하는 멜론을 먹는데, 이는 종파가 부르짖는 현세의 재물로부터의 초탈이라는 것이 얼마나 거짓된 것인지 단적으로 예증한다.

무절제한 성장에 마찰이 없지 않았다. 신도 유괴, 재물 사취 및 강요, 살해에 대한 사회의 규탄이 점점 더 거세진다. 그러나 증거 부족과 종교 단체로서의 면책 특권은 경찰이 종파 내부로 들어가는 것을 막는다. 아사하라의 과대망상증은 하늘 높은 줄 모른다. "우리 종파에 대한 많은 비난이 있고, 아사하라 쇼코에 대항하는 움직임들이 있기는 하지만, 신도 여러분은 이 점을 머릿속에 간직해야 한다. 옴진리교말고는 어떤 종교 집단도 여러분을 더 나은 세상으로 이끌어갈 수 없다"(1990년 5월). "다른 사람들이 죽고 사는 문제는 나와 아무런 상관도 없다"(1990년 5월). "여러 신도에게 알리건대, 나는 금세기의 마지막 구세주이다"(1990년 6월). "다른 사람들은 죽는다. 죽게 마련이다. 죽음을 피할 수 없다. 그들은 죽음으로부터 벗어날 수 없다. 그러나 우리는 죽음을 뛰어넘는 길을 알고 있다"(1992년 9월). "옴진리교는 미디어들의 훼방에도 불구하고 발전해왔다. 한 예로서, 시부야에 처음 문을 연 우리 도량〔道場〕은 30평방미터밖에 안 되었는데, 현재 우리는 도합 5만 평방미터가 넘는 도량을 가지고 있다. 만약 미디어들의 중상모략이 없었더라면, 우리는 아마 열 배, 아니 백 배나 더 넓은 도량을 가질 수 있었을

---

5 주간지 『에어리어 *Area*』에 따르면, 마하 포시야사가 거둔 수익은 4천만 달러, 기부는 5천만 달러, 그리고 종파가 정착했던 지역들 가운데 하나로부터 이사하는 대가로 받은 손해 배상금은 450만 달러에 달한다.

것이다"(1993년 4월).[6]

1993년부터 아사하라는 점점 더 집요하게 3차 세계 대전에 대해 말하는데, 그에 따르면 그것은 "마지막 전쟁"이 될 것이다. "우리가 깊이 생각해야 할 문제가 있다. 역사는 우리에게, 과학자들이 연구한 모든 것은, 그것이 원자탄이건 생물학 무기건 화학 무기건간에, 언제나 전쟁을 위해서 사용되었다는 것을 가르쳐준다. 2차 세계 대전과 3차 세계 대전 사이에 완성된 화학 무기는 언젠가 필히 시험되고 또 사용되고야 말 것이다"(1992년 11월). 그리고 1994년 4월, 그는 공상 과학에 걸맞은 군사 장비 개발을 꿈꾼다. "3차 세계 대전에서 주로 사용될 무기는 아마도 플라스마 무기일 것이다. 몇 년 전부터 되풀이해 말했지만, '우리는 플라스마 무기 시대로 들어갈 것이다. 일본이 살아남는 유일한 방법은 이 플라스마 무기를 개발하는 것이다.' 그런데, 이 무기들은 걸프전 때 이미 사용되었다. 그래서 나는 무척 실망했다. 우리가 플라스마 무기를 완성했더라면 우리는 핵 전쟁이건 생물학전이건 화학전이건 전쟁에서 승리할 수 있었을 텐데. 3차 세계 대전에서 사용될 무기는 인공 위성으로부터 발사되는 플라스마 대포, 그리고 거대한 위성 거울의 태양 반사 에너지를 이용한 대포들이다. 그것은 정말로 별들의 전쟁 같을 것이다!" 아니다. 그것은 정말로 경악스러울 것이다.

그는 또한 종파의 멤버들이 유독성 가스의 희생자들이라고 주장한다. "내 가족, 내 신도들은 정기적으로 편두통과 구역질을 호소한다. 그것은 겨자 가스, 신경 가스, 한마디로 사린 탓이다. 지난해 11월부터 우리는 신경 가스와 이페리트 가스[7]로

---

6 1995년 6월 6일 자 아사히신문에 실린 아사하라 쇼코에 대한 회고 기사에서 인용.

7 Ypézite gas. 독일군이 벨기에의 이프르(Ypres)를 공격할 때 사용한 독가스이다 (역자 주).

고생하고 있다"(1993년 10월). "1988년 이후 우리가 겪은 유독성 가스 공격은 우리 신도들에게 신체적, 정신적 장애를 초래했다. 그러나 신체적 장애는 나에게 아무런 심리적 영향도 미치지 못한다. 바로 여기에, 나처럼 이미 세상만사로부터 초탈한 사람과 나머지 사람들의 차이가 있다"(1994년 4월).

편집광적인 과대망상증에 빠진 아사하라는 후지산 아래에 위치한 가미 구이시키라는 시골 마을에 미니 국가를 세운다. 교주의 '정부'는 국방부, 자립부(경찰에 대한 투쟁 담당), 건설과학부(화학 무기 실험 담당), 교통부(종파 소유 차량의 관리와 운행 담당), 의료부(환자 간호 담당), 그리고 보건부(마이크로박테리아 연구 담당)를 포함한다. 끝으로 음악 학교는 종파의 영광을 찬미하는 연극과 코미디 뮤지컬을 공연한다.

1993년부터 종파는 무기를 수집할 뿐만 아니라 아마도 그것을 직접 제작하기 시작한다. 수사관들은 종파 소유의 땅에서 러시아제 전투용 헬리콥터, 그리고 러시아제 기관총 AK47을 제작하는 데 필요한 기계들과 함께, 러시아제 중고 전차, 미그 29, 핵탄두의 구입 조건 및 가격이 기록된 명세서를 발견한다. 하지만 전문 기자들은, 일본에서 그런 종류의 군사 장비를 구입하고 사용할 수 있는 가능성은 희박하며, 그것은 실제 위험이라기보다는 실현 불가능한 계획을 꿈꾸는 어린아이의 엉뚱한 욕망에 더 가깝다고 말한다.

사린 가스의 제작 및 사용의 경우, 1995년 봄 경찰에 체포된 신도들의 자백은, 종파 간부들이 호주에서 양들을 대상으로 사린의 유독성을 실험했다는 것, 그리고 종파에 불리한 판결이 내려지기 전날, 종파의 멤버들이 판사들을 무력화시키기 위해 마쓰모토에 사린 가스를 살포했다는 것을 확인시켰다. 일본 경찰의 예측에 따르면, 도쿄 지하철 사린 테러는 자신의 예언을 실현시키려는 목적에서 아사하라가 직접 결정하고 사주한 것이다. 당뇨병으로 쇠약해지고 눈이 먼 교주는 테러에 앞선 몇 달 동안, 아마겟돈, 곧 일본 전역을 휩쓸 대참사의 숙명적인 날을 될 수 있으면 앞당기려 했는데, 이는 자신의 참여를 확실하게 하기 위해서였다.

1995년 5월 16일, 자기 아파트의 위장된 천장 안에 불쌍하게 웅크리고 있다가 경찰에 의해 체포된 아사하라는 이제 감방에서 한가로이 명상하면서 사회에 대한 자신의 원한을 삭일 수 있을 것이다. 그런데 도대체 무슨 이유로 일본의 젊은이들은 그의 광기를 추종했던가?

아버지를 찾는 젊은이들

옴진리교의 성장은 단지 아사하라 쇼코의 카리스마 덕분만이 아니다. 사실, 그것은 80년대에 일본 젊은이들을 매료시킨 신비주의의 바람을 탔다. 1978년에서 1991년 사이에 일본에서는 7개의 신흥 종교 집단이 출현하여, 65만 명의 신도를 거느렸다. 그들은 제3의 신흥 종교 물결을 탔고, 그 가운데에서 만 명의 신도를 가진 옴진리교는 상대적으로 미미한 종파였다. 이 모든 신흥 종교 집단들은 우선 젊은이들의 마음을 끈다는 공통점을 가지고 있었다. 금전상의 문제, 질병, 또는 온갖 걱정 같은 '현세'의 고통들로부터 신자들을 해방시켜주겠다고 나서는 전통적인 신흥 종교 집단들과 달리, 제3의 종교 집단들은 무엇보다 영혼의 고양을 겨냥했고, 이러한 약속은 언제나 소비 사회의 물질중심주의에 염증을 느끼며 영적인 삶을 갈망하는 젊은 세대들의 취향에 특히 잘 부합했다.

이러한 끌림에 양분을 제공한 것이 바로 80년대 초부터 유행하기 시작한 불가사의한 현상, 초자연적 능력, 내생의 삶 또는 부활을 주제로 한 만화들이다. 신흥 사이비 종교로 가는 지름길이나 다름없는 신비적 현상들은 또한 영화·TV·출판물, 심지어 전자 오락의 중심에 자리잡았다. 신비주의의 인기는, 10여 명의 점쟁이들이 카드점을 치며, 손금을 읽고, 중국식 점술을 하거나 수점(數占)을 치는 '수상술(手相術) Chiromancie' 코너를 백화점들에서 흔히 찾아볼 수 있을 정도로 커졌다. 각자의 취향에 맞는 것이 다 있었다. 집시 마차나 장터에 갈 필요가 없었던 것이, 백화점이 떠돌이 약장수들을 대신해주었기 때문이다. 전자 오락실에서는 젊은 커플들에게 연애점을 쳐주는 비디오 게임기가 지속적인 성공을 거두었으며, 신비주의 전문 상점은 완벽한 마녀를 만들기에 충분한 흑마술 도구들과 효능이 100퍼센트 보장되는 비법이나 주문들을 팔았다. 『스파!』지가 300명을 상대로 실시한 여론 조사에 따르면, 응답자의 58퍼센트가 신비 현상을 직접 실험해보았다고 대답했고, 40퍼센트는 '기(氣)'의 보이지 않는 힘을, 32퍼센트는 유령을, 30퍼센트는 신통력을, 또 다른 30퍼센트는 UFO의 존재를 믿는다고 응답했다. 이처럼 높은 비율은 1994년에 팔린 책들 가운데 어떻게 『미운 사람, 또는 상사를 방자하는 법』처럼 맹랑한 약속을 하는 책이 있을 수 있었는지 부분적으로나마 설명해준다. 이 책은 어떤 사람을 발기 불능으로 만드는 비법을 제시한다. 나는 독자들에게 이 비법을 전해주고 싶어 견딜 수가 없다.

"당신을 떠난 남자가 더 이상 발기하지 못하게 만드는 법: 13일의 아침, 커다란 얼음 덩어리를 준비하라. 저녁에 '내가 저주를 취소하지 않는 한, 너는 다른 여자를 행복하게 해줄 수 없다'는 주문을 외우면서 티슈로 얼음 덩어리를 닦은 뒤, 그것을 페니스 모양으로 조각하라. 벽난로 집게를 가지고 그 얼음 덩어리에 주술을 걸 남자의 이름을 새기고 검은 티슈로 그것을 덮으라. 15일에 15방울의 박하 기름을 얼음 페니스 녹은 물에 떨어뜨리라. 그의 물렁물렁한 페니스를 연상하면서 물에 퀼런을 꽂아 시계 방향으로 여섯 번씩 세 번 저으라. 그리고 마지막으로 이 물을 그 남자가 사는 곳 가까이에 뿌리라."[1]

---

[1] 나는 혹시 일어날지도 모를 사태에 대한 책임을 진작부터 거부한다. 항의할 것이 있는 사람은 이 주술의 저자인 히에다온 마유라Hiedaon Mayura와 도쿠마 쇼텐

민속적이기도 하고, 얼간이들을 노린 약장사의 농간처럼 보이기도 하지만, 영적인 것에 대한 일본 젊은이들의 추구는 엄연한 사실이다. 극작가이자 사회학자인 야마자키 데쓰Yamazaki Tetsu는 이렇게 말한다. "물질적인 면에서 풍요로운 시대에 자라난 현대의 젊은이들은 '개인으로서 어떻게 사는가?'의 문제를 생각한다. 어른들의 사회가 계속해서 가족의 물질적 필요를 충족시키는 것으로 만족하는 한, 정체성과 개성을 추구하는 젊은이들은 외톨이로 남을 것이다. 그의 부모들이 꿈꾸던 모든 것을 가지고 태어난 젊은이들은 새로운 영적 갈망을 향해 열려 있다. 그들을 만족시키는 방법들 가운데 하나는 육체, 죽음, 삶의 문제를 벗어나 순수 정신이 되는 것이다." 신비주의의 매력, 그리고 그런 주제를 다룬 만화들의 인기는 이러한 새로운 탐색의 징표들에 불과하다.

이러한 새로운 가치들의 추구에다가 현실 사회의 한계에 대한 인식을 덧붙여야 한다. 무슨 수를 써서라도 고도 성장을 이룩하고 과소비를 조장하며 경제가 최고라고 말하는 생산주의적 도그마는 미래에 대해 의문을 제기하는 젊은이들에게서 아무런 반향도 얻지 못한다. 그들은 환경 파괴, 학교에서의 왕따, 과로로 인한 죽음 등을 지탄한다. 그러나 사회가 니케이 지수 이외에 다른 신을 갖고 있지 않고, 휴일 영업을 사회적 진보로 간주할 때, 다른 어떤 가치를 향하여 눈을 돌릴 것인가?

옴진리교는 대학가에서 활발한 유치 활동을 펼쳤다. 그러나 이 엘리트들이 사이비 종파로부터 등을 돌리지 못하게 만든 것은 누구인가? 도요다Toyoda, 쓰치야Tsuchiya, 그리고 무라이Murai 같은 이들은 도대체 왜 아사하라에게 갔는가? 70년대였

Tokuma Shoten을 찾아가기 바란다.

더라면 그들은 필경 당시 절정에 달했던 극좌 학생 운동에 가담했을 것이다. 그러나 90년대 중반에 이르러 정치 이데올로기는 더 이상 통하지 않게 되었고, 베를린 장벽의 붕괴는 일본 젊은이들의 가슴속에서까지 반향하고 있었다. 여기서, 70년대에는 장래가 가장 촉망되는 학생들, 민족의 엘리트들이 대거 극좌 사상에 동조하고 사회를 변화시키기 위해 투쟁했다는 사실을 강조할 필요가 있다. 25년이 흐른 지금에 와서, 대다수 국민이, 특히 젊은이들이 미디어들에 의한 마취 상태에 빠져 있는 동안, 현대 사회의 도덕적 파탄과 이상 부재를 확인하고, 미래의 불안에 대한 해결책을 발견하기 위해 종교 집단 쪽으로 향하는 것은 같은 엘리트들이다. 사실이 그러하다면, 옴진리교 사건은 훨씬 더 큰 혼란을 예고할 수 있다.

일본처럼 순조롭게 돌아가는 사회에서 엘리트층의 자녀들이 청소년기의 위기를 넘기기란 쉬운 일이 아니다. 각자의 머릿속에서 혁명이 일어나고 있을 나이에 시험을 준비해야 하다 보니, 전복적이지만 결국은 무해한 생각에 빠질 시간이 없다. 그들은 학창 시절 내내 부모에게 자부심을 느끼게 해주며 이웃들의 부러움을 사는 착한 아이들이다. 그러는 동안 그들은 사회 경제적 환경과 대립하여 독립을 쟁취하고 사회 속에서 정당한 자리를 차지하기 위해 쭉 뻗은 길을 간다는 느낌조차도 없이 그냥 어른이 되어버린다. 그들은 사회가 그들을 위해 예비해놓은 왕도의 협소함 속에 갇혀 있다. 이 모든 것이 대체 무슨 의미가 있는 것인지, 은연중에 의문을 품게 되는 날까지. 사이비 종교 집단들은 바로 이때 그들의 욕구 불만을 받아주는 탁월한 자리가 되고, 아사하라는 이 젊은 엘리트들을 살인 무기로 변화시키기 위해, 그들의 내면에 잠재되어 있는 사회를 향한 폭력을 이용하고 발전시킬 줄 안다.

도쿄 지하철 사린 가스 테러에 따른 살인 혐의로 기소된 27세의 도요다 도루Toyoda Toru는 현재 감옥에 있다. 미립자 논리학 전문가인 그는 도쿄 대학교에서 박사과정을 시작한 지 몇 주 후, 주소도 남기지 않은 채 사라졌다. 대학에서 그가 사용하던 컴퓨터에는 가까운 사람들에게 보내는 메시지가 남아 있었다. "걱정하지 마세요. 저는 언제나 여러분들 곁에 있을 거예요." 사라지기 몇 주 전, 그는 전자 우편을 통해 한 친구와 토론하면서 삶의 의미에 대한 자기의 의문을 이야기했다. 그의 대학 친구들 가운데 하나에게 봉투가 전달된 것은 그로부터 1년 뒤였다. 그 속에는 『이상적인 사회』라는 옴진리교 잡지가 들어 있었고, 그 잡지에는 실험 기구들에 둘러싸인 도요다의 사진이 실려 있었다. 도요다는 옴진리교에 들어간 것이었다. 도쿄 대학교에 들어가려고 그토록 열심히 공부한 그가 말이다. 동료들로부터 꼼꼼함을 칭찬받던, 겉으로 보기에 아무런 문제도 없는 듯하던 이 대학생은 3년 뒤 에비쓰Ebisu 역에 정차해 있던 지하철 차량에 사린 가스를 살포한 혐의로 체포되었다.

과학 분야에서 가장 높은 명성을 날리는 대학들 가운데 하나인 쓰쿠바Tsukuba 대학교 박사과정에 다니던 30세의 쓰치야 마사미Tsuchiya Masami는 옴진리교에 들어가기 위해 1989년부터 모든 것을 조금씩 포기한다. 동료들의 증언에 의하면, 그는 과에서 1등이었고 진짜 과학 오타쿠였다. 신문과 TV는 절대 안 보고, 모든 정력과 돈을 자기의 열정을 충족시키는 데 사용하며, 과학 전문 서적을 구입하기 위해 저축한 돈을 서슴지 않고 써버리곤 했다. 그가 옴진리교에 점점 가까워지고 있을 무렵, 그는 경탄이 가득한 어조로 한 동료에게 말한다. "옴진리교는 실험 시설이 대학보다 훨씬 잘 갖추어져 있어. 거기서라면 나는 하루에 20시간도 넘게 연구할 수 있을 거야." 그를 종파의 영향으로부터 떼어놓으려고 애쓰던 그의 부모는 역세뇌를 시켜보려는 희망에서 그를 알코올 중독자 치료를 전문으로 하는 한 사찰에 집어넣는다. 그러나 그토록 똑똑한 신도를 포기할 수 없었던 아사하라는 몸소 확성기를 단 트럭에 올라타고 쓰치야 부모 집 창문 아래에 와서 소란을 피운다. "네 부모가 하는 말을 듣지 마라!" 아침부터 저녁까지 교주는 메가폰에 대고 외쳐대고, 종파 간부들은 이웃들에게 쓰치야 가족을 비방하는 전단을 나누어준다. 종파는 쓰치야를 그의 부모로부터 빼앗기 위해 소송까지 제기한다. 젊은이가 가족과 함께 심문에 참가하려고 준비하던 날 밤, 그는 호텔에서 실종된다. 1995년 4월, 그가 사린 가스 제조 혐의로 체포되고 살인 및 살인 미수죄로 기소될 때까지, 그의 부모는 4년 동안 그에 대해 아무런 소식도 듣지 못했다. 종파의 기구 편성표에서 화학 분야 총책 자리를 차지하고 있던 그는 사린 제조를 지휘하고 있었다. 아사히신문과의 대담에서 그의 어머니는 그에 대해 다음과 같이 말했다. "비록 제 아들이기는 하지만, 그의 머릿속에는 오로지 아사하라밖에 없어요. 그는 아사하라의 복제 인간이 된 겁니다." 6살 때부터 로봇을 만드는 꿈을 꾸던 아사하라……

종파의 과학자들을 총괄 지휘하던 무라이 히데오 Murai Hideo는 사린 테러가 일어난 지 며칠 뒤 36살의 나이에 한 극우파 운동원에 의해 살해되었다. 그 역시 명문 오사카 대학교에서 공간물리학 전공으로 박사학위를 받았다. 제철 분야의 대기업에서 몇 년 동안 엔지니어로 일하던 그가 종파에 합류한 것은 1987년이었다. 유일한 해명으로 그는 다음과 같은 말을 남겼다. "저는 일이 너무 많아서 정신을 못 차리겠어요. 이 모든 것이 무슨 의미가 있는지 의문입니다." 나중에 그는 또 이렇게 털어놓는다. "저는 우주 로켓 모터를 위한 부속품 생산을 책임지고 있었는데, 거기서 평생을 보낸다는 것은 상상할 수조차 없었어요." 어린 시절부터 무라이는 '갈매기 조너선 리빙스턴' 이 되기를 꿈꾸어왔다. 영화를 본 사람이라면 아마도 무리와 함께 살기를 거부하며 빛보다 더 빨리 날기 위해 체력을 단련 하는 그 갈매기를 기억할 것이고, 옴진리교 신도들의 영적 갈 망과 일본 사회 사이의 대립을, 조너선과 무리 사이의 대립과 동일시하는 것에 놀랄 것이다.

높은 수준의 과학자들은 여러 가지 이유에서 옴진리교에 끌 렸다. 7,80년대에 과학에 매료된 많은 젊은이들은 과학의 전능 성을 믿고 있었다. 전후의 대량 생산 체제 이후, 70년대와 80년 대 초반의 일본 산업은 기술 발전을 최고의 성장 요소로 내세 웠다. 절정은 1985년에 열린 쓰쿠바 국제과학박람회였다. 70년 대로부터 80년대 중반에 이르기까지, 청소년들을 위한 만화와 만화 영화에서 과학은 진보의 동의어로 사용되었다. 그러나 1986년의 체르노빌 원전 사고는 과학에 대한 이러한 목가적인 시각을 재검토하는 데 기여한다. 전지전능한 과학에 매료되어 파스퇴르나 아인슈타인 같은 과학자의 삶을 살 것을 꿈꾸던 젊 은이들은 크게 실망한다. 20세기 말에 위대한 과학적 발견은 드물기만 하며, 대학 연구 기관에 남은 젊은 과학자들은 인류 의 행복을 위해 일하는 대신 교수들 가방이나 들어주는 신세로 전락해버리기 십상이고, 사기업에 들어간 사람들은 고리타분 하고 실망스러운 승진 제도에 묶여 50세 이전에는 어떠한 책임 있는 자리도 바라보기 힘든 실정에 처한다. 두 경우 모두, 그들 이 동경하던 것에서 아주 멀기만 하다. 대학의 젊은 과학자들 은 이 모든 것을 잘 알고 있는데, 학위를 취득하기 훨씬 전부터 연구실 구석에 쭈그리고 앉아 있는 선배들을 보아왔기 때문이 다. 그러니, 캠퍼스에 찾아와서 "이 세상을 구하기 위해 당신들의 도움이 필요하다"고 말하는 아사하라 쇼코의 유혹에 그들이 어떻게 넘어가지 않을 수 있단 말인가? 대학을 갓 졸업한 그들에게 연구의 책임을 맡기고, 그들이 감히 꿈꿀 수도 없었던 연구 주제들을 제시하는 교주의 말에 그들이 어떻게 귀를 기울이지 않을 수 있단 말인가? 게다가, 10년 넘게 헨사치[2]의 논리에 따라 교육받은 일본의 젊은이들은 아주 어릴 때부터 인생은 매 순간 경쟁이라는 것을 의식하고 있다. 사실, 학생들이 똑똑하면 똑똑할수록 자기들의 위치에, 라이벌들과 비교한 자기들의 등급에 더 신경을 쓰고, 거기에서 더 큰 자부심을 얻게 마련이다. 대상을 변형시켜 비춰주는 헨사치라는 이름의 거울, 이 가차없는 잣대가 기준이 되는 교육 제도 안에서 가장 우수한 그룹에 속하는 학생들은 직장 생활을 시작하는 순간 가장 낮은 단계로 떨어지고, 단순한 하수인들로 전락한다. 대학의 스타였다가 하루아침에 기업의 말단 사원이 된 그들은 마치 대학의 행복한 나날들은 끝났다는 것을 일깨워주는 듯한 위계 질서에 직면한다. 무라이 히데오 같은 젊은이들이 '나는 지금 내가 하고 있는 일보다 더 나은 일에 어울린다'고 속으로 누차 생각하고 있을 때, 아사하라는 옴진리교에 갓 들어온 대학 엘리트 출신 신도들에게 직급을 높여주고 분과의 책임을 맡김으로써 그들의 자존심을 어루만져주었다. 그리하여, 종파의 과학 기술 분과에 속한 262명 가운데, 학사학위 소지자가 128명, 석사학위 이상이 7명에 이르렀다. 다른 사람들보다 많이 배운 이 신도들의 가치를 의식한 아사하라는 그들에게 특별한 지위를 인정하는 한편, 그들의 자존심에 걸맞은 책임 있는 자리를 신속히 부여했다. 위계 질서가 철저한 아사하라의 소사회가 그들에

---

2 학생들이 스스로의 학력을 평가할 수 있도록 국가 차원에서 모든 학생들의 등급을 분류하는 시스템. 이 문제에 대해서는 제2부 「학력 경쟁」을 보라.

게 특히나 잘 맞았던 것은, 그들이 현실 사회에서는 얻을 수 없었던 지위를 거기에서는 누릴 수 있었기 때문이다. 28살의 나이에 '과학부장관'이 되는 것, 또는 종파에 들어가자마자 치른 첫번째 논쟁 후 신성한 '교리 전수자'(종파의 구성원들이 몹시 탐내는 자리)의 지위에 오르는 것은, 아무리 유명한 기업이라고 한들 하나의 영원한 톱니바퀴 노릇이나 하는 것보다 훨씬 더 기분 좋은 일일 것임에 틀림없다.

학교에서 시행되는 교육 방법 역시 이 젊은 엘리트들이 종파에 들어가게 하는 데 큰 책임이 있다. 암기를 유일한 학습 논리로 받아들이는 일본의 젊은이들은 사고력이 부족하고, 때문에 어떤 주장이 타당한지 스스로 판단할 능력이 없는 경우가 많다. 게다가, 시험 준비를 위해 밤낮으로 공부하고 복습한 결과, 그들은 사회로부터 격리되어 사회적·도덕적 지표를 모두 상실하는 경향이 있다. 대학에서는 또 지나친 전문화가 이루어지는바, 그것은 젊은 과학자들로 하여금 연구에 매진할 수 있게 해주지만, 전공 이외의 다른 문제들에 봉착했을 때 그것을 감당할 수 있게 해주는 교육적 균형을 해친다. 상아탑 속에 기꺼이 갇힌 그들은 사이비 종교 집단들의 쉬운 먹이가 되고, 아사하라 쇼코는 이들의 상식 결핍을 여지없이 이용하여 자기의 궤변을 강요한다. 예컨대, 신도들에게 테러를 정당화하기 위해 그는 현명한 사키아무니의 전설을 인용한다. "사키아무니가 배를 타고 여행할 때, 배에 해적들이 접근했다. 만일 사키아무니가 가만히 있었더라면 해적들은 여행객들을 목 베어 죽였을 것이다. 그래서 사키아무니는 해적들을 죽였다. 그는 옳은 행동을 했는가 아니면 죄를 지었는가? 그것은 옳은 행동이었다. 왜냐하면 많은 사람을 구하기 위해 몇 명의 희생자를 내는 것은 불가피했기 때문이다." 그것은 공산주의 체제에서 자주 사용되던 주(主)모순과 부(副)모순의 수사학으로서, 이번에는 한 사이비 종파에 의해 사용된 것이다. 종파 내부에서는 누구도 감히 아사하라를 논박하지 않는다. 출근길의 도쿄 지하철 승객들이 어떤 점에서 사키아무니의 배를 공격한 해적들과 같은 자리에 놓일 수 있는지 아무도 묻지 않는다.

　수많은 신도들과 옛 신도들의 증언에 의하면, 아사하라 쇼코의 카리스마는 젊은이들이 제기하는 온갖 형이상학적인 문제들에 대한 그의 답변 능력에 근거한다. 사실, 젊은이들은 그것이 아무리 왜곡된 것이라 하더라도, 그들에게 인생의 의미를 가르쳐줄 수 있는 사람을 거의 만나지 못한다. 한 여신도는 이렇게 증언한다. "저는 대학에서 해답을 얻지 못하던 모든 문제들을 옴진리교 덕분에 해결할 수 있었습니다. 교토 대학교 교육학과에서 장애 아동 교육을 전공한 저는 장애 아동들과 접촉할 때마다 어떻게 이런 육체 안에 영혼이 깃들일 수 있는지 궁금했습니다. 교육 기관들에서 연수를 하고 대학에서 수업을 받아도 해답을 발견하지 못했어요. 그러던 중 옴진리교에 들어가서 윤회설을 알게 되었고, 홀연히 제 질문들에 대한 계시와 해답을 얻게 되었습니다. 사실, 이 세상에서 장애로 고통받는 사람들은 전생에 지은 악행들에 대한 업보를 치르고 있는 셈이지요. 저는 이제 지구상에 장애자들이 존재하는 이유를 압니다." 히틀러의 주장 또한 이와 크게 다르지 않다. 이 젊은 여신도에게서 관찰되는 비판력 부재와 상식 결핍은 정말 놀라울 정도이지만, 거기에서, 어떤 관점을 취하거나 분석하는 대신에 오로지 지식을 축적하기만 하는 교육을 받은 젊은이들의 수동성의 불안한 징후를 보아야 하지 않을까? 그것이 일본 교육 제도의 특징이니 말이다. 또 한 번 가장 '똑똑한' 사람들을 예로 들자면, 신도들은 아사하라의 선문답 최면에 걸려 있었다. 헨사치

세대의 젊은이들은 그들의 유년기와 청소년기를 줄곧 시험 문제들을 가지고 재주를 부리면서 보냈고, 주쿠에서 수백 문제를 최단 시간에 푸는 기술을 배웠다. 이러한 문제 풀이 능력에 의해서만 평가되고 인정받아온 그들은 거기에서 자신들의 존재 이유를 찾기에 이르렀다. 따라서, 아사하라같이 혼란한 정신을 소유한 천재를 만났을 때, 그들은 아무리 어려운 수수께끼에도 해답을 내는 이 교주에게 매혹되지 않을 수 없었다.

마지막으로, 아버지의 부재가 기정 사실화된 사회에서, 아사하라는 젊은 신도들에게 전적으로 받아들일 만한 아버지가 된다. 그는 그들의 진짜 아버지가 해준 것보다 더 많은 것을 해주지 않는가? 모방할 만한 인물을 찾던 젊은이들은 아사하라에게서 법과 지식 전수의 상징을 발견한다. 형이상학적 탐구를 원하는 젊은이들이 지명도가 더 높고 스캔들이 적은 다른 종파들보다 옴진리교를 선호한다면, 그것은 살아 있는 전능한 창립자가 신도들을 직접 돌보고, 종파의 규모가 인간적인 크기로 남아 있기 때문이다. 비록 그들이 가족에 대한 반작용으로 종파에 들어오기는 하지만, 그래도 가족이 그들을 아사하라의 영향으로부터 벗어나게 하는 데 성공하는 경우도 있다. 효과를 거두는 것은 훈계나 협박이 아니라, 자식을 구하려는 아버지의 전적인 참여이다. 아사하라를 추종하고 종파의 소유지에서 살기 위해 모든 것을 포기했던 한 젊은 신도의 경우가 그러하다. 사과를 생산하는 일에 온 정신을 빼앗겼던 그의 아버지는 아들을 집으로 데려오기 위해 수확이 한창일 때 모든 것을 내던진다. "저를 위해서 아버지는 일 년 동안의 노고를 다 희생시키기를 주저하지 않으셨어요. 아버지는 정말로 저를 사랑하시는 거예요"라며, 이 젊은이는 집으로 돌아가는 이유를 설명한다. 한 해의 사과 수확을 포기하는 것, 그것은 아마도 아버지의 부재를 지우기 위해 치러야 했던 대가이리라……

옴진리교는 이처럼 일본 사회의 한 반영으로서, 90년대 일본의 모순들을 의식하는 젊은이들의 빈자리를 체계적으로 채워주었다. 그런 의미에서, 주위의 초라함을 증언하고 비판하는 오타쿠들이 아사하라 곁에서 편안함을 느꼈다는 사실은 하나도 놀라울 게 없다. 더욱이, 의식적으로건 아니건, 교주 스스로 자기 담론에 오타쿠 문화를 강하게 반영했으니 말이다.

오타코미즘 또는 옴진리교 내의 오타쿠 문화

퀴즈.

"진리의 전사들이여, 투쟁하라!"라는 구호는 어디에서 오는가?

1. 옴진리교의 노래.

2. 70년대에 유행한 컬트 미니 시리즈로서 「가면의 기사」라고도 불리는 「카멘(가면) 라이더 Kamen Rider」의 사운드트랙에서 뽑은 노래.

3. 일본 자위대의 구호.

3번을 고른 사람들은 이 장을 거푸 세 번 읽을 것.

1번과 2번 사이에서 주저하는 사람들은 더 이상 생각하지 말 것. 둘 다 정답이니까. 어느 것이 먼저인가를 따진다면, 이 구호는 우선 「카멘 라이더」의 사운드트랙이되 90년대에 옴진리교에 의해 채택되었다.

불교에서 파생된 한 종파가 어째서 어린이 프로그램의 사운드트랙을 사용할까 의아해하는 사람들은 이 장을 적어도 한 번은 읽으라.

이 종파의 세계관과 조직을 연구하는 사람은 온갖 믿음과 제의들의 혼합 앞에 있다는 느낌을 지울 수 없다. 누구도 빈손으로 이 종파에 가입하지 않는다. 모든 사람이 자기 나름의 문화를 갖고 거기에 들어가고, 아사하라는 이 문화를 거대한 가짜 신화의 도가니에 집어넣는바, 원칙상 신도들에게 불교의 원리를 교육하게 되어 있는 이 종파에서 발견되는 이상야릇한 온갖 영향들은 바로 여기에 기인한다. 더욱 이상한 것은, 이 영향들의 상당수가 오타쿠 문화에서 온다는 것인데, 이러한 사실은 이 세대의 불행을 간파한 아사하라와 종파 책임자들이 이 불행을 끌어안으려 했다는 견해를 공고히한다. 아마 한결 더 심각한 경우겠지만, 오타쿠 문화가 이 종파의 행동들에 직접적인 영향을 미치지 않았다는 전제 아래. 사실, 옴진리교는 오타쿠들이 자기들의 문화를 실천에 옮기는 거대한 놀이터라는 느낌이 드는데, 이 같은 사정은 어째서 겉보기에 조용하고 영리한 젊은이들이 아사하라의 유혹에 넘어가 그의 행동대원이 되는지를 부분적으로나마 설명한다.

첫번째 영향이자 가장 위중한 결과를 초래한 영향은 아마겟돈Harmagedon의 테마이다. 많은 일본인들이 이 단어를 처음 발견한 것은 도쿄 지하철 가스 테러 때이다. 그러나 사실 아마겟돈과 지구 파괴의 테마는 일본 만화의 표현에서 중요한 경향을 이루고 있었고, 아직도 이루고 있다.

기독교에서 아마겟돈은 최후의 심판 후 선과 악 사이에 벌어지는 싸움을 지칭한다는 사실을 기억하자. 불교에서 파생된 한 사이비 종파의 교주인 아사하라가 그의 주요 슬로건들 가운데 하나의 개념을 성경으로부터 빌려온다는 사실은 의외일 수 있다. 그러나 그는 스스로의 예언을 구성하기 위해 노스트라다무스의 예언을 빌리는가 하면, 힌두교의 개념들을 가장 전통적인 불교에 통합시키고, 또 신화들을 갖고 곡예를 부려 '옴 사상'이란 거창한 이름이 붙은 신비주의적인 횡설수설을 만들어 스스로를 재림 예수로 부르기도 한다. 이러한 장르 혼합은 아마도 교주의 천박함에 의해서밖에는 설명할 수 없을 텐데, 그는 온 유행의 냄새를 맡은 뒤 그 결과에 따라 자기의 예언과 (많은 신도

들이 혼란을 느끼겠지만) 종파의 조직을 서슴없이 바꾼다. 1995
년 8월에 있었던 언론 보도에 따르면, 불교에서는 전혀 통용되
지 않는 개념이되 옴진리교를 특징지우는 영생의 원칙은 1989
년 탕 속에 있던 아사하라에 의해 불현듯 개념화되었다고 한
다. 유레카 Hêurêka······[1]

　　언더그라운드 문화 전문 잡지『퀵 저팬』에 게재된 아마겟돈
에 대한 글에서 요네자와 요시히로[2]는 전후 일본 문화에 나타
난 종말론의 내력을 살핀다. 그는 1948년에서 1994년에 이르
는 기간 동안에 발표된 130개의 연재 만화를 통해 아마겟돈 테
마가 만화가들과 독자들이 꾸준히 선호하는 테마들 가운데 하
나라는 사실을 보여준다. 이 글에서 요네자와는 종국적 파괴를
가져오는 마지막 전쟁의 테마가 시대를 거쳐오면서 다양하게
변화했음을 지적한다. 예컨대, 전후의 픽션에 나타나는 분쟁은
동과 서가 첨예하게 대립하는 냉전 시대의 불안을 반영한다.
외계 침입자들이 유행한 60년대에는 미확인 비행 물체가 지구
파괴를 담당하고, 비교(秘敎)가 붐을 이룬 70년대에는 사후의
세계에서 온 존재들이나 심령체들이 그 역할을 승계한다. 80년
대는 사이버펑크 cyberpunk[3]의 시대인바, 최후의 파괴에 이르
는 복잡한 지옥의 노정을 그리는 대신에, 만화가들은 황폐하고
적대적인 세계에 살아남은 사람들의 삶을 그린다. 80년대 후반
에는 두번째 비교의 붐에 발맞추어 숙명적 예언과 유령과 악의

---

1 그리스어로서 '나는 발견했다'를 뜻한다. 목욕을 하다가 우연히 부력의 원리를 발견
한 고대 그리스 철학자 아르키메데스는 기쁨을 주체할 수 없는 나머지 "유레카"를 외
치며 벌거숭이로 시라쿠사(시칠리아 섬의 도시)의 골목을 뛰어다녔다 한다(옮긴이
주).

2 만화 전문가로 코미케의 창립자. 그에 대해서는 제2부「코미케, 팬진 왕국」을 보라.

3 자기 자신의 개성과 기술적 능력으로 무장한 소수 문외한들의 감각이나 믿음을 지
칭한다. 단어 '사이버'와 '펑크'의 조합어로서 1980년에 Burce Bethke의 단편소설
「사이버펑크」에서 유래했다(옮긴이 주).

힘의 테마들이 다시 등장하며, 아마겟돈과 새로운 종교들이 거기에 색깔을 부여한다. 아사하라 쇼코가 인류의 구원자로 이상화되어 등장하는 3권의 만화집이 옴진리교에 의해 출간된 것은 바로 이 무렵, 정확히 말해 1989년이다. 세 만화집의 제목은 각각 『부활한 성스러운 왕이 우리를 미래로 이끈다』『멸망의 날』『초자연적인 신성한 힘』으로서, 하나의 프로그램을 구성한다.

아사하라가 선호하는 단어들에 대한 한 연구는 그의 세계와 오타쿠 세계 사이의 유사성을 잘 보여준다. 아마겟돈이란 단어가 일본에 처음 등장한 것은 공상 과학 작가 히라이 가즈마사 Hirai Kazumasa와 만화가 이시노모리 쇼노스케 Ishinomori Shonosuke[4]가 1967년에 발표한 만화 『악의 망령들의 대전(大戰)』에서였다(이 만화는 1983년 만화 영화로 각색되었다). 만화는 우주 파괴를 획책하는 악의 망령들과 지구인들 사이의 싸움을 그린다. 망령들에 맞서기 위하여, 텔레파시 능력을 지닌 트란실바니 Transylvanie 공화국 여왕은 지구에 흩어진 모든 초능력자들을 불러모은다. 콤플렉스로 고통받던 한 평범한 일본 고교생이 차츰차츰 자신의 초능력을 의식하게 되고 마침내는 지구를 구원하는 데 참여하는 것은 바로 이런 맥락에서이다. 여기서, 히라이 가즈마사는 한 신흥 종파의 신도였고, 이 점이 그의 작품에 영향을 미쳤다는 사실을 지적하자. 아사하라에게 있어 아마겟돈은 1997년에 기독교 문명과 불교 문명 사이에 벌어질 종말론적 전쟁을 가리킨다. 교주의 예언에 따르면, 일본은 이 3차 세계 대전에 말려들 것이고 위중한 타격을 입을 것이다.

---

4 프랑스에서는 『만화로 보는 일본 경제사』로 잘 알려져 있다.

"코스모클리너Cosmocleaner"란 말은 1974년 컬트 만화가 마쓰모토 레이지Matsumoto Reiji의 상상력에서 태어났으며, 일본에서 개봉된 장편 만화 영화 「우주 전함 야마토」에 나온다. 이 만화 영화는 어찌나 큰 인기를 끌었던지 '아니메 붐Anime Boom'을 일으켰고, 아직도 오타쿠 문화의 주요 본보기로 남아 있다. 야마토 전함의 목표들을 대략 요약해보면, 때는 서기 2199년, 지구는 신비의 베일에 싸인 혹성 가미라스Gamiras와 그곳으로부터 날아오는 폭탄에 의해 위협받고 있으며, 방사능 오염에 의해 완전 파괴될 위험에 처해 있다. 지구로부터 148,000광년 떨어진 곳에 위치한 혹성 이스칸다르Iskandar는 지구 방위대 사령부에 메시지를 보내 오염 방지 장비인 코스모클리너 D를 가져갈 것을 제의한다. 메시지에는 또한 파상 발진 모터 설계도가 포함되어 있고, 사령부는 이 설계도에 따라 우주 전함 야마토를 만든다. 전함이 완성되고, 인류 구원의 사명을 부여받은 야마토는 이스칸다르를 향해 발진한다. 야마토는 도중에 가미라스 혹성의 맹렬한 공격을 물리친 뒤, 마침내 파괴 직전의 이스칸다르에 도착하고, 지구를 구원해줄 소중한 코스모클리너를 선물받는다. 코스모클리너처럼 특별한 말이 두 번 창안되지 않는 것은 당연하다. 하지만 옴진리교는 종파에 속한 모든 건물에 설치된 거대한 공기 필터들을 지칭하기 위하여 이 말을 사용하는데, 이 필터들은 독성 가스와 화학 무기로부터 신도들을 보호하는 것으로 통한다. 스스로 그 피해자임을 주장하는 아사하라는, 착한 옴진리교 신도들의 생명을 위협하는 세력으로서 어떤 때는 미군 비행기들을, 어떤 때는 프리메이슨단[5]을, 어떤 때는 독재적인 일본 정부를 지

---

5 중세 때 유럽의 고딕성당 건축가들이 결성한 비밀결사단체로서 박애주의를 표방한

목한다.

거대한 위성 거울의 반사에서 생겨난 에너지를 발사하는 포, 그리고 위성으로부터 발사하는 원형질 포는 원래 만화 영화 「야마토」와 연재 만화 「건담Gundam」(1979)에서 온다. 심령 현상을 전문으로 하는 오타쿠들 사이에서, 원형질 무기 이론은 수년 전부터 주기적으로 관심의 초점이 되고 있다. 그들에 따르면, 비행접시의 출현은 미군의 원형질 무기 실험과 모종의 관계를 갖고 있다.

아사하라는 또 '스테이지stage'란 단어를 자주 사용한다. 게임의 진행 단계를 가리키는 이 말은 비디오 게임과 롤 플레잉 게임 애호가들에 의해 흔히 사용되는바, 매단계에 도달할 때마다 캐릭터는 새로운 힘을 얻고 이 힘 덕분에 새로운 위험에 맞서고 새로운 어려움들을 극복할 수 있다. 아사하라는 이 말로써 명상의 단계들을 지칭하는데, 어떤 단계에 도달했느냐에 따라 신도는 새로운 통과 제의에 참가할 자격을 얻기도 하고 종파의 조직표에서 더 높은 등급으로 올라가기도 한다.

1978년부터 TV에 방영된 만화 영화 「미래 소년 코난」, 그리고 「바람 계곡의 나우시카Nausica」가 보여주는 세계 또한 아사하라의 헛소리에서 멀지 않다. 「코난」은 최후의 전쟁에서 유일하게 살아남은 초능력자들의 세계를 여행하는 한 소년의 모험을 이야기하고 있고, 「나우시카」는 인류에 의해 이룩된 과학의 발달이 문명의 파괴를 부른다는 이야기를 담고 있다.

오타쿠 세계로부터 받은 전형적인 영향들 가운데 특히 잊지 말아야 할 것은, 옴진리교가 러시아에서 조직한 무기 조작 연

다. 15세기 무렵부터 퇴조하기 시작하여 점차 귀족과 부르주아들을 받아들였으며 숱한 변전을 거쳐 오늘에 이르고 있다. 이 단체의 의식 및 활동은 비밀리에 이루어진다(옮긴이 주).

수이다. 밀리터리 마니아military-mania들이 아주 좋아하는 이 연수는 원래 중국이나 하와이에서 열렸다. 그러나 옴진리교는 신도가 3만을 헤아리는 러시아로 연수의 무대를 옮기면서 그것에 새로운 장을 열었다. 언론 보도에 의하면, 이 연수는 옴진리교 병사들의 군사 훈련을 은폐하는 동시에 청소년들을 유혹하는 미끼 구실을 한다.

옴진리교에 대한 오타쿠 문화의 영향은 이토록 폭넓은 것이어서, 청소년 문제 전문가인 오쓰카 에이지Ootsuka Eiji는 옴진리교에 가입한 오타쿠들을 "오타쿠 적군파"라고 부르기까지 한다. 잘 알려져 있듯, 적군파는 극좌 테러 집단으로서 70년대에 언론을 떠들썩하게 했던 텔-아비브 공항 테러의 주역들이다. "옴진리교 신도들의 세계관이란 것은 하위 문화에서 온 단편적인 이데올로기와 신비적 개념들을 한데 혼합한 것일 따름입니다. 그들은 「야마토」 같은 만화 영화들에서 인용한 말들, 독가스 사용에서 보여지는 나치즘 성향, 종말론, 그리고 신비주의 잡지 『무』에서 따온 인용 등등, 그럴듯해 보이는 개념들을 여기저기서 끌어모읍니다. 그것은 원전 인용조차도 아니고 인용의 인용들이에요. 그것을 하위 문화 현상이라 부르는 이유는 바로 여기에 있지요. 거기엔 제대로 된 역사 참조가 없고, 오로지 역사적 맥락에서 유리된 사실들만이 있는바, 이것들은 서로 아무런 연관 없이 부유하는 기호들처럼 사용됩니다. 우리들이 공유하는 역사 의식이 옴진리교 신도들 사이에서는 아주 미약한 형태로 남아 있어요." 오쓰카가 설명한다.

이제 거의 신화가 된 수퍼 히어로 만화 연속극 「울트라 세븐」과 「카멘 라이더」의 시나리오 작가로서 오타쿠들 사이에서 유명한 이치카와 신이치Ichikawa Shinichi는, 어린이들을 위한 TV 프로그램들이 어린이들의 세계관 형성에, 자기로서는 미처 예상치 못한 영향을 미쳤다는 사실을 인정한다.

"어린이들을 위한 프로그램에서 저희는 저희가 어렸을 때 불평등하고 부조리한 사회에 대해 느꼈던 소외감을 직접적인 방식으로 표현했습니다. 이 점에 있어서는 고질라(핵 폭발에서 태어난 괴물)의 작가들이 열어놓은 전통에 따라, 현대 사회가 낳은 악들을 고발하고자 했지요." 그러나 옴진리교의 가장 광적인 신도인 이누에 요시히로Inoue Yoshihiro가 15살 때 쓴 시를 신문에서 읽는 순간, 이치카와는 자기를 비롯한 「울트라 세븐」 저자들이 7,80년대에 현대 사회를 고발하기 위해 사용하던 테마들을 알아보지 않을 수 없었다. 문제의 시는 이렇다.

우리는 정말로 행복한가?
원하는 모든 것을 갖기 위해서는
돈을 버는 것으로 충분하다고 생각하는
어른들이 지배하는 이 세계에서.
돈과 악만이 있는
이 더러운 인간들의 무리에서 나와
밤차를 타고 멀리 떠나고 싶다.

시간에 쫓기며
사방으로 뛰어다니는 하루가 끝나면
벌써 이튿날 아침.
먼동과 함께
무자비한 인간의 회오리가 우리를 뒤덮는다.
나는 거기서 벗어날 수 없다.
만약 이것이 우리의 미래라면,
이 더러운 인간들의 무리에서 나와

밤차를 타고 멀리 떠나고 싶다.

그것이 어린이 만화 연속극에서 직접적으로 영감을 받았건 받지 않았건, 사회의 벽에 부딪힌 한 소년을 보여주는 이 시의 어조는 어린 이누에의 원한을 분명하게 표현한다. 1995년, 25살의 이누에는 납치와 살해 혐의로 기소되었으며, 도쿄 지하철 테러의 주동자로 간주되었다. 그가 밤차를 타고 멀리 떠나지 않은 것은 참으로 유감이다.

옴진리교에 대한 오타쿠 문화 및 심리의 다소 혼미스런 영향에 근거하여 옴진리교가 오타쿠를 위한 종파라고 단언하거나, 상정하는 것이 가능하다고 한다면, 선전과 교세 확장을 위해 옴진리교가 오타쿠들이 좋아하는 매체를 이용한다는 사실에는 이론의 여지가 없다. 대표적인 예로 들 수 있는 것이 옴진리교 출판사가 간행한 선전 만화인데, 이 만화는 교주 아사하라 쇼코의 멋지고 비범한 삶을 이야기한다. 분석에 앞서, 이 교훈적인 만화의 몇몇 페이지를 묘사해보자. 『부활한 성스러운 왕이 우리를 미래로 이끈다』는 아사하라 쇼코의 어린 시절을 이야기한다. 주인공 쇼찬[6]이 용감한 기사가 되는 꿈을 꾸고 있을 때, 선생님의 질책이 그를 꿈으로부터 끄집어낸다. "100점 만점에 23점! 너는 항상 평균 아래야. 호오! 내 말을 듣는 거냐, 아니면 잠을 자는 거냐?" 성적 나쁜 학생인 쇼찬은 남몰래 레이를 사랑한다. 그녀에게 선물을 주기 위해 그는 방학 동안 아르바이트를 한다. 그러나 그녀에게 사랑을 고백하지도 못하고, 시험 공부를 못 해 대학에도 떨어진 쇼찬은 공부에 취미를 잃어버리고 공장에 들어가 노동자가 된다. 하지만 직장 동료들과

---

6 쇼코의 애칭.

친해지지 못하는 그는 외로움을 느낀다. 어느 날 음반 가게에 간 그는 도쿄의 명문 대학 등록금을 마련하기 위해 거기서 아르바이트를 하는 고등학교 때 친구 다이스케를 만나는데, 음흉한 다이스케의 농간으로 인해 도둑으로 몰린다. "다이스케! 너는 내가 죄가 없다는 걸 잘 알아! 내가 아무 잘못도 없다고 그들에게 말해!" 그러나 다이스케는 잠자코 선 채 속으로 웃고, 쇼찬은 경찰서로 끌려간다. "다이스케, 너는 내 친구야. 그런데 어째서 나한테 이런 짓을 하는 거니?" 그날 밤 잠을 자던 쇼찬은 꿈을 꾼다. 그는 어둠 속에 홀로 서 있다. 문득 커다란 빛이 그를 눈부시게 하고 신이 나타난다.

"당신은 누구십니까?"

"나는 시바[7]이다!"

"시바?"

"그렇다. 혼신의 힘을 다하여 연마하라."

시바 신이 막대기로 그를 건드리고, 그는 잠에서 깨어난다. 하지만 평형 감각을 잃은 그는 공중에 붕 뜬 것 같다. 마치 우주가 그를 빨아들이기라도 하듯. 그러나 그는 마침내 요에 누워 평화롭게 잠자는 자신의 육체를 되찾는다. 그는 탈육화 경험을 한 것이다. "그것은 내가 경험한 첫번째 신비였다"고 그는 말한다. 이야기는 한걸음 더 나아가 교주가 된 아사하라 쇼코를 보여준다. 어느 날 명상에 잠겨 있던 그는 문득 한 계시를 받는다. 예전에 그가 시험을 등한시할 정도로 열렬히 사랑하던 소녀 레이가 동맥을 자르고 있는 중이다. "바보짓 하지 마!" 눈깜짝할 사이에 아사하라는 레이의 방에 나타나 면도칼을 빼앗는다. 도쿄에 있는 한 대학에 다니기 위해 시골을 떠난 레이는

---

7 Shiva. 힌두교의 세 주신(主神) 가운데 하나로서 파괴자인 동시에 창조자이고 우주적 춤으로써 세계를 관장한다(옮긴이 주).

무척 외로웠다. 그녀는 고등학교 친구인 다이스케와 사귀기 시작했다. 그러나 다이스케는 임신한 레이를 버렸다. 절망에 빠진 레이는 방탕한 생활에 빠졌고, 마침내 이 세상을 뜨기로 결심한 참이었다. 모든 것을 맡기고 신뢰할 수 있으며 이제 '존사(尊師)'가 된 아사하라를 만나 크게 놀란 레이가 묻는다. "어떻게 이토록 변할 수 있지? 너는 딴사람 같아." 천천히 고개를 끄덕이던 아사하라가 대답한다. "우리 인간들은 끝이 안 보이는 무지에 의해 둘러싸여 있어. 윤회도 환생도 의식하지 못할 뿐더러 어떻게, 왜 이 땅에 왔는지 몰라. 그럼에도 우리는 이 세계가 완전한 전부라는 거짓 확신을 갖고 살며, 진실되지 않은 행복을 추구하지. 세속 세계의 가치들이 우리 내부를 침입하고, 우리가 우리의 진정한 인성을 보는 걸 방해해. 다행히, 우리가 의식하지 못하는 미지의 가능성들이 우리 안에 잠자고 있어. 나 자신 예전에는 다른 사람들과 다를 바 없는 존재였어. 오히려 그들보다 열등한 인간이었지. 하지만 온갖 회의와 어려움에도 불구하고, 나는 진정한 행복을 추구하기를 멈추지 않았어. 나는 당시의 내가 진정한 내가 아니라는 것, 그리고 이 진정한 나를 발견하지 않는 한 결코 평화로울 수 없으리라는 사실을 속으로 느끼고 있었기 때문이지. 우리들 각자의 내부에는 초자연적인 힘들이 잠자고 있어. 따라서 적당한 훈련을 통해 그것을 잠깨우고 발전시키면 우리는 마침내 드높은 행복과 만족을 맛볼 수 있어."

만화의 이 대목은 방향 잃은 청소년들을 대거 끌어들일 만한 메시지를 담고 있다. 쇼찬 자신이, 주위에서 그 순수함을 알아주지 않고, 외부 세계로부터 냉랭한 취급을 받는 젊은이로 묘사되어 있다. 이 구절에는 또한 수많은 일본의 젊은이들, 특히 오타쿠들을 괴롭히는 박해 콤플렉스를 공명하게 하는 무엇인가가 있다. 쇼찬이 예전에 남몰래 사랑했던 소녀를 되찾고 초자연력을 이용하여 그녀를 죽음으로부터 구할 수 있었던 것은 시바가 권한 신비 훈련을 충실히 마친 덕분이다. 이 부분에서도 오타쿠적 경향을 지닌 젊은이들은 쇼찬과 자신들을 동일화할 수 있을 것이다. 그들은 항구적으로 보호해야 할 소녀를 찾지 않는가? 그들은 이 소녀를 만화·만화 영화·인형·아이돌에서까지 찾지 않는가? 신비주의와 초자연적 힘에 끌린 젊은이들은, 열심히 훈련만 하면 누구라도 이 힘을 손에 넣을 수 있다는 소리를 듣고 만족할 것이다. 자살할 준비가 되어 있는 절망에 빠진 젊은이들의 경우, 만화 속의 레이처럼, 숙명적인 동작을 완결하느니 진정한 행복을 찾기 위해 옴진리교에 가입할 것이다.

옴진리교는 또 존엄한 아사하라의 행적을 이야기하는 만화 영화들을 만들었고, 신비주의를 다룬 잡지를 간행했으며, 신도들을 향해 러시아로부터 라디오 방송을 송출하기도 했다. 물론 전자 통신도 있었다. 말이 나온 김에, 종파에서 운영하는 상점들에 설치된 전화 응답기의 음악은 다름아닌 「울트라맨」의 주제가라는 사실도 지적하자.

마지막으로, 1995년 3월의 가스 테러 이후에 생겨난 옴진리교 유행을 살펴보도록 하자. 그것은 아마도 옴진리교가 보여주는 장르 혼합의 가장 불안한 측면일 것이다. 이 어두운 1995년 3월 20일부터 일본 언론들은 옴진리교에 대해 대대적인 공격을 시작했다. 이 무렵 일본에 머무르지 않은 사람이라면 이 비판의 정도를 짐작하기 어려우리라. 어떤 한 주제가 있을 때 일본 TV들은 그것을 철저하게 이용한다. 다른 흥미있는 주제가 생겨나자마자 그것을 버린다 하더라도 말이다. 아직 모든 TV들이 지난 1월 17일에 있었던 고베 지진을 '이용하고' 있을 때,

이틀 뒤 '옴진리교 사건'으로 비화될 3월 20일의 가스 테러가 시청률을 폭발적으로 끌어올렸다. 테러에 뒤이은 날들 동안, 모든 채널에서 아침부터 밤까지 테러에 관련된 뉴스가 방영되었다. 화학 무기·테러·신흥 종교·청소년 문제를 다루는 일본 열도의 모든 전문가들이 TV 화면을 거쳐갔다. 아사하라를 비롯한 종파의 책임자들과 건물들에 관련된 온갖 사진과 필름들이 편집되어 두 광고 사이사이에 하염없이 방영되었다. 4월 23일 극우 투사를 자처하는 자의 칼에 찔려 숨진 무라이 히데오의 암살을 현장에서 직접 찍은 TV 방송사들은 무라이가 기자들 사이에서 쓰러지는 장면을 시간광(屍姦狂)이 구역질을 느낄 만큼 돌리고 또 돌렸다. 종파에 대한 테러 의혹을 씻기 위해 아침부터 밤까지 TV 대담 프로에 참여한 옴진리교 공식 대변인 조유 후미히로Joyu Fumihiro의 얼굴은 이제 천황의 얼굴만큼이나 잘 알려져 있다. 마음만 있으면 그의 초상이 든 우표를 발행할 수도 있으리라.

이러한 언론의 반응은 옴진리교 사건에 대해 국민 의식이 형성되는 데 결정적인 기여를 했다. 일본인들이 일체가 되어 나아간다면 그것은 무언가 위험이 있기 때문이다. TV 공세는 국민들의 의식에 불을 지피기에, 집단의 결속을 공고히하기에, 그리고 여론을 조장하기에 가장 효과적인 무기들 가운데 하나이다. 아무런 거리나 관점도 없이 뜨거운 사실 그대로 시청자들에게 던져지며 끊임없이 되풀이되는 보도가 일단 사람들의 시선을 끌어모으면, 해설자들은 가설을 제시하고 종종 단순한 주장에 의거한 엉성한 이론들을 짜맞추며 가장 효과적인 집단 심리를 조성한다. 옴진리교와 관련한 이 작업의 결과는 금방 나타났다. 총리 비서실이 매년 10,000명을 대상으로 시민들의 바람에 대해 실시하는 여론 조사에서, 응답한 사람의 26.4퍼센트가 범죄로부터의 좀더 효과적인 보호를 정부에 요청했다. 그러나 문제는 이 사항이 예전의 여론 조사에서는 거론조차 안 되었다는 사실에 있다. 말하자면 이 사항은 일본인들의 일상적 고민의 바깥에 있었다. 일종의 방어 본능에 의해, 집단은 "옴진리교와 그 신도들을 집단으로부터 추방해야 한다"는 구호를 중심으로 뭉쳤다. 그들과 같은 가치를 공유하지 않는다는 점을 확신하고, 그들의 비사회적인 행태에 반대하며, 스스로의 정당성을 자신하는 집단은, 자기 뒤꿈치에 깊이 박혀 있는 옴진리교라는 가시를 빼버리기 위해 위험을 상처로 변환시킨다. 미야자키 사건[8]때도 언론의 반응은 똑같았다. 사회의 부족한 부분에 대해 효과적으로 눈감기 위해 사람들은 오타쿠 문화를 고발했다.

따분한 일상을 잊게 하거나, 최소한 재미있게 해줄 마약을 찾는 국민들의 대다수가 찬성하는 이러한 언론 공세는 그러나 일부 청소년들 사이에서 변태적인 반응을 낳기도 했다. 그들은 오늘날 "오머Aumer"라 부르는 "옴 마니아Aum-mania"가 되었다. 사회의 언론 공세에 대한 반동으로 많은 청소년들은 전형적인 오타쿠적 태도를 취하며 사회를 비웃고(그러나 이것이 단순한 비웃음일까?) 왜곡하기에 이르렀던 것이다. 그것은 사건 직후 몇몇 여고생들 사이에서 시작되었는데, 옴진리교 공식 대변인인 조유 후미히로가 귀엽게 생겼다고 본 이들은 보수주의자들이 "세계 최고의 거짓말쟁이"란 불명예스런 칭호를 부여한 그의 주장에 무작정 찬성했다. 얼마 안 되어 조유 팬클럽이 생겨났고, 사람들은 옴진리교가 침투 공작을 벌였다고 했다. 1995년 여름 코미케에서부터는, 조유와 종파의 변호사 아

---

8 제2부 「M」을 읽으라.

오야마Aoyama, 그리고 테러에 연루된 다른 신도들 사이의 동성애를 그리는 팬진들이 쏟아져나왔다. 주말과 휴가 동안, 카메라를 든 호기심 많은 사람들은, 옴진리교 책임자들을 목격함으로써 현재 진행 중인 역사의 증인이 되고자, 도쿄와 가미-큐시키Kami-Kuishiki[9]에 소재한 종파의 건물들 앞으로 모여들었다. 이 구경꾼들 가운데 특히 눈에 띄는 것은 여고생들이다. 조유가 가는 곳은 어디든지 따라다니는 이들은 TV 방송국 문 앞에서 그를 기다리는가 하면 도쿄의 아오야마 지구에 있는 옴진리교 건물 앞에서 하루를 보내는데, 그것은 그에게 가까이 다가가 "끝까지 버텨요! 힘내요! 겁먹지 마시고요"라고 외치든가, 아니면 (이것은 최고의 희망일 텐데) 한 송이의 데이지나, 후원과 찬미의 메시지가 담긴 꽃편지지를 전달하기 위해서이다. 가장 광적인 여고생들은 조유의 사진을 수첩에 붙이고, 조유의 얼굴을 스케치하면서, 혹은 조유를 모델로 해서 만든 형겊 인형을 안고 종파 건물 앞에서 하염없이 시간을 죽인다. 불과 이틀 뒤면 수사관들에 의해 거짓임이 판명될 사실을 뻔뻔스레 주장하며, 사회에 의해 가장 위선적인 인물로 간주되는 조유는 "오카케걸okkake-girls"이라고도 불리는 이 여고생 무리들에 의해 일종의 아이돌이 되었다. "그는 참 잘생겼어요. 게다가 불쌍해요. 그 많은 사람들에 혼자 맞서야 하다니. 이건 정당하지 못해요!" 테러 행위 공조죄로 체포될 위험에도 불구하고, 조유에 대한 자기들의 열광을 합리화하기 위해 여고생들은 주장한다. 아름다운 것이 정당한 것에 앞선다니, 우리는 과연 어떤 시대를 살고 있는 것일까? 이는 결국 소비 사회에 의해 왜곡 심화된 가치들을 반영하는 게 아닐까? 오카케걸들에 대해 분개

---

9 야마나시 현에 위치한 마을.

하는 사회는 어쩌면 자기가 뿌린 것을 거두고 있는 게 아닐까?

옴진리교는, 언론 공세에 대한 반동으로 청소년들 사이에 생겨난 이 공감의 물결에 재빨리 합류했다. 사티안 숍satian-shops이 수도 곳곳에 문을 열어 큰 성공을 거두었고, 기성 세대는 젊은이들의 가치관에 대해 새로운 의문을 제기하기 시작했다. 옴진리교는 하나의 유행이 되었고, 50센트짜리 그림 엽서에서부터 시작하여 신도들이 입는 것과 똑같은 150달러짜리 사마나samana 가운에 이르는 옴 상품들은 날개 돋친 듯 팔려나간다. 서적 코너에서는 아사하라의 모든 글은 물론 종파에서 발행한 잡지들의 지난 호까지 구할 수 있다. 그러나 가장 잘 팔리는 것은 TV 뉴스를 통해 얼굴이 잘 알려진 여러 종파 책임자들의 사진을 모은 앨범들이다. 비디오 코너에서는 종파에서 제작한 비디오카세트들이 20달러씩에 팔린다. 그리고 아사하라의 초상과 옴진리교의 로고가 새겨진 공책·티셔츠·보석·포스터·손수건도 살 수 있다. 완벽한 오타쿠들인 오머들은 옴 상품들을 수집한다. 누가 가장 완벽한 컬렉션을 보유하고 있는가, 누가 가장 별나고 희귀한 물건을 손에 넣었는가가 중요한 관건으로 떠오른다. 1990년 총선 때 사용된 바 있는, 아사하라의 얼굴을 재현한 커다란 카니발 가면을 손에 넣는 데 성공한 젊은이들은 오머들 사이에서 가장 존경받는 존재들이다.

그러나 이 모든 행태가 시사적 유희일 뿐일까? 왜곡을 통해 상징적으로 사건을 자기화하며, 현재 진행 중인 역사에 자기의 흔적을 남기는 한 방법에 불과할까? 아니면 그것은 훨씬 더 깊은 동기를 갖고 있을까? 옴진리교 신도들과 동일한 불안을 표현하면서, 자기들도 그들과 같은 세대에 속한다는 사실을 표명하는 한 방법일까? 이 두 대답 사이의 경계는 미미하다. 따분한 일상에 재미를 주기 위해 시작된 오타쿠적 경향의 순진한 어린애 장난이 옴진리교 이데올로기에의 가담으로 귀결될 수 있는 것이다. 이 종파의 나쁜 평판에도 불구하고 말이다. 쉬운 예로 들 수 있는 것이, TV 카메라에 대고 자기들은 옴진리교에 대해 아무런 관심도 없다고 말하다가, 불과 몇 주 뒤에 이 사이비 종파의 신도들이 된 몇몇 오카케걸들이다. 다양한 테러 사건에 대한 옴진리교의 책임이 하루하루 더 분명해지고 있고, 구속된 종파 책임자들의 자백이 경찰의 가설을 하나둘 입증해 주고 있는 마당에, 청소년들은 오늘에도 여전히 해체 직전의 이 종파에 가입하고 있다. 이처럼 기이한 현상이 증후적으로, 그러나 의심할 나위 없이 보여주는 것은 사회가 인정하고 싶어 하는 것보다 훨씬 더 뿌리깊은 젊은 세대의 불편함이리라.

바람을 뿌리는 자는 폭풍을 거둔다

그 파괴력 때문에 괴물들을 좋아하며, 괴물 친구들이 자기가 불행을 느꼈던 학교와 도시를 한 주먹에 파괴할 날을 꿈꾸던 어린 소년 기리토시 리사쿠를 독자는 기억하리라. 그런데 만약 괴물 아사하라가 자기 신도—로봇들을 시켜 지하철 안에 사린을 뿌림으로써 그의 소원을 들어주었다면? 그리고 만약 기리토시와 같은 세대에 속하는 이 신도—로봇들이 사회에 대해 그와 동일한 원한을 품고 있었다면? 여러 해 전부터 자기들 가장 깊은 내부에 억눌려 있고, 주위에 의해 억압받으며, 사회에 의해 '실질적으로' 부인되는 이들의 원한은 그 엄청난 파괴력을 발휘하기 위해 아사하라의 작은 불티만을 기다리고 있었다. 아사하라에 의해 세계로부터 인위적으로 절연된, 따라서 지배 사회의 논리에 무감하게 된 이 신도—로봇들은 교주에 의해 상상된 가상 세계 안에 갇혀 사유한다. 그들이 교리의 지리멸렬함과 아사하라의 독재적 행태에도 불구하고 거기에 들어가는 이유는 간단하다. 옴 왕국이 정신적 사슬로부터 그들을 해방할 것이라는 착각을 불어넣었기 때문인데, 이 사슬은 그들을 세상에 얽매어 시스템의 톱니바퀴에 끼인 졸(卒)이 되게 하거나, 튀어나온 못이 되게 하는 그런 사슬이다.

"인간의 99퍼센트는 지옥으로 가게 되어 있다. 그런데, 어쨌거나 지옥으로 가게 되어 있는 이 인간들을 죽임으로써 그들을 나쁜 윤회로부터 건질 뿐만 아니라 그들이 더 빨리 그리고 좀

더 나은 조건 아래 이 세상에 돌아오게 할 수 있다"고, 가장 광적인 신도들에게 테러리즘의 정당성을 납득시키기 위하여 아사하라는 말했다. 그들의 전존재를 관장할 권한을 갖는 (그들의 전재산을 바쳤다는 사실이 그 증거이다) 종파의 논리에 사로잡혀 있으며, 테러는 스스로의 구원에 도움이 되는 행위라고 믿는 신도―테러리스트들은 꾸물대지 않았다. 체포된 뒤, 그들은 계속해서 침묵을 지키고 있으며, 후회의 빛을 찾는 카메라에 대고 자랑스레 웃는다. 그들의 가상 세계는 현실 사회보다 훨씬 더 공고한 것 같다.

1941년에 태어난 시나리오 작가 이치카와 신이치는 「울트라 세븐」과 「카멘 라이더」를 쓸 무렵(70년대) 자신과 동료들이 갖고 있던 정신 상태를 분석하면서 전후를 이렇게 회상한다. "우리 세대가 받은 교육은 우리 부모들이 한 것에 대한 부정을 바탕에 깔고 있었습니다. 우리에게 '정의'의 감정을 주입한 것은 미 점령군이었지요. 우리는 부권(父權)의 간섭 없이 자란 첫번째 세대입니다. 우리가 쓴 만화 연속극에서 정의와 평화는 항상 정복자가 물려주는 것으로 나타난다면, 그 근거는 바로 우리의 이러한 성장 과정에서 찾아야 할 겁니다. 예를 들어, 지구의 평화를 수호할 임무를 맡고 있음에도, 그러나 일종의 허수아비 자위대처럼 보이는 울트라가드는 매번 울트라 세븐 같은 초자연적 힘이 '네 행동은 정당하다' 또는 '나와 함께 있는 한 너는 승리할 것이다'라는 말로 안심시켜줘야만 합니다. 사실, 우리 세대에게 있어 울트라 세븐이란 인물이 GHQ[1]를 가리킨다면, 울트라가드는, 자기 힘으로 자유와 정의를 쟁취하지 못한 사람들 특유의 허탈감에 사로잡힌 일본인들을 상징하지요. 〔……〕 우

---

1 "General Head Quarters(총사령부)"의 이니셜로, 연합국들에 의해 전후 일본에 자유 민주주의를 수립할 임무를 부여받은 미군을 가리킨다.

히로카주 고레에다 감독 영화 「디스턴스 Distance」. 옴진리교의 도쿄 지하철 독가스 사건 이후 남겨진 일본 사회를 냉철하고 객관적으로 촬영한 다큐멘터리 작품.

리가 가졌던 정의의 이미지는 사실 GHQ를 통해 들어온 수입 품이었습니다. 정의를 위해 싸우라고 말해봤자 소용없었어요. 그것은 우리가 가질 수 없는 자부심이었지요. 우리가 아는 정의 는 다른 사람들의 것이었어요. 그것을 행사한다는 느낌을 갖기 위해서는 따라서 정의의 사도의 가면을 뒤집어써야 했지요. 그 런데 문제는 이 가면을 쓴다는 사실로 인해, 정의가 곧잘 학살 로 탈바꿈된다는 거예요. 당시, 학살 장면이 나오는 어린이 만 화 연속극은 오늘날처럼 많지 않았습니다. 하지만 학살 장면이 나오는 연속극들은 매주 정의의 이름으로 TV에 방영되었지요. 이런 테러(지하철 사린 테러)가 발생하고 보니, 우리가 아이들 에게 무엇을 주입했던가 회의하게 되는군요. 우리는 그들에게 어떤 희망을 전수했을까요? 우리가 그들에게 준 것은 결국 끔 찍하고 비낭만적인 가상 세계가 아닐까요? 정의가 무엇인지도 정확히 모르는 아이들에게 정의를 위해 싸워야 한다는 메시지를 던지면서, 우리는 정의의 의미를 송두리째 변질시켰는지도 모릅니다. 우리는 그들에게 전쟁의 매혹을 전파하고 공격 본능을 일깨우기만 한 게 아닐까요?” 이치카와가 자문한다.

전후 사회, 50년 전부터 일본에서 시행되는 교육, 그리고 옴진리교의 출현 사이에 평행 관계를 설정하는 것은 이치카와만이 아니다. 옴진리교 신도들에 의해 저질러진 사린 테러가 일본의 항복으로부터 정확히 50년 후에 일어났다는 사실은 우연으로 보기 힘들다. 옴진리교와 오타쿠들은 어쩌면, 전쟁이 끝난 지 어언 50년이 지났건만, 일본인들의 집단 무의식은 여전히 ‘패배’를 삭이지 못했으며, 상처받은 자아를 어떻게 치유할지 모르고 있다는 사실을 방증하는 증후들일지도 모른다. 비사회적인, 나아가 반사회적인 행태를 통해 오타쿠와 옴진리교 신도들은, 진실을 정면에서 바라보길 거부하면서 전쟁 당시 자기들의 행위를 집요하게 변명하는 구세대의 숨겨진 모순들과 금기에 무의식적으로 손을 댄다. 유희적 방식으로(오타쿠), 또는 테러를 통해(옴진리교 엘리트들) 부모들이 전수한 가치들을 거부하는 이 젊은이들, 과도하게 예민하고, 심지어 자폐증 환자에 비유되기까지 하는 이 젊은이들은 조소와 독가스라는 우회적인 길을 통해, 그들을 낳은, 하지만 스스로의 과거에 대해 함구하는 사회를 비질한다.

보충 설명이 필요한 것 같다.

전쟁이 끝난 지 50년이나 되었지만, 그리고 다른 아시아 국가들과의 외교적 불편에도 불구하고, 일본을 지배하는 보수 정치인들은 역사적으로 입증된 사실들의 인정을 언제나처럼 거부하면서 일본 군대가 범한 잔혹 행위들에 대한 책임을 회피하기 위해 온갖 눈속임을 다 쓴다. ‘이에나가 소송’이란 이름으로 전세계에 잘 알려진, 역사 교과서의 현대사 부분을 둘러싼 논쟁이 그 대표적인 예이다. 1965년부터 도쿄 대학교 역사학 교수 이에나가 사부로Ienaga Saburo는, 역사 교과서가 '난징 대학살'을 다루어야 마땅하다고 주장하며 문부성을 상대로 법적인 투쟁을 벌이고 있다. 문부성은 그러나 말장난을 일삼으며, 쉼표를 이리저리 옮기며, 난징 대학살 당시 일본 군대가 민간인들을 상대로 자행한 잔혹 행위를 경감시키기 위해 "……인 것처럼 보일 수도 있다" "……일 수도 있다" "모든 시대 모든 전쟁에서 그렇듯 (민간 여인들은 일본 병사들에 의해 강간당했다)" 같은 표현들을 덧붙이는 한편 희생자들과 관련한 일체의 수치(역사가들에 따르면 30만 명)들을 지운다. '중국 침략'을 대신하며, 회피적 의도가 뚜렷이 배어나는 '중국 진출'이란 표현은 행정적 위선 연감(年鑑)에 올랐다. 군국주의 교육 시스템이 전전(戰前) 세대에게 부과했던 고통의 이름으로 이에나가 교수가 제기한 세 차례의 소송을 통해 논쟁은 결국 최고 법원에까지 갔고, 이 민감한 논쟁을 주의 깊게 지켜보는 중국과 한국 당국에 따르면 그것은 과거 청산을 거부하는 일본 정부의 나쁜 의지를 드러낸다.

교육은, 1948년부터 오늘에 이르기까지 거의 중단 없이 일본을 통치해온 보수적인 자민당(自民黨)이 각별한 관심을 쏟는 분야이다. 이 당은 일본의 교육과 관련하여, 매번 가장 퇴행적인 안들을 내놓는다. 먼저 역사 교과서의 내용. 자민당은 미 점령군이 떠나자마자 역사 교과서를 움켜쥐었다. 그리고 1992년부터 학교에 재입성한 히노마루기(旗)에 대한 경례와 애국가인 기미가요 제창. 둘 다 예전의 군국주의 일본을 상징한다. 한편으로는 과거의 잘못을 인정하길 거부하고, 다른 한편으로는 국가적 일체감을 고취하는 일본. 자존심의 상처가 아물지 않은 게 분명하다.

근래에도 일본 사회의 내재적 모순을 드러내는 문제가 끊이지 않았다. 그 한 예로서, 1992년 종군 위안부 문제가 표면에 떠올랐고, 일본 정부는 습관에 충실하게 처녀들의 '징집'과 종군 위안소 조직에 대한 일본 군대의 직접적 책임을 거부했다. 그러나 어느 날 일본 정부의 태도를 정면으로 반박하는 자료가 발견되었다. 1994년에서부터 1996년에 이르는 기간 동안, 자민당은 오로지 권력 유지를 위해 민사당(원래 색깔은 분홍색보다는 빨간색에 가깝다. 하지만 자민당만큼이나 시대에 뒤떨어졌고, 덕분에 자민당과의 연합이 가능했다)과 제휴했는데, 이 반자연적인 연정은 양측의 정치적 소신을 의심하게 했다.

이러한 행태들이 벌어지는데 젊은이들이 어떻게 선배들이 물려준 가치들을 믿을 수 있겠는가? 어떻게 그들이 선배들을 계승할 것을 꿈꾸며, 또 어떻게 토대가 부실한 거상(巨像)의 이마를 자랑스럽게 들어올릴 수 있겠는가? 미디어에 얼이 빠져 소비 사회의 신기루에 눈이 먼 대중의 뒤를 좇느니, 오타쿠들은 조소를 통해 임금님이 벌거벗었다는 사실을 말하고, 옴진리교 신도들은 서투르게 시스템을 공격한다.

만약 내 분석이 옳다면, 모든 옴진리교 신도들을 감금하고 아사하라를 목매단다 해도 일본 사회를 갉아먹는 불편함은 해소되지 않을 것이다. 일본 사회로서는, 옴진리교는 떼어버리면 그만인 점에 불과하다고, 한 편집광적 과대망상증 환자의 작품이니 만치 저절로 사라질 것이라고 믿고 싶어하는 것 같다. 그러나 이 점이, 50년 동안의 때를 감추기 위해 사회가 덕지덕지 발라댄 두터운 화장 때문에 생겨난 피부암이라고 한다면?

일본은 아직 갈 길이 멀며, 점점 더 극단적인 형태의 오타키즘이 출현할 것이다.

그러니 독자여! 우리 다시 만날 것을 약속하자……

만약 세상의 모든 오타쿠가
—결론

현재, 오타쿠를 자처하는 (자주 일본 모델의 사회학적 현실을 고려하지 않은 채) 세계 도처의 수많은 청소년들이 이 일본에서 비롯된 문화의 영향을 받고 있는바, 오타쿠 문화는 점점 더 조직화된 형태로 아시아의 다른 나라들과 서구를 향해 파급되고 있다.

오타쿠 문화는 사람을 끄는 매력이 있는데, 그것은 아마도 이 문화가 청소년들을 아이로 취급하지 않을 뿐더러 특히 판에 박힌 잔소리를 하지 않으면서 그들의 꿈을 키워주기 때문이리라. 어른 독자들 가운데에는 혹시 후회할 사람들이 있을지도 모르겠다.

일본의 청소년들이 만화 영화, 만화, 또는 비디오 게임을 통해 학교 생활의 따분하고 습관적인 일상과 사회의 제약으로부터 탈출하는 것과 마찬가지로, 프랑스 · 미국 · 대만의 청소년들 역시 이 매체들 속에서 그들의 상상력에 물꼬를 트는 강렬한 느낌을 발견한다.

오타쿠 문화가 특히 활발한 곳은 프랑스이다. 여러 해 동안 '도로테 클럽Club Dorothée' 및 그와 유사한 프로그램들을 통해 매주 수요일 오후에 방영된 일본 만화는, 어린이들, 나아가 청소년들이 일본에서 온 주인공들(그리고 여주인공들)과 그 특이한 스타일의 그림들에 친숙해지는 데 이상적인 토양을 제공했다. 80년대 초부터 150개가 넘는 "저패니메이션 japani-mation"이 프랑스 채널들에서 방영되었다. 상업 채널들이 늘어나면서 빈 시간대를 메우는 데 필요한 즉시 이용 가능한 프로그램의 수요가 증대했고, 시청자들을 만족시키기 위해 방송사들은 상대적으로 값이 싼 일본 만화 영화 쪽으로 눈을 돌리는 것밖에 다른 도리가 없었던 덕분이다. 어린이 프로그램에 관한 프랑스 법률에 맞추어 원작을 군데군데 삭제할 각오를 하고. 때문에 「사랑해 줄리엣」 프랑스 버전 주인공들이 오렌지 주스를 마신 뒤 비틀거리는 것을 자주 볼 수 있었다. 원래 버전에서 주인공들이 (몰래) 마신 것은 물론 맥주였다. 검열 책임자들은 자신들도 모르는 사이에 과육 속에 벌레가 들어가게 했다. 검열된 프랑스 버전과 일본 버전 사이의 차이를 감지한 일본 만화 영화 팬들은 재빨리 일본 버전 쪽으로 기울었던 것이다. 그들은 오렌지 주스를 마시고 비틀대는 우스꽝스런 존재이고 싶지 않았던가 보다. 이 진정한 것에의 추구는 그들을 바스티유에 있는 '통캄Tonkam' 같은 전문 서점들로 이끌었는데, 거기에서는 좋아하는 만화 영화의 오리지널 버전은 물론 만화, 개라지-키트, 그리고 만화 영화와 관련한 아이디어 상품들을 살 수 있었다. 한 손에는 만화, 다른 손에는 일불(日佛) 사전을 든 그들은 좋아하는 주인공들의 모험을 그럭저럭 해독하고, 만화는 이렇게 프랑스 청소년들에게 일본 학자의 소명을 심는다. 『아니메랜드 *Animeland*』(1991년 창간), 또는 『쓰나미 *Tsunami*』(1993년 창간)처럼 만화 영화를 전문으로 다루는 프랑스 잡지들은 프랑스의 오타쿠들을 만족시키기에 넉넉한 정보들을 담고 있다. 1968년에 시작되어 매년 한 번씩 열리는 만화 애호가들의 모임 '베데 엑스포BD Expo'에는 90년대 초부터 만화 팬들이 대거 몰려들어 전설적인 코미케의 분위기를 방불케 한다. 많은 젊은이들은 이 기회를 이용하여 일본의 코스프레 광들이 가르쳐준 바에 따라 세일러 문이나 패트레이버 Patlabor로 변장한다.

이탈리아의 소녀들은 만화 그리기에 열광한다. 그들은 인정받고 싶은 마음에서 작품을 일본의 유명 출판사들에 보내기도 하는데, 뛰어난 작품들이 종종 있다.

대만에는 일본 만화의 중국어 번역이 헤아릴 수 없이 많은데, 그 가운데에는 저작권법에 어긋나는 것들도 없지 않다.

인터넷은 일본의 최신 만화 영화와 비디오 게임을 점검하는 페이지들로 넘쳐나고 있으며, 몇몇 일본 사이트들은 지금까지 일본의 오타쿠들만을 대상으로 하던 상품들을 외국에까지 통신 판매하기 시작했다.

이렇듯 자연적 국경을 넘어서는 오타쿠 문화는 지나는 길에 자기 뿌리를 잊는다. 서구에서 일본은 아주 드물게 경탄의 대상이 되는 데 반해, 그의 자격 없는 아이들은 세계의 청소년들 사이에서 하나의 모델로 부각되고 있는 것이다. 현대 일본 사회의 과도함이 초래한 상처를 홀로 떠짊어진 젊은이들이 국제 사회에서 이처럼 승리하는 것을 보는 것은 재미있는 아이러니가 아닐 수 없다.

오타쿠란 말이 처음 등장한 지 불과 15년이 지난 지금에 와서 보면, 그것이 겪어야 했던 온갖 배척들에도 불구하고, 오타쿠 현상은 결코 처음에 생각했던 것처럼 일화적이지 않다. 하지만 자기들의 개성을 자유로이 표현하도록 내버려두길 원했을 이 젊은이들이 겪은 고통들을 생각할 때, 일본은 과연 오타쿠들을 통해 세계 문화에 기여했다고 자랑스러워할 수 있을까?

튀어나온 못 만세!

도쿄, 1999년 4월

오타쿠——근대 이성의 비판자들

의미 상실과 자유 상실

근대 이성의 몰락은 근대 이성의 시작과 함께 이루어졌다. 왜냐하면 근대 이성은 어둠을 거두며 나타난 것이 아니라 어둠을 덮으며 나타났기 때문이다. 그러니까 근대 이성은 그 이전의 어둠을 덮고 있는 '갓빠'(cover) 같은 것이다. 그 안에서 근대 이전(혹은, 이후)은 적당한 습도와 어둠을 먹고 자라는 콩나물처럼 번식한다.

아마도, 탈근대에 대한 이론들이 근대를 악으로 몰아부치고 있다는 의견은 근대의 '갓빠'에 구멍이 난 후, 당당히 밥상에 오를 콩나물 무침의 고소한 맛에 대한 두려움 때문일런지도 모른다. 저 유명한 데카르트의 "나는 생각한다. 그러므로 나는 존재한다"는 명제가 신의 완전성과 물심이원론의 기계론적 세계관을 낳았다면 "신은 죽었다"라는 니체의 명제는 데카르트와 오라토리오회의 아우구스티누스 사상의 논리적 근거를 엎으며 근대 이성의 '갓빠'에 돌이킬 수 없는 구멍을 냈다. 그리고 베버는 다시 그 구멍을 기워나가기 시작했다. 모든 과학과 이성을 심미주의적으로 해체하고자 하는 니체의 주장과 달리 베버는, 신의 죽음을 '통일적 세계상의 탈주술화' 즉, 문화적 합리화로 해석했다. 베버는 신의 죽음을 인정하는 대신에 이성을 복위시키며, 신이 없는 시대를 좌절하지 않고 견딜 수 있는 방

법은 사회의 합리화 과정에 대한 과학적 병리학자의 냉철함뿐
이며, 합리성에 대한 희망을 건져 올릴 수 있는 것은 과학과 법
에서 탁월하게 구현되고 있는 방법론적 절차적 합리성일 뿐이
라고 얘기한다.

여기에서 베버는 '문화적 합리화'를 '문화적 가치 영역들의
분화'로 파악한다. 말하자면, 과학, 예술과 비평, 법과 도덕 등
의 영역들이 상대적 자율성을 지닌 채 분화되어 각 영역들은
자신의 고유한 논리에 따라 자체적으로 진화를 구가해나간다
는 것이다. 현대 사회가 보여주고 있는 역동성과 갈등의 근원
은 바로 그와 같은 문화적 가치 영역들의 분화에 있다. 문화적
가치 영역들의 분화가 가져오는 역동성과 갈등이란 다름아닌,
완고한 체계 내에서 겪는 현대인들의 상실감과 그에 따른 병리
현상들을 가리킨다. 즉 베버는 사회적 합리화를 조직, 형태로
제도화하는 것으로 파악하는데 사회적 합리성이 최고의 형식
으로 구현됨과 더불어 의미 상실, 자유 상실이 동시에 발생하
고 있다고 본다. 즉 의미 상실은 문화적 합리화의 결과로, 그리
고 자유 상실은 생활 세계의 화폐화와 관료화가 강화되면서 개
인들이 겪는 자유 박탈을 지칭한다. 오타쿠들이 겪는 사회화
과정의 실패도 이런 박탈감과 그리 멀지 않다. 에티엔 바랄이
'호모 비르투엔스Homo virtuens'라고 부르면서 가상 현실에
몰입하는 오타쿠의 특성을 짚어내면서 "나는 꿈을 갖고 있다"
고 말한 마틴 루터 킹과, 기계와 인간이 평등하게 될 미래를 꿈
꾸는 비디오 게임 오타쿠 와타나베 고지의 말을 대비시키고 있
는 것은 생활 세계에서의 자유 상실과 문화적 합리화의 결과로
나타난 의미 상실을 의미한다. "좀더 범속한 차원"이라고 바랄
은 말하지만 그의 책 『오타쿠』의 처음을 장식하는 이 비디오
게임광의 고백은 충격적이다. 컴퓨터 디스크 드라이브에 자기

의 페니스를 삽입하고, 롬 메모리들이 꼿꼿이 침봉처럼 페니스를 찔러대며, 냉장고와 자동차와도 사랑을 나누는 꿈을 꾸는 이 게임광은, 현실 세계와의 의사 소통이 단절되면서 차가운 기계와의 뜨거운 소통을 나눈다. 마치 장정일의 시를 읽는 것 같은 이 충격적인 고백은 반대로, "나는 근대의 차가움과는 의사 소통이 불가능하다"는 항변이기도 할 것이다. '가상 세계의 아이들'은 사실 '잃어버린 세계의 아이들'이었던 것이다.

세계의 주술성을 거두고 합리화 과정을 밟으면서 우리는 종교적 형이상학이 주던 정당성을 잃어버리게 되었다. 그리고 그 상실감은, 법적 제도적 장치들, 이른바 베버가 얘기하는 문화적·사회적 합리화가 메워주지 못하는 공동으로 다가온다. 니체가 뚫어 놓은 근대 이성의 '갓빠'를 기워나가는 베버의 바느질은 어느새 그것을 회생 불가능한 불능으로 만들고 있었던 것이다. 그리고 하버마스는 현대의 병리적 현상을 규명하면서 그 구멍을 통로로 만든다.

오타쿠 문화의 좌절감 ── 근대의 병리와 조건

하버마스에 있어서 근대화는 상징적 재생산 영역에서의 언어화, 즉 의사 소통적 합리성의 증대와, 물질적 재생산 영역에서의 탈언어화, 즉 목적 합리성의 증대를 동시에 의미한다. 하버마스는 베버가 합리화의 모순으로 본 문제를, 목적 합리성의 계속적인 확장이 의사 소통적 합리성의 영역을 위협함으로써 발생된 문제라고 본다. 그리고 다시 언어적으로 달성된 합의에 의해 조정되는 의사 소통 행위는 '생활 세계'의 영역으로, 그리고 권력과 화폐의 매개에 의해서 조종되는 목적 합리적 행동은

‘체계’의 영역으로 개념화한다. 이러한 생활 · 세계와 체계의 영역은 의사 소통적 행동을 발전시키고(생활 세계), 권력과 화폐의 매개를 통한 언어적 상호 · 이해를 전혀 필요로 하지 않는 도구적 행동(정치적 · 경제적 체계)을 발전시켰다. 특히 하위 체계인 도구적 이성에 의해 지배되는 정치 · 경제적 체계는 사회의 물질적 재생산과 같은 복잡한 문제들을 해결할 수 있는 능력에서 그 합리성이 잠재된다. 근대화의 병리는 이러한 잠재된 합리성이 활성화되지 못하고, 또 의사 소통적 이성이 광범하게 제도화되지 못하는 데서 발생한다.

에티엔 바랄의 성실한 인터뷰는 오타쿠들이 어떻게 ‘체계’의 영역에 절망하고 ‘생활 세계’에서 소외되어 가는지 잘 보여주고 있다. 오타쿠들은 절대 정신병자들이 아니다. 그리고 지금 내가 얘기하고자 하는 것도 현대라는 사회적 병리에 대해서지 정신병리에 대해서가 아니다. 오타쿠라는 말이 일반화되기 시작한 것은 1989년 4명의 소녀를 살해한 27살의 미야자키 쓰토무의 변태적 범죄 행각이 드러나면서부터였다. 그는 여자아이들을 살해한 후 그 시체를 먹는 엽기적인 살인 행각을 벌였고, 사람들은 그의 광기에 경악했다. 집을 수색한 결과 그는 수많은 성인용 애니메를 수집하며, 그 세계에 빠져 있던 오타쿠로 드러났다. 이때부터 오타쿠에 대한 이미지는 정신병리로 인식되었고, 지금도 그 이미지는 지워질 수 없는 오타쿠들의 오점이 되었다. 그러나 오타쿠オタク는 원래 일본어의 당신, 댁(お宅)을 뜻하는 이인칭 대명사이다. 그러나 オタク란 말이 가타카나로 쓰이면 이야기는 달라진다. 본래의 의미가 아닌 ‘이상한 것을 연구하는 사람’이라는 뜻이 된다. 오타쿠 현상의 보편화를 증명하듯이 ‘オタク’라는 말은 이미 국제어다. 보통 일본의 만화나 애니메이션 매니아를 지칭하는 한정적인 의미로 사

용되기는 하지만 미국이나 유럽에서도 otaku란 말이 널리 쓰이고 있다. 오타쿠는 팬, 매니아와 구분되며 대체로 그 다음 단계가 오타쿠라고 얘기된다. 말하자면 '무엇인가를 너무 좋아해서 아주 높은 경지에까지 오른 사람'을 말한다. 일반적으로 무엇을 좋아한다는 점은 팬이나 매니아와 같지만 여러 번의 질적인 도약을 거쳤다는 점에서 단순한 팬이나 매니아와는 차원이 좀 다른 사람들이다.(이런 단계적인 구분은 일본 만화나 애니메이션의 중요한 구조를 이루기도 한다. 『드래곤 볼』이나 『포켓몬스터』의 진화 단계는 오타쿠들이 거쳐온 진화 단계와 아주 비슷하다는 점에서 시사적이다.) 매니아들이 하나의 대상을 연구하기 위해 결국 그것과 관련된 사실을 모조리 연구하기 때문거의 공통적으로 박식하다면 오타쿠들은 그런 전문가를 넘어 비평가적인 시각까지 지녀야 한다. 어떻게 보면 굉장한 사회적 에너지로 전환될 가능성이 많은 것 같은데도 이들에 대한 일반인들의 인식은 비정상적이며 병적이고, 퇴폐적인 이미지가 강하다. 말하자면 이들의 합리성은 철저하게 잠재되어 있다. 그들은 "운동 부족으로 인해 비만하고 여드름투성이에 돗수 높은 안경을 끼고 있다. 그들은 자기가 좋아하는 일을 하기 위해 자신을 돌볼 여유가 없다."고 에티엔 바랄은 전한다. 많은 오타쿠들의 첫번째 좌절이 학교에서 이루어지는 것은, 목적 합리성을 바탕으로 하는 '체계' 내에서의 좌절과 의사 소통 행위의 좌절을 뜻한다.

"일본에서의 오타쿠들의 출현은 이 나라 교육 제도와 별도로 고려될 수 없다. 80년대에 오타쿠들이 급격히 증가한 것에 대한 책임의 큰 부분은 일본 교육 제도의 폐단에 있다. 실제로, 대부분의 오타쿠들은 대중을 위해 구상된, 하지만 개인을 충분히 고려하지 않는 교육 제도의 희생자들인 것이다."라고 바랄

이 밝히고 있듯이 오타쿠들은 학교라는 '체계'에 적응하지 못
함과 동시에 '생활 세계'에서도 밀려난다.

　그렇듯이 하버마스는 근대의 병리는 '생활 세계'가 '체계'에
의해 식민화되는 잘못된 발전 과정에 그 원인이 있다고 본다.
화폐와 권력의 체계 규제적 구조가 생활 세계의 상호이해와 합
의의 사회적 통합 구조를 점차 무기력하게 만드는 데 근대의
병리가 있다는 것이다. 그런 식민화의 조건은 하버마스에 의해
다음과 같이 꼽아지고 있다. 첫째, 전통적 생활 형식들이 붕괴
되어 생활 세계의 구조적 요소들(문화·사회·인성)이 광범위
하게 분화된다. 둘째, 하위 체계들과 생활 세계의 교환 관계들
이 분화된 역할들(노동자·소비자·민원인·시민의 역할들)
에 의해 규제된다. 셋째, 노동자의 노동력을 처분할 수 있게 하
고 유권자의 투표권을 행사할 수 있게 하는 실재추상(die
realen Abstraktionen의 정확한 사전적 의미는 없지만 체계의
편리를 위해 만들어진 '매체로서의 법' 정도로 이해되어진다.
매체로서의 법이란 절차를 통해 정당화되는 하위 체계들의 조
직 수단을 말한다. 즉, 법은 경제·무역·기업·행정에 관한
법의 영역에서 화폐와 권력 매체와 결부되어 종합적인 조종의
기능을 떠맡는 매체이다. 그에 반해 '제도로서의 법'이란 절차
를 통해서도 충분히 정당화되지 않는 법규범들을 의미한다. 기
본권이나 인민주권 원리처럼 헌법의 토대들, 형법이나 형사소
송법의 원리들, 도덕에 가까운 형법 위반 사건들 ── 살인·낙
태·강간 등의 모든 규제들이 제도로서의 법의 전형적 사례들
이다. 매체로서의 법은 형식적으로 조직화된 행위 영역을 확대
하는 기능을 수행하고, 제도로서의 법은 규제 기능만을 갖는
다)들이 체계로부터 보상을 받고 순응적이 된 참여자들에 의해
묶인된다. 넷째, 복지국가 모델에 따른 보상이 자본주의적 성

장이 계속됨에 따라 재정적으로 보장되고 그 결과 자아 실현과 자기 결정에 대한 희망들이 사적인 것으로, 즉 소비자와 민원인들의 역할 속으로 물러난다. 그리고 이와 같은 조건들은 사물화된 기제로 인해 파편화된 의식이 발생할 때만 비로소 충족된다.

사물에 거는 주술

오타쿠들이 보여주는 편향적 취향과 편집증적인 자세는 일본 사회의 이런 파편화된 인식을 반영한다. 그러나 일본 사회가 안고 있는 전통과의 단절은 한국의 그것과 구별된다. 한국이 전통적인 생활 관습과 단절되어 그에 따르는 물질적 토대들은 잃어버렸지만 정신적으로는 아직도 성리학적인 가치들을 고수하고 있는데 반하여, 일본은 전통적인 물질적 토대들은 계속해서 이어지지만 정신적으로는 완전히 단절되어 있다. 일본의 근대화는 한국과 달리 전통을 의식적으로 파편화시키면서 이루어졌다. 우리가 놀라워하고 있는 일본의 집요한 장인 정신은 사실 근대화의 산물이다. 개인을 충분히 고려하지 않는 일본 교육 제도의 원인을 집단주의에서 찾으며 그것이 유교의 영향이라고 말한 에티엔 바랄의 진단은 적확한 지적이 아니다. 현대 일본 사회에서도 그렇고 과거에도 일본인들에게 있어 유교의 영향은 미미할 정도이다. 단지 우리가 근대화를 이루면서 구습으로 여겼던 유교를 일본은 (우리 입장에서는 특이하게) 근대화를 이루는 도구로 사용했을 뿐 유교 윤리의 생활화는 이루지 못했다. 메이지유신은 일본이 갖고 있는 모든 문화적 요소를 총집적시켜 근대화를 진행해 나갔고, 그 중에서 유교는 천황제를 강화하기 위해 가장 유력하게 쓰인 요소들 중에 하나였을 뿐이다.

그래서 일본의 전통 문화는 일본인의 정신을 지배하지 못한다. 그들이 즐기는 다도나 하이꾸를 짓는 모임, 그리고 가부끼 같은 공연들은 일본인들의 정신적 유대나 정체성과 아무 상관없이 별개로 존재한다. 단지, "그들은 그런 일을 즐겨할" 뿐이다. 그래서 오타쿠들은 그들의 몰입에 대해 회의하지 않는다. 아니, 회의 할 수가 없다. 물론 거기에는 일본이 이룩한 경제적 부가 더 얹어지면서 오타쿠들은 드디어 소비하는 인간이 된다. 그렇다면 오타쿠들은 근대 이성의 수혜자들일까? 피해자들일까?

이들은 '체계'에서 제외되고 '생활 세계'에서도 의사 소통의 장애를 겪는다. 그런 이들이 자기를 주장할 수 있게 되는 것은 아이러니컬하게도 그들을 쫓아낸 '체계'의 도움에 의해서이다. 그 이후에야 이들의 의사 소통은 동일한 관심을 갖고 있는 다른 오타쿠들과 이루어진다. 즉, 오타쿠들의 의사 소통 욕구는 목적 합리성에 의해 움직이는 '체계'에 의해서 이루어진다. 여기서 그치지 않고 '체계'는 다시 오타쿠들을 포섭한다. "오타쿠 시장을 공략하라"는 '체계'가 오타쿠들을 대하는 방식을 말해 준다. 일례로 애니메이션 『신세기 에반게리온』은 텔레비전 방영때는 시청률 7퍼센트의 인기 없는 프로였으나 방영이 끝난 후 비디오로 인기가 급상승했고 관련 상품은 400억 엔의 매출을 기록했다. 에반게리온의 극장판 영화 관객은 30만 명이었는데 이 중 20만 매가 사전 예약이었다고 한다. 사운드 트랙 CD는 20만 매 이상, LD는 22만 매, 필름북은 30만 부 이상 등의 기록을 남겼다. 물론 이 열풍의 뒤에는 에반게리온 오타쿠들이 있었다.

그러나 중요한 것은 근대 이성의 '체계'가 이들의 의사 소통을 사물화된 기제로 내몰았다는 것을 기억해야 한다. 오타쿠들은 사람과 사람 사이의 소통보다는 사물과의 교감을 통해 그들의 의사 소통 행위를 이루어나간다. 그리고 오타쿠들이 행하고 있는 사물과의 교감은 목적 합리성에 의해 움직이는 '체계'에 대한 거부감에 그 원인이 있다.

"저는 현실보다 상상 세계가 더 좋아요. 저를 인정해주지도 않는 사회의 규약들을 지켜서 무엇해요."

괴물들만 모으는 기리토시 리사쿠의 말처럼 그들은 무엇에 의해 버림받았다고 느낀다. 과연 오타쿠들은 베버의 지적처럼 문화적 합리화 과정이 낳은 '정신이 부재한 전문인'과 '마음이 없는 향락 인간'들일까? 어쩌면 '생활 세계'가 '체계'에 의해 식민화되는 근대의 병리를 낳는 하버마스의 네 가지 조건은 파편화된 인식을 바탕으로 하는 게 아니라 거꾸로 파편화된 인식을 낳는 조건일 수도 있다. 그렇게 보면 오타쿠들은 분명 근대 이성의 산물이면서 피해자일 것이다.

파편화된 의식은 생활 세계의 문화적 빈곤화 현상과 긴밀한 관계를 맺고 있다. 앞에서도 언급했지만 베버는 근대의 문화적 특징을, 이전의 종교적 형이상학적 세계상 안에서 표현된 실질적 이성이 근대에 와서는 다만 형식상으로만 결합하여 진리, 규범적 정당성, 아름다움 등의 특수한 시점으로 분열되었다는 데서 찾았다. 그런 분열은 또한 각각 인식의 문제, 정의의 문제, 미학의 문제로 전환되어 급기야는 과학·도덕·예술 등의 가치 영역의 분화가 일어나고, 그것은 또 각각 상응하는 문화적 행동 체계로서 과학적 논의, 도덕이론적 탐구, 예술의 생산과 비판 등의 전문가의 문제로 제도화된다. 이러한 전문화의 결과로서 전문가 문화와 광범한 독자층 사이의 거리가 멀어지고 있는 현상은 일본뿐만이 아니라 지금 우리 주변에 허다하다. 전문화된 성찰을 통해 비대해진 각각의 분화된 문화의 모습들은 그 결과 일상 실천의 소유로 되지 못하고, 문화적 합리화와 함께 생활 세계의 빈곤화를 조장한다. 오타쿠 문화는 이러한 현대의 병리 현상을 고스란히 한몸에 담고 있다. 그리고 동시에 자신들을 수용할 것을 요구한다. 그들은 우리에게 다시 한 번 신화를 받아들이라고 요구하고 있는 것이다(옴진리교의 사린 가스 테러를 상기하자). 신의 죽음을 통해 세계상의 탈주술화 과정을 겪어온 지금, 그들은 사물에 주술을 걸고 있다.

우리가 오타쿠에 주목하는 이유는 아마도 그들이 근대 이성의 '갓빠'가 키워낸 콩나물이 아닐까 하는 그것이다. 그들이 피해자든 수혜자든, 오타쿠들은 분명히 근대 이성의 합리화된 체계에 구멍을 내고 있다. 비디오 게임기 앞에서 하루를 다 보내는 어른들, 인형을 사랑하는 남자(피그말리온?), 평범한 일상을 거부하고 상식을 싫어하며 모든 생산주의적인 분위기로부터 도망쳐 달아나는 이들은, 겁쟁이일까? 아니면 혁명가들일까.

　　　　　　　　　　__함성호(시인, 건축가)

본문 사진 발췌

www.jpop.to/artists

www.inmydict.co.kr

www.kr.gainax.co.jp

www.barral-office.com

www.animeria-mag.com

www.cannes-fest.com/2001

www.barbiecollectibles.com

www.gamedash.com-comike56costume